Marie Luise Röschli · Licht und Schatten in Aethiopien

2.–

Marie Luise Röschli

Licht und Schatten in Aethiopien

Verlag Christliche Buchhandlung
E. Jucker, CH-5401 Baden

Verlag Christliche Buchhandlung, Baden
Umschlag: David Röschli
Überarbeitung: Maria Frick
Zeichnungen: Uschi Hüppin
Gesamtherstellung:
St.-Johannis-Druckerei, D-7630 Lahr/Schw.
ISBN 3-85614-013-1
Printed in Germany
21420/1985

Ein Brief aus Afrika

Ein zweimaliges, kurzes Klingeln. Noch bevor ich mich von meinem Lager erheben konnte, öffnete Lotte, unsere Eilater Briefträgerin, die Eingangstür indem sie mir zurief: „Bleib du nur ruhig liegen, ich bringe dir die Post ans Bett!"
Gespannt blickte ich auf die eintretende Frau. Sie hielt mir lächelnd einen länglichen Luftpostbrief entgegen: „Schau, da ist er, der schon längst sehnlichst erwartete Brief von deinem Gatten!"
Mir wurde schwindlig vor Freude. Mein Herz schien zu schlagen aufzuhören und dann fing es wie wild zu klopfen an.
„Vielen, vielen Dank, Lotte", stammelte ich und streckte meine Hand aus, um den kostbaren Brief entgegenzunehmen.
„Ich lege die andere Post da auf den Stuhl neben dein Bett. Die interessiert dich ganz bestimmt im Augenblick nicht. Erzähle mir morgen früh, was David so von Afrika berichtet."
Mit diesen Worten verliess Lotte mein Schlafzimmer, um sich wieder auf den Weg zu begeben.
Ich starrte auf den dicken Brief in meiner Hand. Vor Erleichterung, nun wirklich von David das erste Lebenszeichen seit seinem Wegfahren vor beinahe drei Wochen vor mir zu haben, schaute ich die längste Zeit auf die Adresse, bis ich endlich den Brief öffnete.
‚Mein Geliebtes, meine lieben Kinder.'
Mehr als diese fünf Worte zu lesen, brachte ich in diesem Moment nicht fertig. Alles weitere verschwamm mir vor den Augen. Mir liefen die Tränen die Wangen herunter. Ich musste mich erst wieder fassen und auch ganz schnell ein kleines Dankgebet vor mich hinmurmeln: „Danke, Vater im Himmel, dass ich diesen Brief jetzt bekommen habe. Danke!"
David hatte mich und unsere vier Kinder vor etwas mehr als zwei Wochen verlassen, um als einziger Passagier auf einem kleinen Fischkutter das Rote Meer hinunter bis nach Massawa, der Hafenstadt des afrikanischen Kaiserreiches Aethiopien, zu fahren. Er wollte sich dort Arbeit suchen und dann

mich und unsere Kinder von Eilat, wo wir seit nahezu zwei Jahren lebten, nachkommen lassen.
Das erste Mal in meinem Leben war ich nun völlig auf mich selber gestellt. Seit einer Woche lag ich dazu mit über 39 Grad Fieber im Bett und fühlte mich recht elend und verlassen.
Gott sei Lob und Dank, hatte ich vor einigen Monaten den Glauben an unseren Herrn Jesus Christus gefunden und durfte mich auch in dieser schweren, einsamen Zeit von ihm getragen wissen. Unsere Glaubensgeschwister hier besuchten mich so oft es ihnen möglich war. Juchevet, meine liebe Nachbarin, lud meine Kinder seit ich krank war, täglich zum Mittagessen ein.
Welche grosse Sorgen ich mir um David gemacht hatte und wie bange mir die ganze Zeit ums Herz gewesen, das merkte ich erst jetzt so richtig, da ich mir der unendlichen Erleichterung bewusst wurde, die ich fühlte, als ich seinen ersten Brief in meinen zitternden Händen hielt.
‚Mein Geliebtes, meine lieben Kinder.
Vor einer Stunde sind wir mit unserem kleinen Fischerschiff „Negus Schalom“ in das schöne, natürliche Hafenbecken von Massawa eingefahren. Nun warten wir auf die äthiopische Gesundheitsbehörde und die Zollbeamten.
Sobald wir unser Schiff verlassen dürfen, suche ich ein Postbüro und gebe diesen Brief an Euch auf, damit Ihr baldmöglichst etwas von mir vernehmt.
Wie meine Reise von hier an weitergeht, weiss ich noch nicht genau. Ich denke, dass ich morgen in der Frühe mit der Eisenbahn nach Asmara hinauffahren werde. Ich bin sicher, dass Gott, der mich bis hierher führte, auch weiterhin mit mir sein wird.
Nun sehe ich ein kleines Motorboot auf unseren Kutter zufahren und denke, dass darin die Zollbeamten sitzen. Ich schrieb jeden Tag auf, was ich auf der Negus Schalom alles erlebte und hoffe, dass Ihr dadurch an meiner Reise ein wenig teilhaben könnt.

Es grüsst Dich mein Liebes und
Euch alle meine Kinder Euer

Vati.‘

Beinahe zwei Wochen dauerte es, bis mich dieser Brief erreichte. Was mochte David wohl von dem Augenblick an, als die Zöllner an Bord kamen bis heute schon wieder erlebt haben? Aber daran wollte ich jetzt nicht denken, sondern erst einmal erfahren, wie die Fahrt auf dem Fischerschiff verlaufen war.
Mit grossem Interesse begann ich meines Mannes Reisebericht zu lesen.

An Bord des Fischkutters

Als ich Dir mein Liebes, unseren Kindern und Euren Begleitern nachschaute, wie Ihr langsam den Hafen verliesset, da wurde mir fürchterlich bange zumute.
„Wann und wo werde ich meine Familie wohl wieder einmal sehen?“ überlegte ich mit schwerem Herzen.
Als Ihr Euch alle zusammen, wie auf ein Kommando, am offenen Tor umgedreht habt, um mir noch einmal zuzuwinken und Du mir etwas, das ich nicht verstehen konnte, zuriefst, da musste ich meine Zähne zusammenbeissen, um nicht laut aufzustöhnen. Am liebsten hätte ich meinen Koffer wieder aufgenommen und die verlockende Reise bleiben lassen, um Euch nachzurennen.
In diesem kritischen Moment rief mich Ben Simon in sein Büro und ich wurde von meinem Abschiedsschmerz abgelenkt.
Er kontrollierte mein Einreisevisum nach Aethiopien und die Impfkarte und erklärte mir: „Das eine ist so wichtig wie das andere. Ohne Einreisevisum kommst du nicht in das Land hinein, und wenn du keine gültige, vollständige Impfkarte vorweisen kannst, dann schicken sie dich ebenfalls gleich wieder weg.“
Alle vorgeschriebenen Impfungen waren in meinem Ausweis eingetragen und Ben Simon sagte: „Komm, ich begleite dich aufs Schiff und stelle dich dem Kapitän vor.“

Noch einmal blickte ich zum Tor zurück. Von Euch konnte ich aber weit und breit nichts mehr entdecken. ‚Ist es wohl Marie auch so schwer ums Herz?‘ überlegte ich mir.
Zum guten Glück hatte ich auch jetzt keine Zeit, diesen peinigenden Gedanken länger nachzuhängen. Ben Simon führte mich das Fallreep hinauf an Deck des nur 31 Meter langen Fischerschiffes „Negus Schalom“. Auf dieser Nussschale würde ich nun die Seereise von Eilat, das Rote Meer hinunter, bis nach Massawa unternehmen.
Ich war gespannt, den Kapitän und die Matrosen, deren Begleiter ich nun für einige Tage sein würde, kennenzulernen.
„Käpten, dies ist Ihr Passagier, David Röschli“, stellte mich der Büroangestellte einem kleineren, untersetzten Manne vor. Der blonde, blauäugige etwa fünfunddreissigjährige Kapitän erwiderte: „Seien Sie willkommen auf unserem Luxusdampfer, David. Ich heisse Levi. Ich hoffe, wir werden eine schöne Fahrt zusammen erleben!“
Daraufhin wandte er sich an Ben Simon: „Zeig du David, wo sich unser Aufenthaltsraum befindet. Ich habe momentan keine Zeit dazu, denn ich muss unser Schiff zum Auslaufen bereit machen.“
Ben Simon schritt mir sogleich voran über das Deck und öffnete eine Tür, die in den Raum führte, der mich für die nächsten Tage beherbergen sollte. Mitten in dem Zimmer befand sich ein grosser Tisch, um welchen sechs Stühle standen. An der Wand war auf halber Höhe ein Klappbett befestigt. In einer Ecke entdeckte ich ein kleines Waschbecken und an der einen Wandseite einen Wandkasten. Von der Decke baumelte eine Lampe. Ein wirklich sehr spartanisch eingerichtetes Zimmer.
„Du kannst am Abend, wenn alle anderen den Raum verlassen haben, das Bett herunterklappen und du wirst sehen, es ist sehr bequem!“ Ben Simon gab mir einen kleinen, aufmunternden Schubs: „Ich sagte dir ja, auf der Negus Schalom gebe es nicht den kleinsten Komfort. Aber dafür kostet dich die ganze Fahrt auch nicht einen Piaster und das ist doch für dich die Hauptsache. Oder?“

Er hatte wirklich recht, aber es war doch beinahe ein kleiner Schock gewesen, denn gar so primitiv hatte ich mir die ganze Sache nicht vorgestellt.
„Geh wieder hinauf an Deck und beobachte, wie ihr ausläuft. Es hat im Augenblick doch niemand Zeit, sich mit dir abzugeben bis ihr draussen im Golf seid. Ich muss das Schiff jetzt wieder verlassen und meine Arbeit im Büro beendigen. Ich wünsche dir alles Gute in Afrika. Schalom!"
„Schalom Ben Simon. Vielleicht gibt es irgendwo einmal ein Wiedersehen!"

Schalom Eilat

Die längste Zeit stand ich dann allein und mich ziemlich verlassen fühlend an Deck und beobachtete zum letzten Mal in Eilat einen Sonnenuntergang. Die Stadt sah aus wie von einem mächtigen Feuer umleuchtet.
Kapitän Levi sah mich herumstehen. Vielleicht ahnte er die Gefühle die mich bewegten, denn er rief mir zu: „Komm doch herauf, David. Ich darf jetzt meinen Platz hier unter keinen Umständen verlassen. Sobald alles bereit ist, stechen wir in See."
Das Steuerhaus war gleichzeitig die Schlafstätte unseres Kapitäns. Ich sah mich neugierig in diesem schlicht eingerichteten Raum um. Ausser dem Bett befand sich nur noch ein Kleiderkasten, ein kleiner Tisch, ein Stuhl, ein Radio und Funkgerät, ein Kompass, sowie ein mir völlig unbekanntes, seltsames Gerät, welches aussah wie ein winziger Fernsehapparat in dem Raum.
Punkt acht Uhr kam die erwartete Meldung aus dem Maschinenraum herauf: „Wir sind hier unten mit allem fertig. Wir können auslaufen!"
Das Schiff fing an zu vibrieren und zu dröhnen. Ich eilte hinaus, um das Auslaufen aus dem Hafen zu beobachten und um

Euch und allen meinen lieben Freunden in Eilat noch ein „Schalom, Schalom“ zuzurufen.
Die Einwohnerzahl der Stadt hat sich in den zwei Jahren, seit unserer Ankunft, beinahe verdoppelt und in der Dunkelheit sah das damals kleine Städtchen nun mit seinen vielen erleuchteten Fenstern wie eine Grossstadt aus. In Gedanken sah ich uns noch einmal in der flimmernden Mittagshitze in Eilat ankommen. Wie entsetzt waren wir damals, als wir die Handvoll Häuser am Rande der Wüste Negev erblickten und was für zwei gesegnete, schöne Jahre durften wir dann hier erleben!
Ich wandte mich schnell wieder um. Ich wollte nicht wehmütigen Gedanken nachhängen, sondern mutig vorwärts blicken. Als ich in das Steuerhaus eintrat, meldete sich Kapitän Levi soeben über Funk im Hafen ab: „Fischerschiff ‚Negus Schalom‘ verlässt den Hafen mit neun Mann Besatzung und einem Passagier an Bord. Ziel: Hafen Massawa. Funkverbindung wird keine aufrechterhalten. Schalom.“
Ich lachte leise vor mich hin. Es tönte wirklich urkomisch: „Neun Mann Besatzung, ein Passagier!“ Ja, und eben dieser eine Passagier war ich!
Ein jüngerer Mann trat in das Steuerhaus ein und teilte dem Kapitän mit, dass unten im Maschinenraum alles in bester Ordnung sei.
„Mario, dies hier ist David, unser Passagier,“ stellte Levi mich dem hellbraunhäutigen Lockenkopf vor.
„David, das ist Mario, ein Aethiopier von Asmara. Er ist unser Ingenieur; er hat den Maschinenraum und alle Matrosen unter sich. Ich bin sicher, ihr zwei versteht euch gut.“
Ja, das glaubte ich auch, als ich in das lachende Gesicht des Maschinisten schaute. Ich war heilfroh, dass ich die beiden Männer mit denen ich die nächsten Tage in engem Kontakt verbringen musste, so sympathisch fand.
In der Zwischenzeit hatten wir den Hafen schon ziemlich weit hinter uns gelassen und die Lichter von Eilat verblassten in der Ferne. Dafür funkelten nun Millionen und Abermillionen von Sternen um so klarer vom dunklen Himmelszelt herunter.

Ich atmete tief die würzige Meeresluft ein und langsam stieg die Freude an meinem eben erst begonnenen Abenteuer wieder in mir auf.
Ich befand mich das erste Mal auf einem Schiff auf dem Meer. Das leise Rauschen der kleinen Wellen die rhythmisch an die Bordwand schlugen, der Windhauch der um mein Gesicht fächelte und das Leuchten der Sterne, verstärkten das zauberhafte Gefühl das mich erfüllte. Gott war mir in diesem Moment ganz nahe und in mir tönten die Worte des Verses, den wir am Morgen noch zusammen in der Bibel gelesen hatten:
„Ich bin mit Dir und will Dich behüten überall, wohin Du auch gehst." (1. Moses 28. 15)
Was für eine wunderbare Zusage!
„Hei David komm, das Nachtessen steht bereit!" Mit diesen Worten holte mich Levi in die Wirklichkeit zurück.
Wir traten zusammen in den Aufenthaltsraum wo für uns zwei der Tisch gedeckt war. Eine heisse Suppe dampfte in einer Schüssel und verbreitete einen angenehmen Duft. Erst jetzt verspürte ich, dass ich Hunger hatte. Es gab noch Käse, schmackhaftes Joghurt sowie heissen Kaffee. Ein einfaches, aber gutes Mahl.
Levi sprach wenig bei unserem ersten gemeinsamen Abendmahl. Er müsse schleunigst wieder hinauf und die erste Nachtwache übernehmen, meinte er. Bis wir den Sharim el Scheik passiert hätten, was morgen früh bei Dämmerlicht der Fall sei, könne er sich keine Ruhe gönnen.
„Wenn du willst, lasse ich dich wecken, wenn wir dort ankommen." Natürlich wollte ich es nicht verpassen, die Durchfahrt durch die berühmte Meerenge mitzuerleben. Wir würden dann den Golf von Akaba verlassen und in das Rote Meer hinausfahren.
„Leila tov, schlaf gut. Achte auf deinen Traum in der ersten Nacht an Bord der Negus Schalom", verabschiedete sich mein Kapitän von mir.
Ein kaffeebrauner Afrikaner betrat den Raum. Im ersten Augenblick vermeinte ich Chamsir, den Eilater Stadtgärtner, vor mir zu sehen, aber es war unser Koch Asafa. Er räumte das

schmutzige Geschirr weg und fragte mich, ob ich italienisch spräche. Zu seinem grossen Bedauern musste ich das verneinen.
Jetzt sitze ich an dem riesigen Tisch im Aufenthaltsraum und schreibe alles was ich heute erlebte, für Euch meine Lieben zu Hause auf. Es ist beinahe Mitternacht und ich werde mich nun bald zur Ruhe legen. Kann ich wohl schlafen? Alles ist bis auf den Motorenlärm, der vom Maschinenraum heraufdröhnt, ganz ruhig.

Erster Tag auf der Negus Schalom

Als ich erwachte, war es noch stockdunkel, ich lauschte angestrengt. Ausser einer tiefen Männerstimme die einen Befehl rief, hörte ich nichts. Selbst die Motoren unseres kleinen Schiffes waren verstummt.
„Etwas stimmt hier nicht! Das Schiff hat gestoppt“, dieser Gedanke durchfuhr mich wie ein Blitz.
Ich sprang von meiner Pritsche herunter und schlüpfte eilig in meine Shorts. Vorsichtig öffnete ich die Tür und schaute mich aufmerksam um. Draussen an Deck herrschte nicht solch eine Dunkelheit wie drinnen im Raum, alles schien komplett ruhig und friedlich zu sein. Der Kapitän stand in seiner offenen Kabinentür und winkte mir zu. Mir fiel ein schwerer Stein vom Herzen.
„Wir sind ein wenig zu früh dran. Wir können den Golf von Akaba durch die Strasse von Tiran erst verlassen, wenn es hell genug ist, um alles gut erkennen zu können“, erklärte mir Kapitän Levi. „Auf beiden Seiten dieser engen Durchfahrt kommen die schroffen Felsen ganz nahe ans Meer und es befinden sich viele unterirdische Riffs hier. Seit dem letzten Weltkrieg liegt da auch ein gestrandetes Kriegsschiff. Weil diese Passage sehr gefährlich ist, warten wir hier bis zur Morgendämmerung.“
Zum guten Glück wusste er nicht, wie sehr ich erschrak, als

ich meinte, dass unser Boot stillstand, er hätte sicherlich über mich gelacht.
Langsam verblassten die leuchtenden Sterne am Himmel. Im Osten hinter dem Gebirge färbte sich der Himmel allmählich rot. Der neue Tag erwachte. Ich atmete tief die frische Seeluft ein.
„David, siehst du dort die vielen Blauhelme?“ Der Kapitän wies mit seiner rechten Hand hinüber ins Sinaigebiet.
„Ja, ich kann die Menschen und die vielen Zelte gut sehen. Sind das Friedenstruppen?“ antwortete ich.
„Sicher, das ist Sharim el Sheik. Hier befinden sich momentan einige Hunderte von UNO Soldaten. Für uns Israelis ist das sehr erfreulich, denn das sichert uns eine freie Fahrt durch die enge Strasse von Tiran, hinaus in das Rote Meer. Wenn die nicht hier stationiert wären, dann könnten wir unmöglich diesen Ort passieren.“
Ich beobachtete aufmerksam die Soldaten, die sich zum Frühturnen in Reihen aufstellten. Gehört und gelesen hatte ich schon viel von diesen Friedenssoldaten aber bis jetzt noch niemals einen von ihnen zu Gesicht bekommen.
Käpten Levi betrat das Steuerhaus und stellte sich hinter das Steuerrad. Der Motor unseres Bootes begann wieder zu dröhnen und langsam fuhren wir auf die Meerenge zu.
Mir fing mein Herz dumpf zu klopfen an, denn nun wurde mir so richtig bewusst, wo ich mich eigentlich befand. Nämlich auf einem kleinen, israelischen Fischerschiff. Auf beiden Seiten, fast zum Berühren nah, Feindesland. Links Saudi-Arabien, rechts Aegypten. Unter uns die gefährlichen Riffs, vor uns das grosse Wrack eines gestrandeten Kriegsschiffes das einst auf eine Mine aufgelaufen war und nun wie ein ernstes Mahnmal sein verrostetes Heck zwölf Meter aus dem schäumenden Wasser reckte. Und durch all das musste uns unser Kapitän nun sicher hindurchlotsen.Ich hielt den Atem an, wie wenn dies etwas genützt hätte, als wir langsam neben dem verrotteten Wrack vorbeifuhren.
‚Was ist wohl mit den Matrosen passiert, die mit dem mächtigen Schiff gestrandet sind? Konnten sie sich ans Ufer retten,

oder sind sie ertrunken? Und der Kapitän? Kamen sie alle in Gefangenschaft?‘ Diese Gedanken beschäftigten mich, als wir mit unserer Negus Schalom an diesem Kriegszeugen vorbeiglitten.
Plötzlich musste ich geblendet meine Augen schliessen. Die pralle Sonne stand strahlend am klaren, blauen Morgenhimmel. Wir hatten die düstere Schlucht verlassen und befanden uns draussen im Roten Meer.
‚Danke Vater im Himmel, dass alles glatt verlief‘, dachte ich aufatmend, und genoss die Wärme der Sonnenstrahlen auf meinem Gesicht. Langsam liessen wir die gefährliche Strasse von Tiran und das feindliche Land hinter uns. Die Berge wurden immer kleiner und das Meer weiter. Ich sah bald nur noch Wasser, nichts als Wasser.

Das gewisse Oertchen

Nach einem reichhaltigen Frühstück, das wieder nur der Kapitän und ich zusammen einnahmen, überkam mich ein ganz gewöhnliches, jedoch dringliches, menschliches Bedürfnis. Ich sollte unbedingt einmal an ein bestimmtes Oertchen.
Ich machte mich auf die Suche nach einer Toilette. Aber den Ort, den fand ich nicht. Eine kleine Tür führte zwar in einen engen Raum und dort befand sich auch ein Klosett, aber auf diesem Klosett lag ein dickes Brett und darauf standen viele Pfannen und Töpfe aufeinandergestapelt. Also konnte das nicht, oder auf alle Fälle nicht mehr, der von mir nun mit grösster Dringlichkeit gesuchte Platz sein.
’Na nu, da muss ich halt noch ein wenig zuwarten, vielleicht finde ich den Ort doch noch. Die anderen Leute auf diesem Schiff müssen ja auch einmal. Ich konnte doch nicht wegen so etwas den Kapitän aufsuchen und wecken. Er hatte sich erst vorhin, nach der durchwachten Nacht, hingelegt.‘ So sprach ich zu mir selber und begab mich in den Schlafraum, um mir

aus dem Büchergestell ein interessantes Buch auszulesen und mich damit an Deck an die Sonne zu legen.
Noch während ich die Bücher aufmerksam betrachtete, kam einer der dunkelhäutigen Matrosen herein, schritt zum Wandschrank, öffnete ihn und entnahm ihm eine Rolle Papier. Genau eine solche Rolle, wie man sie an dem Ort, den ich nicht finden konnte, benutzte.
‚Aha, dieser Mann hier hat dasselbe Bedürfnis wie ich. Mich nimmt jetzt wunder, wohin er geht?'
Der Bursche klemmte sich das Papier unter den Arm, nickte mir freundlich einen Gruss zu und verliess, fröhlich vor sich hinpfeifend, den Raum. Ich schlich hinter ihm drein und guckte neugierig um die Ecke der Kabine. Er schlenderte nach hinten zum Heck unseres Bootes, legte die WC-Papierrolle auf den Boden, streifte seine kurze Hose ab, setzte sich auf die Reeling und liess sich sein bluttes Hinterteil von der warmen Sonne bescheinen.
‚So einfach war also dieses schwerwiegende Problem zu lösen?' Ich lachte erlöst vor mich hin.
Ich wartete nur so lange, bis der Matrose die Papierrolle wieder im Kasten versorgt hatte und den Raum verliess. Dann nahm auch ich sie schnell wieder heraus und machte mich auf den Weg zu dem luftigen Oertchen. Zwar nicht ganz so unbekümmert pfeifend wie mein Vorgänger, mit viel mehr Hemmungen als er, setzte ich mich auf den Rand. Aber was sollte ich sonst tun?

Kapitän Levi

Ich sah Levi eine grosse Schiffskarte auf dem Esstisch ausbreiten und beobachtete, wie er darauf unsere Fahrt und alle die verschiedenen Kontrollmessungen eintrug.
„Siehst du, genau um acht Minuten vor sechs Uhr fuhren wir aus der Strasse von Tiran hinaus ins Rote Meer und nun befinden wir uns ungefähr hier". Mit seinem Bleistift machte er ei-

nen kleinen Punkt auf der Karte, damit ich die Position besser sehen konnte.
„In einer Stunde werden wir die Fahrrinne vom Golf von Suez erreichen. Dann beginnt das allergefährlichste Manöver unserer Reise, nämlich diese Rinne zu durchqueren", fuhr er in seinen Erläuterungen fort. „Dies ist deshalb so gefährlich, weil die mächtigen Oeltanker viel schneller fahren als wir mit unserer Nussschale. Sie kommen alle vom Suez-Kanal her oder wollen dorthin und wir müssen quer hinüberfahren. Da gilt es höllisch aufzupassen, dass wir ihnen nicht direkt vor die Nase fahren. Ich habe jetzt die automatische Steuerung eingeschaltet, unser Schiff bleibt damit schön auf dem rechten Kurs, und ich kann eine Verschnaufpause einschalten."
„Warum fährt eure Gesellschaft eigentlich bis nach Massawa hinunter um zu fischen?" fragte ich Levi.
„Weil es dort riesige Vorkommnisse von Sardinen hat und wir Israelis sehr viele solche Fischchen essen. Unsere Fischerflotte besteht aus fünf Kuttern. Drei Mannschaften befinden sich immer auf Fischfang, ein Schiff wird gemeinsam aufgefüllt und begibt sich danach auf den Weg nach Eilat zurück. Ein anderes unserer Boote befindet sich zum Ueberholen im Heimathafen und dessen Besatzung hat dann Urlaub. Normalerweise ist die ganze Zeit eines unserer fünf Schiffe auf dem Weg nach oder von Massawa. Der Rumpf der Boote besteht ausser dem Motorenraum und der Kajüte für die Matrosen aus Kühlräumen, um die kostbare Fracht zu transportieren.
„Fährst du schon lange diesen Kurs?"
„Erst seit drei Jahren."
Levi blickte nachdenklich vor sich hin, dann begann er seine Lebensgeschichte zu erzählen:
„Ich bin noch während des Zweiten Weltkrieges mit einer Tante zusammen nach Palästina gekommen. Wir lebten, wie das für jüdische Einwanderer damals fast nicht anders möglich war, in einem Kibbuz. Die Tante arbeitete in der Küche und ich musste, oder durfte, man kann das ja sehen wie man will, die Schule besuchen. Wir wurden von unseren Lehrern so richtig gedrillt, denn bis anhin hatten wir Kinder aus dem

kriegsverwüsteten Europa nicht viel Rechtes gelernt. Es fiel uns allen ungeheuer schwer, stillzusitzen und zu büffeln. Besonders da überall im ganzen, von den Engländern noch besetzten Land, immer etwas passierte und wir am liebsten auch alle mit den Erwachsenen zusammen um unser eigenes Land gekämpft hätten. Doch diese harte Zeit des Lernenmüssens verging auch einmal und als ich endlich das Alter erreicht hatte und den Kibbuz verlassen durfte, um in die Marine einzutreten, atmete ich auf.

Das Land, für das ich mich nun militärisch ausbilden liess, hiess nicht mehr Palästina sondern Israel. Es war wirklich in der Zwischenzeit mein eigenes Land geworden. Was das für mich bedeutete, das kann ich schwerlich erklären. Da gab es nun endlich etwas zu dem ich gehörte und zu dem ich Sorge tragen musste. Ich schwor, mein Land zu verteidigen bis auf den letzten Blutstropfen.

Wieder musste ich die Schulbank drücken, jedoch jetzt mit einem völlig anderen Gefühl als während der Kibbuzzeit. Ich sah ein herrliches Ziel vor mir. Ich besass eine Heimat für die ich arbeiten und lernen wollte.

Ich wurde ein Seemann mit Leib und Seele. Das Meer bedeutete mir lange Zeit fast ebenso viel wie für andere Menschen ihre Familie. Vor acht Jahren lernte ich meine Frau kennen. Wir heirateten, und die ersten drei Jahre lebte sie mit mir auf einem israelischen Handelsschiff auf dem ich als Offizier diente. Jetzt besitzen wir drei kleine Kinder und das Herumreisen ist für meine Frau unmöglich geworden. Meine Familie wohnt oben im Norden, in Haifa. Ich bin sehr glücklich, dass ich diese Stelle als Kapitän der Negus Schalom erhielt, denn so habe ich die Möglichkeit, alle sechs Wochen einige freie Tage bei meiner Familie zu verbringen. Diese Ferientage geniessen wir immer ganz besonders. Ich kann mit der Familie Ausflüge unternehmen und mich um meine zwei Jungen und unser kleines Mädchen kümmern.

Aber jetzt muss ich wieder nach oben an das Steuer, denn wir nähern uns nun bald dem Golf von Suez. Komm doch mit hin-

auf, wir werden bestimmt einige Ozeanriesen zu sehen bekommen."
Als der Kapitän mir da so begeistert von seiner geliebten Heimat und seiner grossen Verteidigungsbereitschaft erzählte, dachte ich: ‚Ausgebildeter Marineoffizier und macht Dienst auf einem kleinen Fischerschiff als Kapitän! Sonderbar! Auf alle Fälle fahren also da einige winzige israelische Schiffe gut 1500 km weit durch das Rote Meer, so nahe wie nur irgend möglich entlang der arabischen Küste, durch Feindesland. Sie können dadurch die ganze Strecke recht gut unter Beobachtung halten.'
Ich behielt jedoch diese Gedanken wohlweislich für mich. Hätte ich Levi nach dem wahren Grund seiner Anstellung auf diesem kleinen Boot gefragt, wäre ich ganz bestimmt von ihm angelogen worden.

In einer Nussschale

Der Kapitän rief Mario einige Worte zu. Der nickte und lief hinunter in den Mannschaftsraum. Nach und nach tauchten alle unsere Matrosen auf und standen oben herum.
„Warum riefst du sie alle da hinauf?"
„Wenn wir von einem der Frachtschiffe gerammt würden, haben wir nur so die Möglichkeit davonzukommen. Bliebe einer unter Deck, so wäre er bei einem Zusammenstoss verloren. Bei Gefahr muss immer die ganze Crew an Deck versammelt sein, das ist eine strenge Vorschrift unserer Gesellschaft", erklärte mir der Ingenieur. „Dir fiel das in der Strasse von Tiran nur nicht auf, weil du mit deinen eigenen Gedanken so beschäftigt warst."
Bald schon verstand ich auch, warum diese Vorsichtsmassnahmen ergriffen wurden. Der Kapitän zeigte mir in der Ferne einen kleinen, dunklen Punkt, der sehr schnell grösser wurde und sich in kürzester Zeit als ein riesiger Oeltanker entpuppte. Er schien direkt auf uns zuzukommen. Man denkt, es

sollte keine Schwierigkeiten geben, auf dem weiten Meer nebeneinander vorbei zu kommen. Aber eine viel befahrene Strecke mit einem kleinen Fischkutter zu überqueren braucht eine ungeheure Konzentration.
Der Riese fuhr nahe an uns vorbei. Ich kam mir wirklich vor wie in einer Nussschale. Die Rettungsboote des Oelschiffes waren beinahe so gross wie die Negus Schalom.
'Uff, der würde uns glatt erdrücken, wenn wir ihm nicht aus dem Wege gingen! Hoffentlich passt der andere Kapitän auch gut auf, nicht nur unser Levi!'
Eine schrille Sirene ertönte als kurzer Gruss, unser Boot schaukelte furchterregend im Wasserstrudel des Tankers und schon war das Schiff vorbei, wurde kleiner und kleiner und verschwand bald im blauen Dunst.
Die heisse Sonne brannte unbarmherzig auf uns herunter. Auch im Schatten der Kabine konnte man es kaum aushalten. Gut, hatte ich mich in der Kupfermine draussen in der Wüste Negev, in der ich arbeitete, bereits an die Hitze gewöhnt.
Wir atmeten erleichtert auf, als wir aus der Fahrrinne des Golfs von Suez heraus waren und die Ozeanriesen nicht mehr direkt auf uns zu, sondern hinter uns durchfuhren. Die Matrosen begaben sich wieder an ihre Arbeit im Schiffsrumpf, der Koch verzog sich in die Küche, Mario ging zu einer Lagebesprechung zum Kapitän und ich zog mich in den Aufenthaltsraum zurück, um mich von den Strapazen der Durchquerung der Wasserstrasse nach dem Suezkanal zu erholen.
Den ersten Sonnenuntergang, den ich auf dem offenen Meer erlebte, werde ich nicht so schnell wieder vergessen. Es sah aus, als würde die glühende Sonne im Meer versinken. Der rote Himmel spiegelte sich im glatten Wasser und ich meinte, unser Kutter fahre direkt in ein Feuer hinein. Ich stand am Bug bis die ersten Sterne am Himmel aufleuchteten und sich Dunkelheit auf das Meer senkte. Schon bald tauchte der volle Mond aus dem Wasser auf. Ich kann wirklich nicht sagen was schöner war, das Verschwinden der Sonne im Wasser, oder das Auftauchen des Mondes aus demselben. Beides war faszinierend.

Zweiter Tag auf der Negus Schalom

Wieder erwachte ich in der Morgendämmerung. Mir klebte alles an meinem Leibe, es herrschte eine unangenehme, feuchte Wärme in der Kabine. Schnell hinaus in die etwas kühlere frische Luft.
Ein lautes Platschen ertönte, ich schaute überrascht hoch und entdeckte im selben Augenblick wie einige dunkle Schatten neben dem Kutter dahinflogen.
„Delphine! Ich sehe Delphine!" rief ich laut zu Mario hinüber, der den Käpten am Steuer ablöste.
Das, was sich da neben und hinter unserem Schiff elegant aus dem Wasser schwang und durch die Luft flog und dann wieder im Meer verschwand, konnten nichts anderes als Delphine sein.
Die Negus Schalom hatte eine Begleitmannschaft bekommen.
Mario gesellte sich zu mir und gemeinsam beobachteten wir die graziösen Sprünge der klugen Delphine. In einem erstaunlichen Rhythmus schwangen sie sich gleichzeitig aus dem Wasser und tauchten wieder unter, als ob jemand den Takt dazu schlüge: eins – zwei, eins – zwei .....
Jedesmal wenn ich Delphine sehe, freue ich mich wieder aufs neue. Es gibt noch massenhaft in dieser Gegend, hier wird nicht so viel gefischt wie an anderen Orten und wenn, dann nur nach Sardinen und Thunfischen.
Wir lachten lauf auf, als zwei der schlanken, grauen Fische in der Luft beinahe zusammenstiessen. Uns kam es beinahe so vor, als hätten auch die nächsten zwei, die aus dem Wasser sprangen, mit uns darüber gelacht.
Beim Morgenessen fragte mich Levi: „Du bist doch Mechaniker, oder?"
„Ja, das bin ich. Hast du eine Arbeit für mich?"
„Ja, eigentlich schon. Wir nähern uns immer mehr dem Aequator und es wird jetzt jeden Tag um einige Grad wärmer. Der Ventilator hier in diesem Raum funktioniert schon einige Wochen lang nicht mehr. Mario probierte ihn schon zu repa-

rieren, aber ohne Erfolg. Es wäre um einiges gemütlicher hier drinnen, wenn er laufen würde."
So wurde also unser Esstisch, der gleichzeitig auch als Büro- und Kartentisch diente, noch zur Werkbank.
Ich nahm den Ventilator sorgfältig auseinander, reinigte alles mit Dieselöl und setzte ihn wieder zusammen. Es bereitete mir richtig Spass, mich nützlich zu machen. Die Zeit verging mir bei dieser Arbeit wie im Fluge. Als ich den Ventilator wieder an seinem Platz eingebaut hatte, zog ich gespannt an der Schnur. Würde er wohl gehen? Mit leisem Surren begann sich sein Flügel zu drehen. Mit grosser Genugtuung packte ich das Werkzeug wieder weg und reinigte den Tisch.
Mario streckte seinen Kopf zur Tür herein. „Wie läuft deine Arbeit voran?"
„Sie läuft", lachte ich und zeigte an die Decke.
„Das gibt es doch nicht! Diesen Ventilator habe ich doch schon verschiedene Male zu reparieren versucht und brachte es nicht fertig."
Ich zuckte nur meine Achseln. Bei mir selber dachte ich: Du hättest ihn halt putzen, nicht flicken sollen!
Er verschwand. Nach einigen Augenblicken stand er bereits wieder vor mir und hielt mir eine neuere Armbanduhr entgegen.
„Du als Schweizer kannst sicher meine Uhr flicken! Alle Schweizer sind doch Uhrmacher."
Ich blickte ihn überrascht an: „Die meisten Leute denken, alle Schweizer könnten jodeln und nun meinst du, wir alle könnten Uhren flicken. Nein, Mario, da kann ich dir nicht helfen."
Enttäuscht steckte er seine Uhr wieder in die Tasche. „Ich war so sicher, dass du mir diese Uhr flicken kannst. Ich habe sie für viel Geld einem Strassenverkäufer in Asmara abgekauft, aber sie lief nur zwei Tage."
Kein Wunder, denn ich entdeckte auf der Rückseite ganz klein eingraviert: Made in Japan.
Er ist ein netter Kerl unser Mario. Sein Vater ist Italiener, seine Mutter Erythräerin. Mario besuchte in Asmara eine katholische Missionsschule und lernte danach in einem kleinen

italienischen Betrieb Mechaniker. Er ist verheiratet und hat vier Kinder. Er freut sich auf das Ende dieser Fahrt, dann hat er zwei Wochen Ferien und kann nach Hause gehen. Das jüngste seiner Kinder sah er noch nie. Er versprach, mir dann in Massawa zu erklären, wie ich weiterkomme.
Beim Mittagessen sagte ich zu Levi: „Ich dachte, wir würden täglich Fische essen hier auf der Negus Schalom. Ich mag sie sehr."
„Aber nein, auf diesem Fischerschiff isst man doch keine Fische. Was glaubst du, wie bald einem die zum Hals heraushängen würden", lachte er. „Aber Mario fängt bestimmt einmal einen Fisch für dich und Asafa wird ihn kochen. Er erfüllt uns nur zu gern diesen Wunsch."
Am späten Nachmittag setzte sich Mario mit einer Angelrute an die Reeling. Nach wenigen Augenblicken hatte er bereits ein Prachtexemplar am Haken. Das war nur möglich, weil unser Kutter sehr langsam fährt. Bei grösserer Geschwindigkeit würde jeder Fisch den Haken von der Schnur reissen und damit abhauen. Mario tötete den Fisch, schnitt ein paar zarte Stücke heraus. Den Rest schmiss er einfach wieder über Bord, seinen Artgenossen zum Frasse.
Mario ist wirklich Mädchen für alles an Bord dachte ich, während ich ihm beim Fischfang zuschaute. Aber ich glaube, gerade auf einem so kleinen Schiff ist ein solcher Mann Gold wert.
Stolz servierte uns der Koch den Fisch zum Nachtessen.
„Mein Kompliment, Asafa, so delikaten Fisch ass ich in meinem ganzen Leben noch nie." Diese ehrlich gemeinten Worte brachten das dunkelbraune Gesicht zum Leuchten. Ihm wurde wohl nicht oft ein Lob über seine Kochkunst erteilt.

Dritter Tag auf See

Heute fühlte ich mich den ganzen Tag unruhig und ich dachte fast immer an Euch. Ueberall hatte ich zuwenig Platz und die

Zeit schlich nur so dahin. Ich konnte mich nicht einmal zur Bibellektüre oder zum Gebet konzentrieren.
Wenigstens begleiteten fast eine Stunde lang Delphine unser Schiff und ihr Spiel heiterte mich ein wenig auf.
Es war ein langweiliger Tag!
Beim Abendessen fragte mich der Kapitän: „David, würdest du die Wache von 20 Uhr 30 bis zirka 22.30 übernehmen?“
„Ja, wenn ich das kann, sehr gerne.“
„Du musst nichts anderes machen als wach bleiben und aufpassen bis du die Lichter des nächsten Leuchtturmes aufblitzen siehst. Dann sollst du mich wecken, damit ich unsere Position auf der Karte einzeichnen kann.“
Diese Aufgabe übernahm ich mit Freuden. Die Lichter der Leuchttürme können wir immer sehr gut sehen, denn mit unserem kleinen Kutter fahren wir so nahe am Ufer entlang wie nur irgend möglich. Jetzt habe ich wenigstens etwas zu tun. Es ist nur schade, dass es ausgerechnet heute Abend bedeckt ist und ich keinen einzigen Stern erblicken kann.

Vierter Tag an Bord

Ich bin immer noch ganz durcheinander, trotzdem will ich versuchen, alles zu beschreiben was gestern Abend und in der Nacht passierte.
Ich sass allein auf Deck, wachte und dachte an Euch zu Hause. Das Gefühl der Geborgenheit und Ruhe der letzten Tage kam langsam wieder in mir auf. Ich las im 1. Petrus Brief 5, 7: „Indem ihr alle eure Sorgen auf ihn werfet, denn er ist besorgt um euch.“
Ja, es war wirklich nicht nötig, dass ich mich um Euch zu Hause und um unsere Zukunft sorgte. Er tut es, und das genügte! Aber dass beim lauter Nichtstun dumme Hirngespinste auftauchen können, dies habe ich heute erlebt. Das nächste Mal will ich dagegen ankämpfen. Ich war so erfüllt mit all diesen Gedanken, dass die Zeit wie im Fluge verging. Als ich wie-

der auf meine Uhr schaute, standen die Zeiger bereits auf 22 Uhr: Jetzt sollten bald die Lichter des Leuchtturmes zu sehen sein. Jedoch die Zeit verfloss und nirgends sah ich das erwartete Licht aufblitzen.
Plötzlich stand Levi vor mir und sagte unwillig: „Was ist los? Halb elf ist längst vorbei und du wecktest mich nicht auf! Hast du geschlafen?“
„Nein, ich schlief bestimmt nicht! Ich warte schon lange gespannt auf das Licht, aber ich bemerkte weit und breit keinen Leuchtturm“, verteidigte ich mich.
„Etwas stimmt da nicht! Wir hätten den Punkt schon längst passieren müssen. Du kannst jetzt schlafen gehen. Ich übernehme die Wache!“
Mit Schlafen war es natürlich nichts. Ich wälzte mich auf meiner Pritsche von einer Seite auf die andere und schwere Gedanken plagten mich: Bin ich vielleicht doch eingeschlafen? Nein, ganz sicher nicht! Und wenn, was geschah nun? Fand der Kapitän wohl irgendwie heraus, wo wir uns befanden? Ausgerechnet heute konnten wir uns an keinem einzigen Stern orientieren, weil viele Wolken den Himmel verdeckten. Hatte ich versagt und wirklich den Leuchtturm verpasst? Nein, das war einfach nicht möglich.
Werfet alle Sorgen auf ihn, denn er ist besorgt um euch. Erst vor zwei Stunden hatte ich mir fest vorgenommen, mich nicht mehr zu sorgen und was tat ich nun? Jetzt lag ich da im Bett und die schwersten Sorgen tummelten sich in meinem Kopf. Aber alles mir selber Zureden nützte nichts, die Sorgen bedrückten mich.
Levi rief mir von der Tür her zu: „Es ist nun beinahe Mitternacht und es gelang mir nicht, unsere Position herauszufinden. Bist du ganz sicher, dass du auch nicht einen Moment geschlafen hast?“
„Nein Levi, ich schlief nicht!“
„Ich probierte irgend eine Funkverbindung herzustellen, aber auch das geht nicht. Von Eilat und von Massawa sind wir zu weit weg. Die Küstenwachen, die ich anrief, schweigen. Sie geben uns Israelis keine Antwort. Ich weiss, dass sie uns hö-

ren, aber eben wir sind für sie Feinde. Ich fühle mich gar nicht mehr wohl in meiner Haut."

„Ich mich auch nicht in meiner!"

„Komm an Deck. Wir fahren jetzt trotzdem langsam weiter. Wir befinden uns wahrscheinlich in der Gegend mit den vielen unter Wasser liegenden Inseln. Ich schaltete das Echolot ein. Das gibt uns einigermassen Schutz, da wir alles sehen können, aber trotzdem will ich dich und die gesamte Mannschaft an Deck haben."

Es herrschte eine ungemütliche Stimmung da oben. Ich spürte, dass sie mir alle misstrauten, dass sie dachten: Hat er wirklich nicht geschlafen? Das tat weh und ich fühlte mich gekränkt und niedergedrückt.

Unheimlich war es da zu sitzen, keine Ahnung zu haben, wo wir uns befanden und gleichzeitig das Gefühl zu haben, sich auf einem Pulverfass zu befinden.

„Wenn unser Schiff auf ein Riff oder eine Insel aufführe, dann wären wir verloren. Uns Israelis fischt keiner heraus, die würden uns glatt versaufen lassen", erklärte mir Levi, als er mir das Echometer zeigte. Der kleine wie ein Fernseher aussehende Apparat in der Kajüte des Kapitäns war das Echolot. Wenn es eingeschaltet ist, sendet eine Ultraschallwelle Impulse in die Tiefe. Trifft der Schall auf ein Objekt, Meeresboden oder Fischschwärme, kommt ein Echo zurück und man kann daran die Wassertiefe ausrechnen.

Wir atmeten erleichtert auf, als die Morgendämmerung es dem Kapitän ermöglichte, die Konturen der nahe am Ufer aufragenden Berge auszumachen. Die Karte wurde auf dem Tisch ausgebreitet und genau unter die Lupe genommen.

„Wären wir immer mit derselben Geschwindigkeit gefahren, dann müssten wir uns bereits in der Nähe der äthiopischen Landesgrenze befinden. Jetzt sind wir sehr wahrscheinlich irgendwo zwischen Port Sudan und Tokar. Bist du immer noch überzeugt, dass du nicht geschlafen hast, David? Es ist für mich ungeheuer wichtig, dies zu wissen."

Ich schüttelte heftig den Kopf. Die Worte blieben mir im Hals stecken.

Kurz vor dem Mittagessen winkte mir Levi vom Steuerhaus: „Komm herauf, ich muss dir etwas mitteilen.“
Mit gemischten Gefühlen trat ich ein, würde die Fragerei wieder von vorne anfangen?
„Ich erhielt soeben auf meinen Funkspruch Antwort von einem Schwesterschiff unserer Gesellschaft. Es befindet sich auf Fischfang in der Gegend der Grenze und der Kapitän hörte mein Funken. Als ich Gideon von unserem Missgeschick erzählte, fluchte er gehörig, dann erklärte er mir, dass dasselbe letzte Woche Käpten Salomon auf der Melach David auch passiert sei. Die Araber setzen den Leuchtturm ausser Betrieb wenn sie merken, dass ein israelisches Schiff kommt. Mir tut es sehr leid, dass ich dich verdächtigte, du hättest geschlafen auf der Wache.“
„Gott sei Dank hat sich das geklärt! Du machtest mich mit deiner Fragerei ganz unsicher. Bald wäre ich soweit gewesen, zu sagen, ich wüsste es nicht mehr mit Bestimmtheit, ob ich nicht doch eingeschlafen sei.“
Meine Erleichterung war unbeschreiblich. Ich verzog mich an einen stillen Ort um meinem Herrn zu danken, dass er diese schwere Last von meinem Herzen nahm.
Levi gab sich beim Essen die allergrösste Mühe, mir alles zu erklären und auch sein Misstrauen und seine Angst zu begründen.
„Von jetzt an stehen wir dreimal im Tag in Funkverbindung mit dem Büro in Massawa. Nun kann nichts dergleichen mehr geschehen.“
„Ich an deiner Stelle hätte wohl ganz gleich reagiert. Ich trage es dir auch nicht weiter nach“, beruhigte ich ihn.
Das gute Einvernehmen auf der Negus Schalom war wieder hergestellt.

Letzter Morgen an Bord

Bereits vor Sonnenaufgang befand ich mich an Deck. Ich wollte dieses herrliche, ewig neue Wunder der aus dem Wasser aufsteigenden Sonne noch einmal geniessen.
Wir fuhren langsam an vielen kleineren und grösseren Inseln vorbei. Für den Kapitän ist es hier nicht einfach, seinen Weg hindurchzufinden. Da kann er sein Echometer gut gebrauchen.
Wir näherten uns Massawa und somit würde meine Schiffsreise bald zu Ende sein und ein anderes Abenteuer beginnen. Ein Fischerschiff, die Massal Tova, kam auf uns zugefahren. Die beiden befreundeten Kapitäne sprachen und lachten zusammen über Funk. Mario befand sich mit mir an Deck. Wir winkten einem Matrosen auf dem Kutter zu und freuten uns, wieder andere Menschen zu sehen. Plötzlich merkten wir, dass das Schiff immer näher, ja sogar bedrohlich nahe kam.
„Käpten Levi, passen Sie doch auf", schrie Mario gellend auf. Mit einem Ruck riss der Angerufene das Steuer herum und um Haaresbreite glitten die beiden Schwesterschiffe aneinander vorbei.
„Hu, das hätte ins Auge gehen können", stammelte Mario, trotz seiner braunen Hautfarbe schreckensbleich. „Die zwei sprechen zusammen, erzählen sich wahrscheinlich die neuesten Witze und stossen dabei beinahe zusammen!"
Meine Knie schlotterten. Aufatmend beobachtete ich, wie der Kutter sich von uns entfernte.
„Käpten Gideon lud uns zu einem Nachtessen ins Hotel Massawa ein. Als Entschädigung für den Schock vorhin, als wir uns beinahe rammten, solle ich dich ebenfalls mitbringen. Sie fingen in kürzester Zeit soviele Fische, dass sie morgen bereits nach Hause fahren können. Heute Abend feiern wir Sabbath im Hotel. Da treffen sich alle Israelis dort." Levi lachte, er sah mir den Schreck bestimmt noch an. „In einer Stunde erreichen wir den Hafen. Ich hoffe, dass die Zollbeamten nicht zu lange auf sich warten lassen. Was willst du jetzt anfangen?"
„Ich weiss es nicht genau. Ich denke, morgen nach Asmara

hinauf zu fahren und mich dort nach Arbeit zu erkundigen."
„Du kannst am Abend noch einmal auf das Schiff kommen und hier übernachten, damit du kein Hotelzimmer brauchst."
Dankend nahm ich seine freundliche Einladung an und dachte dabei: Ist es nicht wunderbar, wie der Herr für mich sorgt!

Ein Wundermittel

Nachdem ich Davids Brief gelesen hatte, lag ich lange still. Eine grosse Dankbarkeit stieg in mir auf, ein tiefer Friede kehrte in mein Herz ein. Mir war, als sei Jesus unsichtbar in meinem Zimmer und spreche zu mir. Ich fühlte, ja ich wusste es sogar mit Bestimmtheit plötzlich wieder, dass alles gut werden würde. David auf seiner abenteuerlichen Fahrt, die Kinder und ich in Eilat, befanden uns in den Händen von Jesus Christus. Nichts, überhaupt nichts, konnte uns passieren, denn wir hatten uns auf den Weg gemacht, seinen Willen auszuführen.
Juchevet streckte den Kopf zur Tür herein und fragte auf mich blickend erstaunt: „Was ist los mit dir, du siehst so froh aus?"
„David hat geschrieben, es geht ihm gut!"
„Endlich! Nun brauchst du dich wenigstens nicht mehr so zu sorgen."
Die gute Nachbarin konnte mit mir fühlen, dass es mir nicht leicht fiel, allein hier zu bleiben, obschon ich mich in Eilat richtig zu Hause fühlte.
Gespannt warteten die Kinder bis ich ihnen vorlas, was Vati alles auf der Negus Schalom erlebte. Am meisten Eindruck machte den Kleinen, dass es auf dem Fischkutter keine Toilette gab und darum ihrem Vater fast ein dummes Malheur passierte.
Marlies sagte ganz entsetzt: „Ich will nicht auf ein Schiff gehen, wo mir alle Leute zusehen können, wenn ich auf die Toilette muss."

Ich lachte: „Nein Liebes, das ist auf einem Frachtschiff nicht so."
Sie sah mich mit schräggeneigtem Kopf misstrauisch an: „Bist du ganz sicher Mutti?"
„Ja, sonst komme ich auch nicht mit!"
Ich musste den Kindern versprechen, dass ich am Abend Vatis Brief noch einmal vorlesen würde.
Ich vertiefte mich an diesem Tag noch oft in den langen Brief und gerade dies war die beste Medizin für mich. Am Abend fühlte ich mich bereits viel besser und am nächsten Morgen hatte ich kein Fieber mehr.

Ueber den Korallen

Seit Davids Abreise wusste ich am Sabbath gar nichts Rechtes anzufangen. Zum Baden konnten wir nicht an den Strand gehen, denn die Tage wurden merklich kühler und anfangs November badeten keine Eilater mehr im Meer. Wir hatten uns ebenfalls so an die Hitze gewöhnt, dass wir mit 20 Grad im Schatten ordentlich froren und es uns ganz bestimmt nicht lockte, uns im Wasser zu tummeln. Der Strand war fast menschenleer. Nur noch einige Touristen wagten sich ins kühle Nass. Wunderten sie sich wohl auch, wo die Eilater blieben? Wir holten uns bei unserer Ankunft im Januar vor zwei Jahren einen Sonnenbrand und unsere Nachbarn fanden, wir seien „meschugge" (verrückt), bei dieser Kälte zu baden. Und nun dachten wir von den Besuchern genau gleich. Derart schnell gewöhnt sich der Körper an die Hitze.
Käthe Spörri, eine Lehrerin aus Aarau, weilte bei meiner Glaubensschwester Magda auf Besuch. Ich versprach ihr, sobald es mir wieder besser ginge, eine Fahrt mit einem der Glasbodenboote zu unternehmen.
Die Kinder jubelten laut, als ich ihnen am Freitagabend nach der Gutenachtgeschichte versprach: „Morgen Nachmittag fahren wir mit Käthe zusammen über die Korallen."

Die Zusammenkünfte der Eilater Christen am Sabbathbeginn bedeuteten mir jetzt, seit Davids Wegfahrt, noch viel mehr. In der Gemeinschaft mit den vier Glaubensgeschwistern, Peter und Anna, Rosa und Magda fühlte ich mich wohl. Bei ihnen durfte ich auch über alles, was mich bewegte, sprechen; besonders natürlich mit Magda, durch deren liebevolle Betreuung ich vor einem halben Jahr zum Glauben finden durfte. Alle freuten sich mit mir über Davids Brief. Wir lobten und dankten gemeinsam unserem Herrn für die Bewahrungen und baten ihn inbrünstig um Schutz für seinen weiteren Weg.
Peter predigte an diesem Abend über Psalm 34, 5: ‚Ich suchte den Herrn und er antwortete mir und aus aller meiner Angst errettete er mich.'
Wählte er wohl diesen Text für mich? Ja ich wusste, was Angst ausmachte. Angst konnte sogar krank machen, das erlebte ich nun selber. Nun war die Angst weg. Die Krankheit wie weggeblasen. Ich konnte mich wieder von Herzen freuen.
Aber ein wenig schämte ich mich. Dies bekannte ich Jesus und meinen Freunden in einem offenen Gebet. Ich schämte mich, weil ich derart kleingläubig und verzagt gewesen, trotzdem ich doch eigentlich im tiefsten Herzensgrund genau wusste, dass Jesus David auf dieser Reise begleitete. Woher kamen denn diese Zweifel? In mir war die Gewissheit, dass uns nichts passieren konnte, was Gott nicht wollte und doch .... Warum hielt ich mich nicht einfach an dem Wort fest, das ich so gut kannte, welches im Matthäusevangelium 10, 29-31 steht. ‚Kauft man nicht zwei Sperlinge um einen Pfennig? Dennoch fällt deren keiner auf die Erde ohne den Willen eures Vaters. Nun aber sind auch eure Haare auf dem Haupte alle gezählt. Darum fürchtet euch nicht; ihr seid besser als viele Sperlinge.'
Wenn es doch hier stand, dass sogar die Haare auf unserem Kopf gezählt sind, dann sollte ich mich nicht um David ängstigen, sondern felsenfest darauf vertrauen, dass weder ihm noch den Kindern oder mir etwas geschah, was der Vater nicht wollte.
Käthe freute sich beinahe ebenso wie meine vier Trabanten auf den morgigen Tag. Sie versprach, schon um zehn Uhr zu

kommen. Wir würden gemeinsam ein Picknick am Strande veranstalten.
Vergnügt begaben wir zwei Frauen uns mit Jakob und Lea, den Nachbarskindern, sowie mit meinen vieren Marlies, Dave, Ursula und Peter hinunter an das Meer. Im Windschatten des alten Wracks, das dort am Strande lag, nahmen wir unser Essen ein.
Die Kinder hielten es nicht lange bei uns aus, sie liefen schon zum Bootssteg voraus. Käthe genoss die Sonne. Sie litt unter schwerem Asthma und erhoffte hier von der trockenen Eilaterluft eine Heilung. Sie fühlte sich nach dem zweiwöchigen Aufenthalt so wohl wie schon seit vielen Jahren nicht mehr.
„Die einen werden hier in Eilat am Körper gesund und die anderen an der Seele", meinte ich nachdenklich.
„Oder an beidem. Ich hoffe nicht nur meine Gesundheit, sondern auch meinen inneren Frieden wieder zu finden."
Leider konnten wir nicht mehr weiter darüber sprechen, denn Dave kam aufgeregt gerannt und rief von weitem schon: „Mutti, Käthe, kommt doch endlich, sonst fahren die Boote ohne uns los. Die Leute steigen ein."
„Dann hilf uns zusammenpacken, damit wir schneller fertig sind", bat ich den ungeduldigen Jungen. Mit einem verdrossenen Gesichtsausdruck bequemte er sich dazu.
Ein Motorboot zog drei kleine Schiffe mit Glasboden an einem langen Seil behutsam über die bizarr geformten Korallen. Wir Schaulustigen sassen auf Holzbänken um den durch Schranken gesicherten Glasboden herum. Durch das klare Wasser konnten wir bis auf den Meeresgrund sehen und viele Fische, Muscheln und Seeanemonen beobachten. Wir blickten alle fasziniert durch das Glas. Uns erschloss sich eine neue Dimension, eine völlig andere Welt: vielgestaltig, eigenwillig, seltsam, überreich an Formen und Farben. Niemals hätte ich geglaubt, dass Fische und Korallen in derart bunten Mengen vorhanden sein könnten. Vom hellsten bis zum dunkelsten Blau, vom mattesten bis zum glänzendsten Rot, jede Schattierung von Grün, Gelb, Braun. Einfach alles gab es hier unter Wasser zu sehen. Seeanemonen, Haarsterne und Rote-Horn-

korallen wiegten sich langsam im Takt der Bewegung des Wassers hin und her. Zwei Rotfeuerfische schwammen eng beieinander darüber. Ihre rotgelb gestreiften Körper glitzerten wie funkelndes Gold. Ein grosser Kardinal-Goldzackenbarsch kam heraufgeschossen, zeigte uns seine Zähne und verschwand wieder in einer Korallennische. Seeigel spazierten gemütlich auf dem Meeresboden. Ein Schwarm Gelbschwanz-Seebader, gut erkennbar wegen ihres dunkelblau getupften Körpers und grellgelben Schwanzes, folgten unserem Boot.

Nur allzu schnell war die herrliche Fahrt über die Korallen vorbei. Immer noch ganz gefesselt von der schönen Unterwasserwelt begaben wir uns stumm, in Gedanken versunken, auf den Heimweg. Käthe sprach nach geraumer Zeit das aus was mich ebenfalls bewegte: „Bis ins kleinste Detail wunderbar hat doch Gott diese unsere Welt geschaffen. Selbst unter dem Meeresspiegel, da wo kaum je Menschen es sehen, ist alles aufeinander abgestimmt, so harmonisch, wie es sich kein Maler in der kühnsten Phantasie ausdenken könnte. Mich erfüllt das alles mit staunender Ehrfurcht vor unserem allmächtigen Vater. Danke, dass du mich mitgenommen hast. Ich gehe morgen Nachmittag noch einmal hin, diese Wunderwelt zu betrachten."

Am Sonntagmorgen brachte mir Lotte den zweiten Brief von David. Mein Herz klopfte zum Zerspringen, als ich ihn öffnete. Wie war wohl seine Reise weitergegangen?

In Massawa

Nun bin ich erst drei Tage in Aethiopien und ich erlebte schon so viel, dass ich es kaum fassen kann. Ein Glied fügt sich in das andere und es sieht wirklich aus, als hätte Gott den Weg für mich im voraus geebnet.

Als die Zollbeamten an Deck kamen, gab es erst einmal Schwierigkeiten. Nicht mit mir, ich hatte alle Papiere in Ordnung, aber der Käpten fand seinen Impfausweis nicht. Da wurde ein langes Palaver losgelassen, ein heftiges Hin und Her von teilweise sehr wütenden Ausdrücken. Obschon ich nichts verstand, sagten mir die Mienen und Gesten aller Beteiligten genug. Endlich mischte sich noch Asafa in den Streit ein. Er stand breitspurig vor seinen Käpten hin, schaute ihn von oben bis unten und wieder von unten bis oben genau an, drehte sich dann zu den zwei Männern von der Gesundheitsbehörde um und sagte mit befehlender Stimme: „Kapitän Levi ist kerngesund, das sehe ich genau. Ihr könnt ihn und uns an Land lassen!" Die beiden Beamten murrten noch etwas vor sich hin, dann jedoch willigten sie zu unserer Beruhigung ein. Mario übersetzte mir lachend, was Asafa da behauptete. Was doch so ein gescheiter äthiopischer Koch nicht alles weiss und vermag.

Die Matrosen, Asafa und Mario verabschiedeten sich freundlich von mir, sie wollten begreiflicherweise alle schnellstens zu ihren Familien. Ich schaute ihnen nach bis ich keinen mehr sehen konnte. Würde ich je wieder einen von ihnen irgendwo treffen?

Ich machte mich trotz der Mittagshitze auf die Socken in die

Stadt hinein. Komisch, kaum lief ich einige Schritte entlang dem Kai, beschlich mich ein unheimliches Gefühl. Ich meinte, der Boden komme mir entgegen. Ich blieb stehen und blickte mich um. Hatte es geerdbebnet? Nein, alles blieb ruhig, aber die Erde bewegte sich doch! Ich sah zurück zu der Negus Schalom. Sie wiegte sich langsam hin und her, im Takt mit den Wellen. Und plötzlich wusste ich was los war: Mein Körper hatte unbewusst auf dem Schiff die Bewegungen mitgemacht und jetzt auf festem Grund beinahe das Gleichgewicht verloren. Ach, darum der breite Gang der Seeleute, von dem ich schon gelesen hatte. Werde ich wohl jetzt noch seekrank? Doch nach einigen hundert Metern verlor sich das eigenartige Gefühl und meine Schritte wurden sicherer.
Auf der Hauptstrasse in der Stadt befand sich kein einziger Mensch. Im Schatten eines Hauses döste ein magerer Köter vor sich hin, nicht einmal bei meinem Näherkommen hob er seinen Kopf. Um die Mittagszeit muss man in Massawa nichts wollen, alle Geschäfte und Büros sind geschlossen. Massawa ist der heisseste Hafen der Welt. Erst um Weihnachten herum beginnt die Badesaison. Im Sommer steigt das Thermometer auf über 50 Grad im Schatten, ja manchmal noch bedeutend höher. Zum Unterschied der trockenen Hitze in Eilat ist hier die Luftfeuchtigkeit enorm hoch und die Kleider kleben bei jeder Bewegung am schweissgebadeten Körper. Das Leben in dieser Stadt erwacht erst wieder gegen Abend.
Die meisten Häuser sind ein-, zwei- oder höchstens dreistökkig im italienischen oder arabischen Stil gebaut. Viele haben einen gedeckten Säulengang, wo dann am Abend Waren zum Verkauf angeboten werden und sich Bettler niederlassen.
Endlich fand ich das Hotel Continental. Der Eingang befand sich unter einer Veranda, die von hohen, weissen Säulen getragen wurde. Ich setzte mich an einen der hinteren Tische über welchem ein rotierender, meterlanger Propeller ein wenig Kühlung brachte. Wohl hörte ich drinnen jemanden rumoren, aber bis sich der Kellner nach draussen bemühte, verstrich eine Weile. Auf Italienisch fragte er nach meinem Begehr. Una Birra, das ist fast das einzige was ich in dieser Spra-

che kann. Herrlich mundete das eiskalte Getränk. Zu meiner Ueberraschung servierte er mir dazu noch gesalzene Nüsse, Salzstengeli, Oliven und Pommes Chips. Trotz meines Sparwillens konnte ich nicht widerstehen und langte bei den gluschtigen Leckereien zu. Das alles kostete nur einen äthiopischen Dollar (Fr. 1.60).

Am Abend holte mich Kapitän Levi von der Negus Schalom ab. Ungefähr vierzig Israelis versammelten sich zur Sabbath Feier im grossen Essaal des von einem Italiener geführten Hotels Continental. Ich passte rein vom Aeusseren her gesehen schlecht in diese Gesellschaft. Die Männer erschienen in langen Hosen und Hemden mit Krawatten und die wenigen Frauen in eleganten Kleidern. Ich fühlte mich deplaziert mit meinen Shorts und dem offenen Hemd. Trotz meiner Kluft wurde ich von allen sehr freundlich willkommen geheissen und ohne weiteres in die Runde aufgenommen.

Es gab keine lange Vorfeier, sondern nach einem kurzen Gebet servierten die Kellner sogleich ein ausgezeichnetes reichhaltiges, natürlich streng koscheres Essen. Ich hatte schon lange nicht mehr so fürstlich gespeist und liess es mir schmekken. Den Gesprächen in Hebräisch konnte ich sehr gut folgen. Als Levi lachend vom Beinahe-Zusammenstoss der beiden Boote erzählte und dabei meinen und Marios Schrecken schilderte, amüsierten sich alle köstlich. Kapitän Gideon jedoch meinte: „Nur dank Marios schrillem Aufschrei reagierten wir rasch. Unsere Unachtsamkeit hätte ins Auge gehen können."

Ein Mann in meinem Alter, der an einem Tisch auf der andern Seite des Saales sass, schaute mich einige Male beobachtend an. Auch mir kam er irgendwie bekannt vor, doch konnte ich mich nicht erinnern, wo ich ihn gesehen hatte.

Plötzlich stand er vor mir und fragte: „Bist du nicht der Swissari von der Timna?"

„Ja, der bin ich", erwiderte ich erstaunt.

„Ich heisse Salomon Ariel. Ich besuchte vor einem Jahr meinen Freund, Direktor Elchstein, in der Kupfermine. Ihr stecktet mitten in der Reparaturarbeit. Du wurdest mir als

Leiter der Swissarigruppe vorgestellt, befandest dich jedoch so im Druck mit der Arbeit, dass du keine Zeit fandest, dich mit uns zu unterhalten. Was machst du hier? Bist du in den Ferien?"
„Nein, ich bin wohl als Tourist eingereist, aber ich suche Arbeit. Ich möchte mit meiner Familie nach hier einwandern."
„Hm, wirklich? Hast du dir das auch gut überlegt? Und hast du bereits eine Stelle in Aussicht?"
„Nein, ich bin aufs Geratewohl gekommen. Natürlich hoffe ich, bald einen Arbeitsplatz zu finden, damit ich meine Frau mit unseren vier Kindern nachkommen lassen kann."
„Wenn du willst, komm am Montagmorgen in Asmara auf mein Büro. Ich leite den Bau des Flugplatzes dort oben. Vielleicht kann ich etwas Passendes für dich finden."
Ich konnte nur nicken vor Ueberraschung.
Salomon reichte mir zum Abschied seine Visitenkarte. „Schalom, bis Montag."

Fahrt in luftige Höhen

Die Nacht verbrachte ich, wie abgemacht, auf der Negus Schalom. Ein seltsames Gefühl beschlich mich, als ich mich so allein auf dem Kutter befand. Trotz der schwülen Hitze fiel ich schnell in einen tiefen Schlaf. Der schwere, israelische Wein liess mich umgehend ins Reich der Träume versinken.
Um acht Uhr morgens verliess ich wohlgemut mit meinem kleinen Koffer in der Hand das Fischerboot, auf dem ich in den wenigen Tagen einige recht aufregende Momente erlebt hatte. Ohne Probleme kam ich durch den Zoll.
Ich verliess das Hafengelände und lief unter Dum-Palmen zum Bahnhof. Viele Leute warteten mit mir auf die Abfahrt des Zuges. Die meisten der Eingeborenen lösten ein Billett vierter Klasse. Sie bezahlten dafür beinahe nichts, aber es sind auch nur Frachtwagen ohne Sitzbänke. Sie hockten sich alle dicht gedrängt auf den Boden und das für ca. vier Stunden bei

einer kurvenreichen, halsbrecherischen, jedoch höchst faszinierenden Fahrt. Ich erstand ein Billett dritter Klasse und musste mich zwischen lachende, weissgekleidete Frauen auf eine unbequeme hölzerne Sitzbank quetschen.
Es war wohl auch eher ungewohnt, dass ein weisser Mann in dieser Klasse mitfuhr. Ich wurde angestarrt wie ein Weltwunder und die jungen Mädchen machten sich lautstark schnatternd über mich lustig. Die Erythräerinnen sind sehr schöne Frauen mit hellbrauner Gesichtsfarbe. Auf der Stirne haben viele ein Kreuz eintätowiert. Die Frisuren sind eigenartig aber kunstvoll. Viele kleine Zöpfchen ganz eng am Haarboden geflochten und hinten zu einem Knoten zusammengebunden.
Eine ältere Frau sprach mich auf Italienisch an. Leider verstand ich sie nicht. Diese Gegend war lange Zeit unter italienischer Herrschaft, darum beherrschen die meisten Menschen hier diese Sprache. Untereinander sprechen sie Tigrinja. Für mich tönte es fast wie arabisch und ich meinte auch hie und da ein Wort zu verstehen. Aber es ist auch gut möglich, dass ich mich täuschte und es ganz etwas anderes hiess.
Die Eisenbahn führte uns erst 40 Kilometer durch die trostlose Ebene von Massawa gegen das Gebirge, das sich immer höher und gewaltiger vor uns erhob. Auf der rechten Seite der Bahnlinie in Fahrtrichtung befand sich die gut ausgebaute Strasse und auf der linken Seite sah ich streckenweise eine Seilbahn. Sie wurde 1935 von den Italienern zum befördern von Kriegsmaterial angelegt und ist mit ihren 72 Kilometern die längste Seilbahn der Welt.
Von Massawa bis Asmara, also auf einer Strecke von 120 Kilometern, mussten wir 2400 Meter Höhenunterschied überwinden. Allein zwischen Ghinda und Asmara – 50 Kilometer – kletterte die Bahn 1400 Meter hoch. Sonnenklar, dass unser Zug sich nur langsam vorwärts bewegte. In weiten Schleifen, durch über vierzig Tunnels und über beinahe so viele Brücken und Viadukte krochen wir Asmara entgegen. Beim Zwischenhalt in Ghinda hielten Verkäufer Früchte feil. Bananen, Aepfel und Papayas. Ich kaufte mir einen Sack Aepfel. Ich konnte einfach nicht widerstehen und biss geniesserisch in

eine Frucht. Den guten Rat des Käptens, in Afrika niemals eine Frucht zu essen, die ich nicht vorher gewaschen hatte, schlug ich in den Wind. Ich musste diesen Leichtsinn nachher bitter büssen. Fast die halbe Nacht verbrachte ich deswegen auf der Toilette.
Am frühen Nachmittag kamen wir endlich in Asmara an. Asmara bedeutet „Blühender Busch“ und ist die Hauptstadt der Provinz Erythräa. Es leben viele Italiener hier. Die Geschäfte, Fabriken, Farmen und vor allem die Autoreparaturwerkstätten befinden sich in ihren Händen. Die meisten sind mit Eingeborenen verheiratet und besitzen hübsche, hellbraune Kinder.
Vom Bahnhof aus führt eine moderne Hauptstrasse ins Innere der Stadt, eine richtig schöne, breite Allee, beidseitig mit hohen Palmbäumen und blühenden Oleanderbüschen bepflanzt. An zwei neueren Kirchen und an einer im italienischen Stil erbauten hohen Kathedrale kam ich auf meinem Weg vorbei. Ich suchte das von Salomon als preisgünstig angepriesene Hotel Albergo Italia. Glücklicherweise war noch ein Zimmer frei. Hier oben in Asmara ist es in dieser Jahreszeit schon recht kühl. Ich musste mich wärmer anziehen, bevor ich mich auf einen längeren Spaziergang in die Stadt begab.

Ein Angebot

Heute morgen suchte ich äusserst gespannt Salomon in seinem Büro auf. Er arbeitet seit zehn Monaten hier auf dem Flugplatz und leitet die Bauarbeiten.
Als ich in sein Office trat, telephonierte er gerade. Er deutete mir, mich zu setzen. „Schalom, Schalom, Michael. Ich sende dir den Mann.“ Mit diesen Worten verabschiedete er sich von seinem Gesprächspartner. Er wandte sich sogleich freudestrahlend an mich: „Soeben sprach ich mit meinem Freund in Addis-Abeba. Er leitet dort das Baubüro und sagte mir, dass er jemanden wie dich gut gebrauchen könne.“

„Wie, was, wo?“ Ich schaute ihn verständnislos an.
„Ich überlegte mir am Samstag, wo ich dich einsetzen könnte und kam zum Entschluss, dass es eigentlich keinen grossen Sinn mehr hat, dich hier in Asmara zu beschäftigen, denn die Arbeiten am Flugplatz werden in ungefähr zwei Monaten abgeschlossen sein. Aber in Addis-Abeba baut unsere Firma den modernen internationalen Haile-Selassie-Air-Port und der ist noch lange nicht fertig. Fliege morgen nach der Hauptstadt und melde dich bei Mister Grünwald auf dem Soleh Bohne Büro. Du wirst von ihm erwartet.“
Nun blieben mir wahrhaftig die Worte im Halse stecken. So etwas gab es doch einfach nicht! Ich besass bereits so gut wie eine Arbeitsstelle, bevor ich mich nur vorgestellt hatte. Konnte das die Möglichkeit sein? Und dann erst noch in der Stadt, wo es die deutsche Schule für unsere Kinder gab! Für mich war es ganz klar, dass das keineswegs ein Zufall war. Nein, das hatte nur mein Gott so gefügt! Die Gewissheit, dass ich mich auf dem rechten Weg befand, dass mein Vater im Himmel mich oder besser gesagt, uns, in Addis-Abeba haben wollte, wurde für mich immer klarer. Salomon lud mich zu einem Mittagessen in ein Restaurant ein. Dann begab ich mich auf die Suche nach einer Transportmöglichkeit um in die 1080 Kilometer entfernte Hauptstadt zu gelangen. Fliegen wollte ich nur wenn es nicht billiger ging. Ich hatte nicht im Sinn, wie bei unserer Ankunft vor zwei Jahren in Tel-Aviv, unnötig Geld zum Fenster hinauszuwerfen. Zu meiner riesigen Freude fand ich eine Bus-Gesellschaft die zweimal in der Woche nach Addis-Abeba fährt. Das Billett kostet nur achtzehn äthiopische Dollars. Uebermorgen früh um sieben Uhr geht es los. Ich bin gespannt, was ich alles erleben werde.
Ich bringe jetzt noch diesen Brief auf die Post, dann gehe ich ins Bett. Später am Abend will ich nicht noch einmal auf die Strasse, denn da wird man als Weisser auf Schritt und Tritt angerempelt. Ich weiss nicht, wie oft sich mir gestern ein Mädchen oder eine Frau für einen Dollar anbot. Ich glaube, der Beruf der Dirnen ist hier sogar noch angesehen, oder auf alle Fälle eine Arbeit wie jede andere auch. Mit irgendwas müssen

die Mädchen ja ihren Lebensunterhalt verdienen. Mich erschütterte es tief, als mich junge Mädchen, die noch wie Kinder aussahen, ansprachen.

Eine Heimkehr

Ein Geräusch weckte mich auf. Ich lauschte angestrengt. Nein, da war nichts! Oder doch? Ich setzte mich im Bett auf, zündete das Licht an und schaute auf den Wecker. Halb sechs! Draussen dämmerte es bereits. Wieder spitzte ich meine Ohren: Nichts, kein Laut! Doch, jetzt hörte ich es ganz deutlich. Irgend etwas kratzte an der Haustür und ein leises Winseln konnte ich nun ebenfalls feststellen.

„Nein, das kann nicht wahr sein!“ Aber noch während ich diese Worte herausstiess, sprang ich aus dem Bett, eilte zur Tür und riss sie auf. Hereingestürmt kam – unsere Wanda!

Die kleine Hundedame sprang in hohen Sätzen an mir hoch, überschlug sich beinahe vor Freude und stiess dabei die merkwürdigsten Töne hervor. Von den tiefsten noch nie von ihr vernommenen Knurrlauten bis zum höchsten Jaulen gab sie alles von sich.

Ich setzte mich im dünnen Nachthemd auf die kalten Steinfliesen des Wohnzimmers und nahm den geliebten Hund in die Arme. Voller Freude leckte er mir mein Gesicht ab. Mich kümmerte es in diesem Moment nicht, Tränen der Wiedersehensfreude rannen mir die Wangen hinunter.

Durch diesen Lärm erwachten natürlich auch die Kinder. Vier verschlafene und erschrockene Gesichter tauchten in der Türöffnung ihres Schlafzimmers auf und dann hörte ich den mehrstimmigen Aufschrei: „Wanda.“ Im Handumdrehen sassen sie alle bei mir auf dem Boden und wollten ihre vermisste, geliebte Spielkameradin streicheln. Wanda wusste kaum mehr, was sie anstellen sollte. Auf und nieder sprang sie von einem zum andern, um abwechselnd blitzschnell einem jeden mit der hechelnden Zunge über das Gesicht zu fahren.

Endlich legte sich der Tumult. Wanda und wir beruhigten uns langsam. Dann aber ging ein Fragen los:
„Mutti, woher kommt Wanda?"
„Mutti, bleibt sie jetzt wieder bei uns?"
„Nicht wahr, du gibst sie nicht wieder weg?"
Und der kleine Peter sagte kategorisch: „Wanda mir. Wanda dableiben."
„Nein, ganz sicher geben wir Wanda nicht wieder weg. Sie gehört so lange wir noch hier sind zu uns, das verspreche ich euch. Ich vermisste sie auch, genau wie ihr. Aber wo sie jetzt auf einmal herkommt, das weiss ich nicht."
Für mich bedeutete das Erscheinen der Hündin eine absolut unverständliche Sache. David brachte Wanda am Abend seiner Abreise zum Veterinär um sie einschläfern zu lassen, weil wir trotz allem Bemühen keinen Platz für sie fanden, und nun kam sie plötzlich nach über drei Wochen wieder nach Hause, quicklebendig wie eh und je.
Das Rätsel löste sich erst, als um die Mittagszeit ein schuldbewusster Vieharzt bei mir vorbeikam und zerknirscht beichtete: „Als David mir euren Hund brachte, vermochte ich es nicht über das Herz zu bringen, dem anhänglichen Tier die Spritze zu verabreichen. Ich sperrte es ein und hoffte, doch noch irgendwo, vielleicht bei Freunden oben im Norden, einen Platz für die Hündin zu finden. Gestern Abend nun hat mein Gehilfe wohl die Zwingertüre nicht sorgfältig genug zugeschlossen. Wanda probierte so lange, bis sie sie aufdrücken und durchschlüpfen konnte. Nach diesem Malheur werde ich sie nun doch einschläfern."
„Nein, das kommt überhaupt nicht in Frage! Die Kinder und ich geben Wanda auf keinen Fall wieder her. Sie gehört zu uns, das wissen wir jetzt ganz genau."
„Dann ist ja alles gut, damit bin ich zufrieden!" Er gab mir freundlich die Hand und sagte lachend, als Wanda leise knurrte: „Jetzt knurrt sie mich an und dabei verdankt sie mir ihr Leben. Undank ist halt der Welt Lohn!"

Wenn einer eine Reise tut

Ich bin todmüde aber heil an meinem Ziel angekommen. Am späten Nachmittag erreichten wir mit unserem überladenen Bus die Hauptstadt Addis-Abeba. Ob diese Stadt ihrem Namen „Neue Blume“ Ehre macht, kann ich noch nicht beurteilen, denn bei meiner Ankunft fühlte ich mich derart erledigt, dass ich mich nicht mehr gross umsah, sondern mir schnellstens eine Unterkunft suchte. Ich fand ein billiges Absteigequartier im Hotel Gondar und mietete da ein bescheiden eingerichtetes Zimmer: Ein eisernes Bettgestell mit einer dünnen Matratze, ein Kasten dessen Tür schräg in den Angeln hängt, ein wackliger Tisch und ein hölzerner Stuhl, das ist die ganze Einrichtung. Dafür muss ich auch nur einen Dollar, das sind ein Franken sechzig Rappen in Schweizergeld, pro Nacht bezahlen. Draussen auf dem Korridor befindet sich in einem kleinen Raum eine Dusche. Mich verlangte es dringend, nach der dreitägigen, mühseligen und vor allem staubigen Fahrt, nach dieser Dusche. Das zweite nach dem mein Begehr stand, war Schlafen, um mich von den Strapazen zu erholen.
Ja, diese Fahrt von Asmara nach Addis-Abeba hatte es wirklich in sich. Als ich in Asmara um sechs Uhr bei der Busstation ankam, warteten bereits einige Dutzend Leute. Nach und nach stellten sich immer mehr ein. Sie kamen in Begleitung der ganzen Verwandtschaft und schleppten die unmöglichsten Sachen mit sich: Matratzen, eiserne Bettgestelle, Koffer, Kisten, Säcke, Hühner, Kleiderbündel, Felle und Körbe. Ich belegte einen Platz in der Mitte des geräumigen Busses und verliess denselben sogleich wieder. Das Schauspiel, wie alle diese Dinge aufgeladen würden, wollte ich mir nicht entgehen lassen.
Wirklich, da gab es etwas zu sehen und erst recht zu hören, denn unter viel Geschrei, Geschimpfe und Gefluche wurde der ganze Kram auf das Dach des riesigen Autobusses gestapelt. Gut eineinhalb Meter hoch türmte sich die Fracht auf der ganzen Länge des Dachrostes. Zuvorderst legten sie noch die an den Beinen zusammengebundenen Hühner hin. Wenn das nur gut geht!

Dann begannen die Menschen einzusteigen. Der grosse Fiat-Bus hatte offiziell 50 Sitzplätze, aber zu meinem Erstaunen quetschten sich mindestens 70 Personen hinein. Der Strom der Platzsuchenden wollte kein Ende nehmen. Auf den meisten Bänken sassen statt der vorgesehenen zwei Leute deren drei. Es schien ihnen auch nicht das geringste auszumachen, denn sie schwatzten und lachten alle vergnügt durcheinander. Beinahe ein jeder brachte einen kleinen runden Lederkorb, dessen Deckel durch Riemen gut zugeschnürt war und ein grosses Kleiderbündel in den Wagen. Ich wunderte mich, was die wohl alles mitschleppten.
Neben mich setzte sich ein junger, fast weisshäutiger Mann mit Krücken. Er schaute mich freundlich lächelnd an und begrüsste mich mit einem ‚Good morning Sir'. Ich freute mich über das herzliche Willkommen und wusste sogleich, dass ich einen netten Reisekameraden bekommen hatte.
John Dahier ist ein Somalier, als kleiner Junge bekam er die Kinderlähmung. Er überlebte diese schreckliche Krankheit, was als Wunder galt und durfte die von einem Missionar geleitete Schule besuchen. Sehr zum Leidwesen seiner mohammedanischen Eltern wurde er Christ. Nun lebt er auf der Sudan-Missionsstation in Addis-Abeba und hilft zwei Engländern, das Neue Testament in die somalische Sprache zu übersetzen. Er fragte auch nach meinem Woher und Wohin. Zum guten Glück hatte ich mein Englisch-Wörterbuch eingepackt. Mit dessen Hilfe konnten wir uns leidlich unterhalten. John half mir auch, dass ich mich nicht gar so verloren fühlte in dieser ausschliesslich äthiopischen Gesellschaft.
Ich merkte schon nach kurzer Zeit, dass ich mich wieder einmal ohne die geringste Vorbereitung auf ein gewagtes Abenteuer eingelassen hatte. Salomon hatte natürlich angenommen, dass ich in die Hauptstadt fliegen würde, denn auf dem Landweg reiste normalerweise ein Weisser nicht. Ich nahm in Unkenntnis der geographischen Lage des Landes, durch welches die Strasse nach Addis-Abeba führt, weder etwas zu essen noch zu trinken mit. Ich meinte, es würde dann schon irgendwo zum Mittagessen angehalten und Früchte gebe es be-

stimmt auch überall zu kaufen. Dass dem nicht so war, merkte ich im Laufe des Tages, doch teilten John und die anderen Mitreisenden ihr Essen liebenswürdigerweise mit mir. Ja, es bereitete den Aethiopiern den grössten Spass, den naiven Farenschi (Weisser) zu füttern. Sie hatten ihren Mundvorrat für die drei Tage in diesen Leder- oder Bastkörben bei sich. Sie assen einen säuerlichen Brotfladen, der aussah wie ein graues Frottiertuch, und eine unheimlich scharfe Sauce dazu. Es schmeckte eigenartig und brannte wie ein Höllenfeuer auf der Zunge und im Magen. Besser mundeten mir die gerösteten Weizenkörner, die die Frauen in reichlichen Mengen in Stoffsäcklein mitführten. Alle streckten mir immer wieder etwas zum Knabbern hin, so dass ich keinen Hunger litt.
Nach Makalle, der Hauptstadt der Tigre Provinz, die recht weitläufig zu sein schien, und in der mir einige Kirchen und ein schöner Palast auffielen, durchquerten wir lange keine grössere Ortschaft mehr. Die Strasse führte uns über hohe Pässe und tiefe Täler. Immer und immer wieder, unaufhaltsam bergauf und bergab. Es war unheimlich zu sehen, wie die kurvenreiche Strasse sich die Berge hinauf und hinunter windet. Italienische Pioniergruppen bauten die Strasse mit grossen Verlusten an Menschen, Tieren und Material zum Teil noch während der Kämpfe im Abessinienfeldzug. Langte man oben auf einem Pass an, ging es nach einigen 100 Metern bereits wieder schwindelerregend abwärts. Diese Pässe sind alle zwischen 2400 und 3000 Meter hoch gelegen. Unten geht es nur durch ein schmales Tal, um bereits wieder die nächste Anhöhe hinaufzusteigen. Ich dachte immer, nur wir in der Schweiz hätten Berge, aber seit dieser Fahrt bin ich bescheidener geworden. Auf den Pässen standen hie und da runde, strohgedeckte Bauernhäuser neben frisch bearbeiteten Feldern. Zuerst genoss ich diese abwechslungsreiche Fahrt, als ich jedoch bemerkte, dass unser Chauffeur beim Abwärtsfahren den Motor abstellte, um Treibstoff zu sparen, war es mit meiner Ruhe dahin. Der Fahrer, dessen bin ich sicher, hatte nicht die geringste Ahnung von der Gefahr in die er uns brachte. Er steuerte diesen riesigen Autobus mit 70 Passagie-

ren und einer anderthalb Meter hohen Fracht oben auf dem Dach, ohne die Bremskraft des Motors zu benutzen die engen, kurvigen Serpentinen hinunter. Mir wurde beinahe schlecht beim blossen Gedanken was alles passieren könnte. Ausser einigen kurzen Halten in kleineren Ortschaften, wobei man dringende Bedürfnisse erledigen und gewöhnliches Mineralwasser oder äthiopisches Bier kaufen konnte, gab es keinen Zwischenhalt. Uebrigens ist es hier für die Frauen, die alle keine Unterwäsche dafür aber lange Kleider tragen, noch leichter im Freien auf die Toilette zu gehen als für die Männer. Die Mädchen und Frauen hockten sich ganz einfach neben dem Bus auf die Erde und wenn sie aufstanden, zeugte nur ein dunkler, nasser Fleck davon, dass da ein Mensch seine Notdurft verrichtet hatte.
Am späten Nachmittag fuhren wir zum Uebernachten in ein Dorf ein, das ein beachtliches Absteigequartier aufwies. John ergatterte für uns zwei einen Raum mit zwei Betten. Es roch unangenehm nach Rohöl. Mein Reisebegleiter erklärte mir, dass wegen des Ungeziefers der Boden regelmässig mit Dieselöl oder Petroleum gewaschen werde. Es ist mir schon lieber es stinkt, als dass uns Flöhe plagen, überlegte ich mir. Zum Essen servierten sie hier ebenfalls die komische Omelette und wiederum eine unbeschreiblich scharfe Sauce in der ein Schafbein mit viel Fleisch lag. Ob der Schärfe trieb es mir die Tränen in die Augen. Mir war ein wenig bange, wie mein Magen und meine Därme auf dieses ungewohnte Essen reagieren würden. John lud mich zu einem Glas äthiopischem Bier ein. Es schmeckte komisch, aber löschte das Brennen in meinem Munde wenigstens.

Eine Panne

Am zweiten Tag ging es wieder auf die gleiche Art weiter. Wir mussten heute Dessie, den Hauptort der Wollo Provinz, der lediglich ein grosser Marktflecken ist, erreichen. Wieder führte unsere Strasse über Pässe und Hochebenen. Auf einer längeren, geraden Strecke legte unser Chauffeur ein verrücktes Tempo vor. Der Bus schwankte wie wild auf der recht gut erhaltenen Naturstrasse hin und her. Unterbrochen wurde die rasante Fahrt immer wieder durch auf dem Weg stehende oder gemächlich laufende Kühe. Der Fahrer musste selber sehen, wie er neben diesen, sich in ihrer Ruhe nicht stören lassenden Tieren vorbei manövrieren konnte. Weder Hirte noch Hund trieben sie auf die Seite.
Am frühen Nachmittag kam unsere Fahrt plötzlich zu einem vorläufigen jähen Ende. Als unser hochbeladener Bus wieder einmal eine Passstrasse hinaufkeuchte, tönte der Motor immer dumpfer und unter der Haube pufft verdächtiger Dampf hervor. Fluchend stoppte der Chauffeur, fluchend öffnete er die Motorabdeckung. Heisser Dampf strömte ungestüm heraus und hüllte den Fahrer ein. Als das Zischen und Fauchen aufhörte, konnte er die zerfetzte Gummidichtung des Radiators entdecken. Alle Mitreisenden standen um ihn herum und fingen an lautstark zu diskutieren und zu lamentieren. Eines war uns allen klar, es musste möglichst viel Wasser her, damit der Radiator bis obenhin gefüllt werden konnte. Nur so bestand eine Chance, den Pass hochzukommen. Aber woher Wasser nehmen? Seit über einer halben Stunde waren wir an keinen Häusern und keinem Bach vorbeigefahren. Mit leeren Flaschen und einigen Blechschüsseln bewaffnet, die die Reisenden in ihrem Gepäck mitführten, wurden einige Männer auf die Wassersuche den Berg hinauf geschickt.
Unverrichteter Dinge kehrten sie nach über einer Stunde zurück. Nirgendwo fanden sie eine Hütte oder eine Wasserstelle. Was nun? Er brauche dringend Wasser, meinte der Chauffeur, sonst blieben wir hier stecken. Ob ein anderes Fahrzeug noch daherkäme an diesem Tag sei höchst ungewiss.

Plötzlich verfiel jemand auf die glorreiche Idee, man könnte doch den Radiator mit Mineralwasser und Tee füllen. Erst widerstrebend, dann als einige zögernd den Anfang machten, immer williger, holten die Reisenden ihre Getränke aus den Proviantbündeln hervor. Und siehe da, es genügte. Wir konnte die zirka zehn Liter Flüssigkeit zusammenbringen, die es brauchte, um den Wasserradiator nachzufüllen. Mit diesem Gemisch im Motorkühler gelang es dem Chauffeur wirklich, den Pass hochzuklettern, oben über die menschenleere kleine Ebene zu fahren und natürlich wieder mit abgestelltem Motor die kurvenreiche Strasse ins Tal hinunter zu gelangen.
Im Talgrunde standen zu unser aller Erleichterung einige strohgedeckte Tukuls (Rundhäuser) und ein längliches, blechgedecktes Gebäude der Polizei. In diesem kleinen Dorf befand sich sogar, welch ein Wunder, noch ein Handwerker. Der versuchte, auf die dringliche Bitte unseres Fahrers, aus einer gegerbten Ochsenhaut mit Hammer und Stemmeisen eine Dichtung herzustellen. Er konnte kaum arbeiten, die Schaulustigen standen ihm beinahe auf die Füsse. Die erste Dichtung misslang, die zweite jedoch sah zu meiner Verwunderung gar nicht schlecht aus und passte sogar in den Flansch. Der Radiator wurde wieder mit Wasser aufgefüllt und flott ging nach einem unfreiwilligen Aufenthalt die Fahrt weiter Richtung Dessie.
Heute am letzten Tag verlief die Reise ohne Zwischenfall. Die Reisenden dösten meistens vor sich hin, man hörte nur noch selten ein Lachen. Alle sehnten das Ende der langen Fahrt herbei. Wir mussten noch den höchsten Pass zwischen Asmara und Addis-Abeba, den Mussolini-Pass überqueren, dann kamen wir langsam in mehr bewohnte Gegenden und schliesslich fuhren wir in der Hauptstadt ein. Wir hatten alle die mühselige Fahrt gut überstanden, sogar die Hühner oben auf dem Dachrost lebten noch. Aber ich glaube, das nächste Mal werde ich auch lieber mehr bezahlen und fliegen.

Der Nachtruhestörer

Giftiges, wütendes Gekläffe, dem ein böses Knurren folgte. Im selben Moment fluchte eine verhaltene Männerstimme: „Verdammter Köter!"
Im ersten Moment blieb ich schreckerstarrt liegen, dann sprang ich mit einem Satz auf und eilte ins Wohnzimmer. Unter der sperrangelweit geöffneten Haustür stand Wanda und bellte laut in die Dunkelheit hinaus. Sie zitterte vor Wut und Erregung am ganzen Körper. Draussen entfernten sich schnelle Schritte.
„Mutti, Mutti, warum macht Wanda so einen Lärm?"
Marlies und Dave erschienen verstört und schlaftrunken im Wohnzimmer in dem ich rasch das Licht angezündet und schleunigst die Tür geschlossen hatte. Ursula und Peter sassen kerzengerade in ihren Betten und rieben sich vom Schlaf noch ganz benommen die Augen.
„Es ist nichts, Wanda hat nur draussen ein Geräusch gehört. Geht wieder ins Bett und schlaft weiter", beruhigte ich sie.
„Ich habe Durst", sagte Ursula.
„Und ich Hunger", Dave.
„Also gut, dann kommt, wir suchen uns was zu essen und zu trinken im Kühlschrank.
Ich hätte meine vier umarmen können in diesem Moment. Ich war von ganzem Herzen froh, dass sie jetzt um diese mitternächtliche Stunde solche Gelüste verspürten. So musste ich mich zusammennehmen, meine Erregung konnte abklingen und ich hatte keine Zeit, meinen aufgescheuchten, verängstigten Gedanken nachzuhängen.
Marlies schaute mich fragend mit weit offenen Augen an, als sie beobachtete, wie ich den Schlüssel im Schloss der Eingangstüre umdrehte.
„Mutti, wollte je...."
Warnend legte ich einen Zeigefinger über meine Lippen. Meiner Aeltesten konnte ich nichts vormachen, aber vor den ahnungslosen Kleineren wollte ich nicht davon sprechen.
„Marlies hilft mir noch abräumen. Es ist schon ein Uhr, höch-

ste Zeit, dass ihr euch wieder in eure Betten legt. Was würde Vati sagen, sähe er uns Nachtvögel um diese Zeit da sitzen?"
Marlies ahnte, warum ich sie zurückhielt. „Mutti, wollte jemand bei uns einbrechen?" fragte sie ängstlich.
„Ich weiss es nicht. Ich hörte Wanda bellen und sah die Türe offen stehen, aber erkennen konnte ich niemand. Von nun an werde ich jeden Abend die Haustüre zusperren. Sieh, gleich zweimal drehe ich den Schlüssel um." Ich nahm sie fest in die Arme und streichelte sie beruhigend.
„Darf ich heute Nacht in deinem Bett schlafen? Ich fürchte mich."
Nur zu gerne erlaubte ich es ihr. Ich war erleichtert, dass ich nach diesem Erlebnis nicht allein bleiben musste. Auch Wanda suchte unsere Nähe. Sie sprang auf das Fussende meines Lagers und legte sich zufrieden, lang ausgestreckt hin und ich scheuchte sie nicht fort.
Mein Mädchen schlief bald ein. Ich stand leise wieder auf und kniete nieder, um zu beten. Ich hatte guten Grund, meinem Herrn zu danken. Denn was wäre passiert heute Nacht, wenn Wanda nicht vor einigen Tagen zurückgekommen wäre? Wollte wirklich jemand einbrechen? Oder vielleicht nur der einsamen, jungen Strohwitwe eine Visite abstatten? Egal, was auch immer der Grund für diesen nächtlichen Besuch gewesen sein mochte, Wanda hatte uns vor Schlimmem bewahrt. Musste sie wohl darum am Leben bleiben? Hatte Gott mich und die Kinder durch dieses kleine Tier beschützt? Für mich gab es eigentlich nicht den geringsten Zweifel daran!

In der neuen Heimat

Addis-Abeba, diese Bezeichnung die „Neue Blume" bedeutet, scheint mir nicht unbedingt passend für die äthiopische Hauptstadt zu sein. Ich würde sie viel eher Stadt im Wald nennen, denn die vielen runden und rechteckigen, blechgedeckten Hütten sind in einen riesigen Wald gebaut worden. Oder besser gesagt, um jedes Haus herum wurden mehrere schnell wachsende, hoch aufschiessende Eukalyptusbäume gepflanzt. In Addis-Abeba leben fast eine halbe Million Menschen. Hochhäuser sieht man praktisch keine. Nur die Afrika-Halle, das Zentrum der Vereinigten Afrika-Organisation, an der breiten Allee gegenüber der Kaiserpalast und ein Appartementhaus in dessen Nähe in dem ausschliesslich Weisse wohnen, sowie einige Häuser am Hauptplatz sind mehrstökkig. Die Stadt liegt auf einer Höhe von 2400 Meter über Meer. Es ist hier in dieser Jahreszeit gar nicht heiss. Nur während der Mittagszeit brennt die Sonne mit voller Kraft vom Himmel. Am frühen Abend ist es schon wieder kühl.

Auf der Piazza, dem Geschäftsviertel, befinden sich viele kleine Läden, aber auch moderne Geschäfte. Ueberall wird frisches Gemüse und herrliche Früchte feilgeboten. Ich staunte, als ich am Samstag entdeckte, was es da zu kaufen gibt. Alles, vom feinsten Nylonstrumpf, den hübschesten Schuhen bis zur Musikanlage kann man hier finden. Ich sah ein Photogeschäft, einen Coiffeursalon, verschiedene Cafés, eine Milchbar, drei Kinos und unten in der Stadt sogar ein Theater. Eine von einem Deutschen geführte Metzgerei und ein stattlicher Lebensmittelladen erweckten mein besonderes Interesse.

Viele Autos und zweiräderige Pferdewagen verkehren auf den Strassen. Es wird hier links gefahren wie in England. Mit blauen Fiat-Sammeltaxis kann man für 25 Cents recht weit kommen. Auch grosse Autobusse fahren regelmässig durch die weitläufige Stadt.

Da ich erst am Freitagabend hier ankam, konnte ich das Büro von Soleh Boneh nicht mehr aufsuchen. Dafür ging ich am Samstagmorgen auf der Schweizerbotschaft vorbei. Sie behandelten mich dort gar nicht freundlich. Als ich dem Sekretär erklärte, dass ich Arbeit suchte und hoffte, meine Familie bald nachkommen lassen zu können, meinte er ziemlich aggressiv: „So etwas schlagen Sie sich nur sogleich aus dem Kopf. Eine Arbeitsbewilligung erhalten Sie mit einem Touristenvisum niemals, auch wenn es Ihnen glücken sollte, irgendwo eine Beschäftigung zu finden, was ich auf keinen Fall glaube. Wenn Sie noch genügend Geld besitzen, rate ich Ihnen, wieder zu verreisen und nach Süd-Afrika weiter zu fahren. Dort ist es für Sie und Ihre Familie vielleicht möglich, euch anzusiedeln."

Ziemlich niedergeschlagen verliess ich die Botschaft. Aber als ich alles überdachte, was ich in letzter Zeit an wunderbaren Fügungen erlebt hatte, kam wieder eine ruhige Zuversicht in mir hoch. Was der unfreundliche Herr vorhin zu mir sagte, das mochte ja alles stimmen. Jedoch, wenn es wirklich in Gottes Plan stand, dass wir hier leben sollten, dann machte er auch das Unglaubhafteste möglich, ich würde Arbeit finden, bekam die Bewilligung zu bleiben und konnte meine Familie bald zu mir holen. Ich glaube felsenfest daran, dass wir Gottes Weisungen richtig verstanden haben.

Den Sonntag verbrachte ich mit Schlafen und Spazierengehen. Mein Weg führte mich beim Kaiserpalast vorbei. Kaiser Haile Selassie I ist bald 70 Jahre alt. Er hat die Regierung noch fest in seinen Händen und wird vom ganzen Volk sehr verehrt. Er sprach schon einige Male in Konferenzen in der Schweiz. Ich mag mich noch gut an seinen Besuch im Jahr 1954 erinnern. Ich hoffe, ich sehe ihn einmal von nahe.

Ich machte Kassensturz! Es war beinahe nicht zu glauben: Die ganze Reise von Eilat bis Addis-Abeba kam mich auf nur 25 amerikanische Dollars zu stehen. Das hat meine kühnsten Erwartungen übertroffen.

Heute morgen suchte ich Herrn Grünwald auf. Die Empfangsdame führte mich durch einen langen Gang bis vor zwei nebeneinanderliegende Türen. Auf einer stand „Soleh Boneh" auf der anderen „Reynold Constructions". Sie klopfte an die letztere.

„Nein, ich muss zu Soleh Boneh", wehrte ich mich.

Die hübsche Angestellte lächelte nur und nickte. Beim Eintreten entdeckte ich sogleich, dass beide Türen in dasselbe geräumige Büro führten. Hinter dem Schreibtisch sass ein zirka 30jähriger Mann. Die junge Frau stellte mich vor.

„Wo sind Sie nur so lange gesteckt? Ich erwartete Sie bereits

letzten Dienstag", begrüsste mich Herr Grünwald. „Salomon kündigte Sie an. Ich dachte schon, Sie seien auf dem Wege verloren gegangen."
Ich lachte und erklärte ihm, dass ich mit dem Autobus von Asmara heraufgereist sei.
„Verrückt, verrückt! Aber nun sind Sie wenigstens da. Kommen Sie morgen früh her. Unser Chauffeur bringt Sie dann hinaus zum Flugplatz. Dort werden wir sehen, mit was wir Sie beschäftigen können. Arbeit gibt es in Hülle und Fülle. Gute Arbeiter, die überall mitanpacken, die brauchen wir."
„Aber was ist mit der Arbeitsbewilligung?" wagte ich zu fragen.
„Ach, das ist überhaupt kein Problem! Der Flugplatz muss bis im Mai, wenn die erste Vereinigte Afrika-Konferenz stattfindet, fertig sein. Wenn wir sagen: Wir brauchen diesen Mann dringend, sonst können wir unmöglich die Frist einhalten, geben sie uns jede gewünschte Arbeitsbewilligung. Machen Sie sich darüber nur keine Gedanken. Also bis morgen, Schalom."
Draussen im Flur sah ich, dass ich das Büro durch die Soleh Boneh Tür verliess. Komisch, zwei verschiedene Gesellschaften, aber nur ein einziger Mann mit zwei Telephonanschlüssen im Büro. Was sollte das wohl bedeuten? Später erfuhr ich, dass das ein politischer Schachzug war. Für die israelfeindlichen Staaten baute pro forma die amerikanische Firma ‚Reynolds Construction' den Flugplatz. In Wirklichkeit aber führte Soleh Boneh alles in eigener Regie durch. Mir jedoch konnte das alles egal sein! Ich hatte Arbeit! Hurrah! Und hierbleiben durfte ich, aus seinen letzten Worten zu schliessen, ebenfalls. Mein Gott, wie war so etwas nur menschenmöglich? Ich hätte am liebsten mitten in der Stadt gejubelt, gesungen, getanzt und Gott gelobt. Der auf der Botschaft wird Augen machen, wenn er davon erfährt.

Ima, Ima!

Endlich erhielt ich den längst erwarteten Bericht aus Beer-Sheba. Peter durfte ins Spital kommen, um seine Rachenmandeln operieren zu lassen. Hier im kleinen Eilaterkrankenhaus konnten sie diesen Eingriff nicht vornehmen.
Unser vierjähriger Kleinster lernte einfach nicht sprechen. Die Aerzte vertrösteten mich alle auf später. Der Junge sei kerngesund, ihm fehle bestimmt nichts. Diese Schwierigkeiten beobachteten sie hier oft bei Kleinkindern, weil derart viele verschiedene Sprachen durcheinander geredet würden. Mit solchen und anderen Ausflüchten versuchten sie mich immer wieder zu beruhigen, bis dann ein befreundetes Schweizerärztepaar zu Magda nach Eilat auf Besuch kam. Doktor Senn fand bei seinem Untersuch heraus, dass unser Jüngster wegen seiner überdimensionalen Rachenmandeln beinahe nichts hörte. Für uns war das Zusammentreffen mit diesen Menschen aus der Heimat wie ein Geschenk vom Himmel. Die Probleme, hervorgerufen durch Peters scheinbare Schwerhörigkeit von deren Ursache wir nichts ahnten, waren immer schlimmer geworden. Seit der Doktor uns die Zusammenhänge erklärt hatte, achtete ich liebevoller auf ihn und das Verhältnis zwischen uns hatte sich gebessert. Er vermisste seinen Vati weit mehr als die älteren Geschwister und er suchte seit Davids Abreise meine Nähe, wann immer er konnte.
Die achtjährige Marlies und der um ein Jahr jüngere Dave durften bei Anna und Peter die Tage meiner Abwesenheit verbringen. Die sechs Jahre alte Ursula und Hündchen Wanda blieben drüben bei den Nachbarn. Magda schrieb mir die Adresse einer christlichen Familie in Beer-Sheba auf. Die würden mich bestimmt gerne aufnehmen, meinte sie.
Zuversichtlich begab ich mich mit Peter auf die lange Fahrt. Er freute sich unbändig, dass er ganz allein mit seiner Mutti verreisen durfte. Die Sonne schien heiss durch das Fenster und Peter schlief bald tief. Ich war in den letzten zwei Jahren schon so oft durch die Wüste Negev gefahren, dass ich nicht

mehr besonders auf die Gegend achtete, sondern meinen Gedanken nachhing, die sich natürlich mit unserer Zukunft beschäftigten aber auch zurückgingen zur ersten Fahrt in dieser öden Gegend, wo wir vermeinten, nie und nimmer Eilat zu erreichen. Und dann erst unsere Enttäuschung, als wir herausfanden, dass die erwartete blühende Stadt nur aus wenigen Häusern bestand! Wie unendlich viel erlebten wir in den letzten zwei Jahren! Damals das kopflose Davonrennen vor Gott, vor uns selber und dem Schlamassel zu Hause. Und jetzt konnte ich ruhig in diesem Bus sitzen und mein Bübchen ins Spital bringen, voller Vertrauen darauf, dass Peter geholfen würde, weil der Herr alles so wunderbar gefügt hatte.
Die Operation für Peter wurde auf den nächsten Morgen festgesetzt und wenn alles gut verlief, dann durften wir nach drei Tagen bereits wieder nach Hause zurück. Am frühen Abend gab es einen tränenreichen Abschied. Wie soll man einem erst vierjährigen Kind verständlich erklären, warum es an einem solch fremden Ort allein zurückbleiben soll?
Familie Busch nahm mich sogleich herzlich auf und lud mich zum Nachtessen ein. Als ich von meiner erhofften, baldigen Abreise sprach, sagte der Hausherr: „Was, nach Aethiopien gehen Sie? Wir bekommen heute Abend Besuch von einem Ehepaar, das über 20 Jahre in Addis-Abeba die Pfingstmission leitete, die werden Ihnen sicher gerne davon berichten.“
Drei Stunden später hatte ich von Massawa und Asmara Adressen von Hotels wo eine weisse Frau absteigen konnte, sowie die Abfahrtszeiten der Eisenbahn und des Flugzeuges nach Addis-Abeba notiert. Alle meine Fragen beantworteten sie gerne und erzählten so anschaulich von der Hauptstadt Aethiopiens, dass mir der Kopf beinahe platzte. Ich träumte sogar noch von meiner zukünftigen Heimat. Ich durfte nicht nur vieles von dem Land, in dem ich die nächsten Jahre verbringen sollte, erfahren, sondern auch einen ganz besonders tiefen Gebetsabend erleben. Wir lobten und priesen unseren Herrn bis spät in die Nacht hinein.
Peters Bett stand direkt neben einem offenen Fenster. Als ich durch den Garten auf das Spital zuschritt, hörte ich einen lau-

ten Ruf: „Ima“ (Mutter). Ich blickte erstaunt auf und sah zu meinem Entsetzen meinen kleinen Jungen im Nachthemd aus dem Fenster klettern. Er glitt aus und landete im Blumenbeet. Einen Moment blieb er verdutzt sitzen, dann rappelte er sich flink auf, rannte quer durch die Rabbaten auf mich zu und sprang mit einem Satz in meine geöffneten Arme: „Ima, Ima, du bist gekommen. Du bist da!“ Alle diese Worte sprudelten ganz klar, in hebräischer Sprache aus seinem Munde hervor. Mir schossen die Tränen in die Augen, ich vermochte fast nicht zu glauben, was ich da vernahm. Mein Peter hatte noch nie in seinem Leben einen zusammenhängenden Satz gesprochen und nun begrüsste er mich hier derart überschwenglich. War es der Schock der Trennung, der ihm die Zunge gelöst hatte? Dass es der Erfolg der am frühen Morgen erfolgten Operation sein könnte, nein, das hielt ich nicht für möglich. Aber was es auch gewesen ist, diesen stürmischen Willkomm im Spital in Beer-Sheba vergesse ich nie mehr.
Die junge Schwester schalt heftig, als ich den Ausreisser ins Zimmer trug, aber als sie mein tränennasses, glückliches Gesicht erblickte, wandte sie sich lächelnd ab. Sie bemerkte bald, dass der Sprung aus dem Fenster ihrem kleinen Schützling nicht geschadet hatte.
Zu unserer unermesslichen Freude erklärte der Arzt bei seiner Visite, wir dürften schon anderntags nach Eilat fahren. Peter ginge es so gut, dass keine Komplikationen zu befürchten seien. In mir stieg ein Dankgebet auf.
Von diesem Tage an lernte mein Kleinster in einer unglaublichen Schnelligkeit sprechen. Es schien, als wollte er die verlorene Zeit nachholen. Er fragte und fragte, bis es mir zu bunt wurde und ich aufstöhnte: „Um Himmels willen sei nun endlich wieder einmal still.“

Fünf Dollar

Der Chauffeur von Soleh Boneh wies mir den Weg zum Büro des Ingenieurs Brown, wo ich mich zum Arbeitsantritt melden sollte. Ich besass immer noch nicht die geringste Ahnung mit was sie mich beschäftigen würden und ich hegte den leisen Verdacht, Herr Grünwald wüsste es ebenfalls nicht.
Im Vorraum zu verschiedenen Büros sass eine junge äthiopische Angestellte. Sie begleitete mich sogleich in ein Zimmer, wo zwei Israelis an ihren Schreibtischen arbeiteten.
„Schalom David! Gut, dass du endlich kommst", begrüssten mich beide wie aus einem Munde.
„Der Chef befindet sich momentan draussen in den Werkhallen. Er erteilte mir den Auftrag, dir deinen Arbeitsplatz anzuweisen und einige Pläne vorzulegen. Ich bin Amos und das ist Micha."
Ich atmete auf, als ich derart herzlich willkommen geheissen wurde. Mit diesen zwei Männern konnte ich wenigstens hebräisch sprechen. Ich hatte mir bereits hin und her überlegt, wie ich mich mit meinem amerikanischen Boss unterhalten würde. Nun war ich wenigstens dieser Sorge für den Moment ledig.
Die beiden schienen gut instruiert zu sein, denn nun ging es fix voran. Kaum hatte ich Zeit, mich im Raum umzusehen, sass ich bereits am dritten voluminösen Schreibtisch und vor mir lag ein riesiger Stapel Pläne. Aus diesen Aufzeichnungen sollte ich das elektrische Installationsmaterial eruieren, auflisten und die Aufstellung baldmöglichst abliefern.
Das hört sich einfacher an, als es in Wirklichkeit war. Noch nie in meinem Leben hatte ich elektrische Installationen erstellt und besass darum keine Ahnung, was es alles brauchte. Zum guten Glück verstand ich, in Plänen zu lesen. Aber es verging doch etliche Zeit bis ich herausfand, dass alles in Inches, Feet und Yards, den englischen Masseinheiten aufgezeichnet wurde. Da es nicht das Dezimalsystem ist, muss man höllisch aufpassen, dass man sich nicht verrechnet. Ich verzweifelte fast, bis mir die Zahlen endlich im Kopf sassen. Was

hätte ich wohl angefangen ohne die zwei guten Kumpels, Amos und Micha, die ich jederzeit um Rat fragen konnte. Ich hätte total versagt!
Trotzdem rauchte mir bald der Kopf vor Anstrengung und mich beschlich das ohnmächtige Gefühl, dass ich das niemals schaffen würde, hier in diesem Büro zu sitzen und Materialauszüge anzufertigen. ‚Heimatland, beisse die Zähne zusammen und kämpfe dich durch.' Diesen Satz sprach ich mir an diesem ersten Arbeitstag viele Male zu. Am liebsten hätte ich das ganze Zeug hingeschmissen und wäre davongelaufen.
Den neuen Flugplatz erstellten sie nach modernsten, amerikanischen Vorlagen, damit alle Flugzeuge, auch die grossen Jets, hier landen können. Drei Hangars, vier Lagerhäuser, ein Kontrollturm, selbstverständlich Abfertigungs- und Empfangsgebäude, eine moderne Küche und zwei Restaurants sind im Bau. Wenn das alles bis im Mai fertig werden soll, braucht es noch viel Einsatz.
Amos nahm mich am Nachmittag auf eine Rundfahrt durch den weitläufigen Bauplatz im Jeep mit. Ueberall wurde emsig gearbeitet. Immer sechs bis acht Eingeborene waren einem israelischen oder amerikanischen Ingenieur unterstellt. Hoffentlich kann ich auch bald so eine Gruppe übernehmen. Allzulange halte ich es im Büro bestimmt nicht aus!
Deprimiert von des Tages Mühen verliess ich am Abend meinen Arbeitsplatz, um im italienischen Restaurant in der Piazza mein Nachtessen einzunehmen. Trotz der trübsinnigen Gedanken registrierten meine Sinne die Umgebung und was sich da alles abspielte. Das, was ich plötzlich vor mir bemerkte, liess mich erschrocken stillstehen. Da sass auf dem kalten, steinübersäten Boden eine splitternackte Frau und drei kleine, in schmutzige Lumpen gekleidete Kinder, das jüngste, ein erst einige Monate altes Baby, trank gierig von ihrer Brust.
Es herrschte bereits eine ordentliche Kälte. Ich hatte mir einen dicken Pullover übergezogen und fühlte mich darin mollig warm. Aber diese Frau da, wie musste sie frieren! Mir gab dieses trostlose Bild einen Stich ins Herz. Schnell machte ich

rechtsumkehrt, lief in mein Zimmer zurück, nahm den dicken Wintermantel, welchen ich auf den Rat eines Bekannten in meinem Gepäck mitschleppte, aus dem Schrank und eilte mit langen Schritten wieder auf den Platz zurück.
Die nackte Frau sass immer noch auf demselben Fleck. Erstaunt blickte sie auf mich, als ich ihr den Mantel reichte, aus meinem Geldbeutel fünf äthiopische Dollars klaubte und sie ihr in die Hand drückte. Mit einem lauten Schrei warf sie sich vor mich auf die Knie, umklammerte meine Beine mit beiden Händen und fing an, meine Schuhe zu küssen. Befremdet durch dieses seltsame Gebaren versuchte ich, einen Schritt rückwärts zu gehen. Dies gelang mir jedoch nicht. Ich musste mich bücken und ihre Hände von meinen Beinen lösen. Die Frau schaute mit tränenüberströmten Augen hoch und murmelte unverständliche Worte vor sich hin.
Ich wandte mich um und setzte langsam meinen Weg fort. Nach einigen Metern konnte ich es nicht lassen, ich musste mich umsehen. Es nahm mich zu sehr wunder, was sie nun tat. Ich sah gerade noch wie sie, in meinen Mantel gehüllt, um die Ecke bog. Das Kleinste trug sie auf dem Arm, die anderen zwei hielten sich jedes auf einer Seite an ihrem neuen Kleidungsstück fest.
In mir stieg zuerst ein Hochgefühl über meine gute Tat auf! Aber je näher ich dem Restaurant kam, um so mehr beschäftigte mich der Gedanke, wie ich mit meinen wenigen italienischen Kenntnissen nun dem Wirt erklären würde, dass ich ihm heute mein Essen nicht bezahlen könne, weil ich mein letztes äthiopisches Geld verschenkte. Ich sah nachdenklich vor mich hin und probierte, Worte zu einem verständlichen Satz zusammenzusetzen. Es gelang mir einfach nicht! Plötzlich stockte mir der Atem: Vor mir auf der Strasse lag ein orangefarbener Fünfdollarschein! Er schien mir zu sagen: Heb mich auf, dann hast du dein Nachtessen! Ich schloss die Augen, öffnete sie wieder, ja es stimmte, da vor mir auf dem Weg lag die gleiche Summe Geldes, die ich vorhin der Bettlerin gab. Ich blickte mich um. Weit und breit sah ich keinen Menschen dem dieses Geld gehören konnte. Voll Dankbarkeit steckte ich es ein.

Mir mundete selten ein Nachtessen so herrlich, wie nach diesem unwahrscheinlichen Erlebnis der Teller Spaghetti.

Allerlei Begebenheiten

In den nächsten Tagen arbeitete ich mich gut auf dem Büro ein. Die Auszüge aus den Plänen gelangen mir weit besser als erwartet. Vielleicht auch deshalb, weil mir mein Chef, Mister Brown, versprach, mich so bald alles Elektromaterial bestellt sei, hinaus auf den Bauplatz zu versetzen. Die sanitären Installationen im Küchentrakt der Restaurants würden mir und einer Gruppe junger Helfer übergeben. Seit ich das wusste, ging mir die Arbeit viel schneller von der Hand. Langweilig wird es uns hier nicht, denn jeden Tag passiert irgend etwas, worüber wir lachen oder auch den Kopf schütteln können.
Am Morgen werden wir mit einem VW-Bus von der Piazza zur Baustelle geführt. Die Strasse ausserhalb der Stadt ist fürchterlich schlecht, grosse und tiefe Löcher befinden sich im Belag, so dass der Chauffeur oft richtig Slalom fahren muss. Mit voller Geschwindigkeit fuhr er letzthin in ein solches hinein. Durch die Erschütterung öffnete sich mit einem lauten Knall die Seitentür. Rasch wurde sie wieder geschlossen. Wir fuhren weiter. Nach etwa hundert Metern fing plötzlich einer an zu schreien: „Mein Bruder ist nicht mehr da. Wo ist mein Bruder?"
Schnell wurde angehalten. Ich sprang vom Beifahrersitz auf die Strasse und blickte bange zurück. Zu meiner Erleichterung kam der verlorene Bursche wild gestikulierend und humpelnd hinter uns hergerannt. Ausser einem zerschundenen Knie fehlte ihm nichts.
Ein junger Arbeiter musste mir eine Nachricht seines israelischen Gruppenleiters überbringen; er verstand noch weniger Englisch als ich. Auf alle Arten versuchte er mir verständlich zu machen, dass der Auftrag von einem Israeli und nicht von einem Amerikaner kam. Doch das Wort Israeli war ihm ent-

fallen. Da probierte er es mir folgendermassen zu erklären: „Weisst du, einer von denen die Christus gegessen haben." Bis bei mir endlich der Groschen fiel, dass das die Umschreibung für einen Israeli sein sollte, dauerte es eine ganze Weile, dann aber konnte ich einen heftigen Lachanfall nicht unterdrücken. Tief beleidigt verliess der Arbeiter das Büro.
Das Umgewöhnen auf den Linksverkehr hat es ebenfalls in sich. In der Stadt wo viele Autos fahren, geht es reibungslos, aber hier auf dem Bauplatz wo man beinahe allein unterwegs ist, da kann es gefährlich werden. Ich beförderte Material von einer Lagerhalle zum Küchengebäude. Kein anderes Auto befand sich in der Nähe. Ohne mir etwas zu überlegen stieg ich ein und fuhr los. Auf der schnurgeraden Strasse kam mir plötzlich in grossem Tempo ein anderes Fahrzeug entgegen. ‚Der Dummkopf fährt ja auf der falschen Seite', durchzuckte mich der Schreckgedanke. Ich riss mein Steuerrad heftig herum, so dass mein Wagen schleudernd auf die linke Strassenseite geriet. Gerade noch zur rechten Zeit, denn schon war der Jeep an mir vorbei. Der Fahrer besass noch die bodenlose Frechheit, sich mit einem Zeigefinger bezeichnend an die Stirn zu tippen. Ich hielt an, um mich von dem eben erlittenen Schock zu erholen. Mein Herz klopfte wie wild. Wenn ich jetzt nicht aufgepasst hätte, wäre es sehr wahrscheinlich schlimm herausgekommen! Aber noch während ich da sass, dämmerte in mir die Ahnung, dass nicht der andere, sondern ich der Dummkopf gewesen war.
Am Samstagnachmittag besuchte ich den riesigen Markt hier

in der Stadt. Alles was man sich nur denken kann wurde fei gehalten, von rostigen Konservenbüchsen bis zum Wellblech, das sie zum Häuserdecken benützen, findet man. Gemüse verkaufen sie per Stück, zum Beispiel sitzt eine Frau vor einer einzigen Tomate oder Peperoni und bietet sie an. Daneben steht ein Lastwagen voll herrlich duftender Ananas. Getreide und grüne Kaffeebohnen ersteht man in winzigen Mengen, etwa ein kleines Tomatenpüreebüchslein voll für einige Cents, oder dann auch sackweise.
Eine riesige Menschenmenge sowie Esel und Schafe tummelten sich auf allen Plätzen. Ich genoss das Durcheinander und den Lärm und steckte natürlich überall meine Nase neugierig hinein. Für nur 25 Cents ass ich in einer Araberbeiz ein höllisch scharfes Linsengericht mit einem Brotfladen. Das Bier schmeckte angenehm dazu. Nur das Glas und den Teller durfte ich nicht allzu genau unter die Lupe nehmen, sonst wäre mir wahrscheinlich der Appetit vergangen.
Rechtschaffen müde vom Herumstrolchen legte ich mich in meinem Zimmer auf das Bett und döste vor mich hin. Plötzlich spürte ich einen feinen Stich auf meiner rechten Hand. Ein kleines Tierchen, nicht grösser als ein Stecknadelkopf, hüpfte davon. „Pfui Teufel, ein Floh!“ Ich versuchte ihn einzufangen, aber das war geschwinder gesagt als getan. Das kleine Insekt vollbrachte riesige Sprünge auf meinem Leintuch.
„Das ist doch eine Schweinerei. Ich glaube, ich wechsle das Hotel.“ Doch bei reiferem Ueberlegen musste ich mir sagen, dass ich selber sehr wahrscheinlich diesen unerwünschten Gast vom Markt nach Hause gebracht hatte.
Amos, dem ich es erzählte, lachte unbekümmert: „Daran und an noch viel anderes wirst du dich gewöhnen, wenn du hier bleibst.“
Die Bettlerin vor der Bäckerei sass ganze drei Tage lang zufrieden in meinen Mantel gehüllt da. Sie grüsste mich jeden Abend strahlend. Am vierten Abend bot sich meinen Augen wieder dasselbe trostlose Bild der vorigen Woche. So wie Gott sie schuf, sass die Frau wieder auf den Steinen mit ihren drei Kindern. Mich würdigte sie keines Blickes!

Dawit, ein Arbeitskollege dem ich davon berichtete, meinte achselzuckend: „Was meinst du denn? Die Frau verdiente bestimmt viel weniger, seit sie in deinen Mantel gekleidet bettelte. Nun verkaufte sie das Kleidungsstück und sitzt lieber wieder nackt da. Die Leute fühlen viel mehr Erbarmen mit einer nackten Mutter in der Abendkühle, und besonders die Weissen greifen tief in ihre Taschen. So macht sie gute Geschäfte. Du wirst sehen, solche Szenen kommen dir nach einiger Zeit ganz natürlich vor. Man wird abgehärtet!

Zweifel!

Davids Briefe tönten alle so positiv. Er schien den Plausch an seinem Abenteuer zu haben und ihm gelang scheinbar alles. Mir aber hing das Alleinsein zum Halse heraus. Seit einigen Tagen fühlte ich mich unruhig, unzufrieden und schlecht gelaunt. Die Kinder gingen mir auf die Nerven und Freundin Magda mochte ich auch nicht mehr besuchen.

Unlustig sass ich vor meiner Bibel, bemüht, mich ins Wort zu vertiefen. Vielleicht würde meine Stimmung beim Lesen der Schrift sich bessern.

Da stieg urplötzlich ein unsinniger Gedanke in mir hoch: Gibt es Gott überhaupt? Wer sagt dir, dass das was ihr nun erlebt, wirklich vom Herrn gefügt und nicht einfach nur Schicksal ist? Herrscher der Welt! Ist das nicht bloss ein Hirngespinst? Wenn Gott wirklich existieren würde, warum hat es dann so viel Elend auf dieser Welt? Lächerlich zu denken, einen Gott zu kennen, der sich um jeden Menschen kümmert und ihn liebt!

Eine furchtbare Angst, dass diese Vorstellungen die da ungestüm auf mich loshämmerten, wahr sein könnten, überflutete mich. Ja, aber wer konnte mir mit Sicherheit beweisen, dass das was David, unsere Freunde und ich glaubten, stimmte? Gab es wirklich einen Gott? Oder doch nicht?

Wie versteinert blieb ich vor dem geöffneten Buch sitzen und alle Kraft schien mich verlassen zu haben. Ich konnte mich

nicht gegen die heftigen innerlichen Angriffe wehren, war den bösen Gedanken, die sich in meinem Kopf wie wild drehten, hilflos ausgeliefert. Nein, ich will das nicht, versuchte ich zu schreien, aber kein armseliges Wort kam über meine Lippen. Kunterbunt wirbelten Zweifel, Anklagen, Glauben und Verteidigung durcheinander.
Endlich löste sich der heftige Sturm in einer Flut von Tränen auf und nach längerem Weinen fühlte ich mich etwas besser. Meine Gedanken wurden wieder klarer und ich schaute wie erwachend auf die vor mir liegende Bibel. Mein Gott, ich lebte doch hier in Israel, wo so viele Orte vom Leben Jesus Christus erzählten. All das was wir erlebten in den letzten Monaten konnte doch nicht nur Einbildung sein. Die Worte der Heiligen Schrift wurden nicht einfach von irgend einem Menschen, sondern von Männern, die mit Jesus Christus lebten und wirkten, geschrieben. Wie konnten solch schlimme Gedanken von mir Besitz nehmen? Wieso zweifelte ich wie aus heiterem Himmel an Gott und seiner Existenz? Gerade jetzt in diesen Tagen hatte ich mich dem Herrn besonders nahe gefühlt.
Konnte mir mein himmlischer Vater diese schwere Sünde vergeben? Das war nun die nächste bange Frage, die mich nach diesem Vorkommnis beschäftigte. Ich schämte mich zutiefst über mein Versagen. Von diesem furchtbaren Kampf werde ich niemals mit einem anderen Menschen sprechen, denn so etwas passiert bestimmt nur mir. Das nahm ich mir ganz fest vor.
Auf dem Tisch vor mir lag immer noch die offene Bibel und mein Blick fiel auf die Worte: „Kommet her zu mir alle, die ihr mühselig und beladen seid; ich will euch erquicken."
Da stand es schwarz auf weiss. Ich durfte es auch für mich in Anspruch nehmen. Ich war wirklich bekümmert und beladen! Ich litt unter Heimweh nach David, ich vermochte allein die Kinder kaum zu bändigen, in mir lebte die grosse Angst vor der ungewissen Zukunft.
Ich las sie noch einmal, diese trostvollen Worte, die im Matthäusevangelium Kapitel 11 Vers 28 stehen und richtete mich

daran auf: „Kommet her zu mir alle, die ihr mühselig und beladen seid; ich will euch erquicken."

Auf den Leim gekrochen

Als ich zwei Wochen nach meiner Anstellung auf dem Soleh Boneh Büro wegen des Einreisevisums für meine Familie vorsprach, erklärte mir Herr Grünwald bedauernd, dass sie noch keinen Bericht erhalten hätten. Ziemlich deprimiert verliess ich das Gebäude. Mir ging alles viel zu langsam, und die ewige Warterei verleidete mir, obschon seit meiner Wegfahrt von Eilat noch nicht einmal zwei Monate verflossen waren.
Auf der Strasse trat ein gutgekleideter Aethiopier auf mich zu: „Sind Sie Herr Röschli? Gut, dass ich Sie gerade antreffe. Almas, die Büroangestellte von Herrn Grünwald erzählte mir von Ihrem Problem wegen des Visums. Ich glaube, ich könnte Ihnen da helfen. Ich heisse Asafa."
Erstaunt blickte ich ihn an.
„Hören Sie, ein guter Freund von mir arbeitet auf dem Einwanderungs-Ministerium. Wenn Sie damit einverstanden sind, kann ich ihn bitten, mit Ihren Papieren vorwärts zu machen." Bei dem Wort bitten führte er eine bezeichnende Bewegung mit Daumen und Zeigefinger aus.
„Na schön. Und was würde das kosten?"
„Hm, sagen wir 100 Dollar."
O weh, das würde ein grosses Loch in meinen schmalen Geldbeutel reissen. Aber wenn dadurch meine Familie schneller hier ankäme und ich nicht mehr im Hotel wohnen müsste, bekäme ich das Geld bald wieder um das vielfache zurück, überlegte ich mir und erwiderte rasch entschlossen: „Gut. Abgemacht. Aber Sie kriegen das Geld erst, wenn ich das Visum in Händen halte."
„Nein, das geht natürlich nicht! Ich muss meinem Freund zum voraus etwas geben. Sonst klappt es nicht. Das verstehen Sie doch sicher."
Nach längerem Hin und Her einigten wir uns auf die Hälfte.

Innert drei Tagen werde es bestimmt so weit sein, versprach er mir.
Allein in meinem Zimmer sitzend, fühlte ich mich nicht mehr wohl in meiner Haut bei der ganzen Geschichte. Einen Beamten zu bestechen, das war nicht korrekt, oder? Dumme Frage! Bestimmt nicht! Und ich wollte ein guter Christ sein! Mit allen guten Ausreden versuchte ich mein schlechtes Gewissen zu beschwichtigen, aber es gelang mir nur halbwegs.
Am Abend besuchte ich mit Dawit, der sich um mich kümmerte, eine christliche Versammlung. In einer Nebenstrasse, nicht weit von der Piazza entfernt, feierten in einem kleinen Raum einige Amerikaner und etwa zwanzig Aethiopier jeden Sonntagmorgen und Mittwochabend einen Gottesdienst. Die Kirche nannte sich Church of Christ. Die Amerikaner leiteten ausserhalb der Stadt eine Taubstummenschule.
Ich wurde sogleich von allen herzlich willkommen geheissen. Leider verstand ich nicht viel von dem was Pfarrer Carl Thomson sprach, doch fühlte ich mich vom ersten Moment an geborgen in diesem Kreis. Sie luden mich freundlich ein, doch am Sonntag in den Gottesdienst zu kommen. Gerne sagte ich zu, denn immer an den Feiertagen fühlte ich mich besonders einsam und verlassen.
Am Freitagabend traf ich mich mit Asafa. Leider seien die Papiere noch nicht ganz in Ordnung, es fehle noch ein einziger Stempel. Sein Freund müsse eine günstige Gelegenheit abwarten, um zu dem zu kommen. Anfangs nächster Woche seien sie bestimmt fertig, vertröstete er mich.
Mir wurde immer ungemütlicher!
Der Sonntagsmorgengottesdienst in der Church of Christ beeindruckte mich sehr. Mir schien auch, dass ich Carl bereits viel besser verstand. Mein Gehör gewöhnte sich langsam an die verschiedenen, äthiopischen, englischen, israelischen und amerikanischen Akzente der englischen Sprache. Carl und seine Frau Dean luden mich zum Mittagessen ein. Ich genoss es, einige Stunden im Kreis einer Familie – sie besitzen zwei kleine Mädchen und einen Jungen – zu verbringen. Sie leben draussen auf der Missionsstation, die sich sechs Kilometer von

Addis-Abeba entfernt befindet. Ausser der Taubstummenschule gibt es noch drei neuerbaute Häuser dort, die von der Pfarrfamilie und Lehrern bewohnt werden.
Carl anerbot sich, mir Englischunterricht zu erteilen, aber ich wollte das erst annehmen wenn ich mit Marie zusammen wieder ein richtiges Zuhause habe. Ich wusste mit Sicherheit, dass es auch ihr in der Church of Christ gefallen würde.
Am Montagabend meinte Asafa, nun dauere es bestimmt nur noch ein oder zwei Tage, dann hätte sein Freund alles erledigt. Ich jedoch begann zu ahnen, dass hier etwas nicht stimmte und sagte es ihm auf den Kopf zu. Er tat sehr entrüstet über meine Anschuldigungen: „Sie können übermorgen mit auf das Büro kommen und sich selber von meiner Ehrlichkeit überzeugen."
Um fünf Uhr wartete ich vor dem Ministerium auf Asafa, der zu meiner Ueberraschung sogar pünktlich erschien. Er führte mich durch einen langen Gang vor eine Tür, dann sagte er höflich: „Bitte warten Sie hier, ich will sehen ob der Herr Minister Sie erwartet. Die Papiere liegen jetzt bei ihm. Er möchte sich persönlich mit Ihnen unterhalten."
Trotz der verheissungsvollen Worte blieb ich skeptisch. Asafa erschien nach einigen Minuten mit enttäuschtem Gesichtsausdruck: „Der Minister ist verreist. Ihre Papiere liegen immer noch bei seiner Privatsekretärin."
Na, ja, dass ich heute vergebens hier vorbeikommen würde hatte ich bereits vorher geahnt.
Asafa fuhr sogleich heuchlerisch fort: „Die Sekretärin ist eine gute Bekannte von mir. Wenn ich ihr etwas geben würde, sagen wir zwanzig Dollar, dann würde sie Ihr Gesuch zuerst ihrem Chef vorlegen und ihm die Dringlichkeit des Falles gut erklären!"
„Nein, Asafa, einmal haben Sie mich erwischt, jedoch kein zweites Mal!" Ich wandte mich brüsk um und lief den Gang zurück. Ich bebte vor Wut. Was für ein blöder Trottel war ich doch! Warum fiel ich nur auf diesen durchtriebenen Schurken herein? Nur weil ich nicht warten wollte, bis die Papiere auf dem rechten, ehrlichen Weg in Ordnung kamen, sondern ver-

sucht hatte, selber etwas zu mischeln. Dass ich dabei um fünfzig Dollar ärmer wurde geschah mir recht. Ich ärgerte mich schlussendlich mehr über mich selber, als über den Frechdachs Asafa. Das Erlebnis sollte mir eine Warnung sein!

Zwischen Hoffen und Bangen

David schrieb mir von seinen Hoffnungen, mein Einreisevisum bald zu erhalten. Herr Grünwald versprach ihm, nun alle Hebel in Bewegung zu setzen. Er bat mich, im Hafen nachzuforschen, wann das nächste Passagierschiff nach Massawa wegfahren würde.
„Das einzige Frachtschiff, welches gleichzeitig noch Leute an Bord nimmt, wird Mitte Januar Eilat verlassen. Es wird das letzte Mal sein, dass ein solches Schiff von hier nach Aethiopien und weiter nach Indien fährt. Unsere Kompanie löst den Vertrag mit dem burmesischen Besitzer der Phydaijon auf. Nachher gibt es keine Möglichkeit mehr, von unserer Stadt aus das Rote Meer hinunter zu kommen. Sie müssen sich bald entschliessen und die Billette besorgen, sonst kann ich Ihnen keine Garantie auf günstige Plätze für Sie und Ihre Kinder gewährleisten“, lautete der Bescheid.
Diese Antwort versetzte mich in grosse Unruhe. Was sollte ich nun entscheiden? Ich konnte doch nicht einfach so ins Ungewisse hinein Fahrkarten besorgen, ich hatte ja noch keinen bestimmten Bericht, ob es für uns überhaupt möglich war, nach Aethiopien reisen zu können. Jetzt hatten wir bereits den 10. Dezember. In ungefähr einem Monat verliess das letzte Schiff, mit dem ich unbedingt fahren wollte, den Hafen, denn um zu fliegen, dazu besass ich bei weitem nicht genügend Geld. Von Israel aus konnte nicht direkt nach Afrika geflogen werden, sondern man musste zuerst nach Athen zurück und von dort aus nach Addis-Abeba. Das kam daher, weil rund um Israel sich arabisches, also verfeindetes Hoheitsgebiet befand und dies zu überqueren wurde der Israel-Air-Line verweigert. Kein Wunder, dass in mir die Ruhelosigkeit im-

mer schlimmere Ausmasse annahm. Ich schrie die Kinder wieder wegen jeder Kleinigkeit an, schlief schlecht und wurde dadurch immer ungeniessbarer. Zum guten Glück konnte ich wenigstens alle diese Probleme meinen christlichen Freunden mitteilen. Sie wussten mir zwar auch keinen anderen Rat zu geben, als geduldig auf Davids Bericht zu warten. Aber da wir gemeinsam meine Sorgen Gott hinlegten, wurde es mir doch etwas leichter zumute und ich blickte nach der Gebetsstunde wieder hoffnungsvoller auf die nächsten Tage. Ich wollte fest bleiben und darauf vertrauen, dass mein himmlischer Vater um diese letzte Fahrt der Phydaijon wusste und mir bestimmt helfen würde. Aber so ganz überzeugt davon, dass es noch klappen würde mit dem Visum, war ich nicht.
Am Dienstagnachmittag brachte Lotte ein Telegramm: „Einreisevisum erhalten. Ministerium telegraphiert Botschaft Jerusalem. Bring Pass dort. Gruss David."
Einige Male las ich diese Nachricht bis ich begriff was sie bedeutete. Ich musste mich hinsetzen, der freudige Schreck fuhr mir in die Knie. Immer wieder las ich das Telegramm und konnte trotzdem kaum fassen, was ich da schwarz auf weiss vor mir sah. Doch dann stieg ein derart überwältigendes Glücksgefühl in mir auf, dass es mich beinahe zerriss. Ich sprang hoch, rannte durch das Wohnzimmer, zur Tür hinaus und hinüber zur Nachbarin.
„Juchevet, Juchevet, ich bekomme das Visum! Ich muss morgen nach Jerusalem hinauffahren", rief ich schon durch das offene Fenster hinein.
Ich geriet durch dieses Telegramm derart aus dem Häuschen, dass ich nicht merkte, wie die Zeit verflog vor lauter Organisieren und Vorbereiten für meine Abreise. Ich machte mich erst am Abend, nachdem die durch diese Neuigkeit ebenfalls aufgeregten Kinder endlich schliefen, auf, um Magda zu informieren.
Auf halbem Weg blieb ich plötzlich erschrocken stehen. Mein Herz begann wild zu klopfen, als mir aufging, dass ich heute vor lauter Freude und Glück ganz vergessen hatte, Gott für das Telegramm zu danken. Ich schämte mich schrecklich!

Nun flehte und bat ich Jesus seit zwei Monaten täglich um die Möglichkeit, zu David zu fahren und jetzt als das sehnlichst erwartete Telegramm kam, dachte ich keinen Moment daran, ihm zu danken. Als mir das bewusst wurde lief, nein rannte ich bis zu Magdas Wohnung und bekannte ihr sogleich mein schlechtes Benehmen.
„Jesus kennt dich doch. Er sah deine Freude. Ich glaube bestimmt, dass er dir vergibt", so tröstete sie mich lächelnd.
„Ja, das weiss ich. Trotzdem schäme ich mich über meine Undankbarkeit", erwiderte ich leise.

Bei der Arbeit

Seit drei Wochen arbeite ich nun bereits draussen auf dem Bau. Jeweils kleine Gruppen sind an verschiedenen Orten unter der Aufsicht eines Vorarbeiters beschäftigt. Nebst der Gesamtleitung führe ich mit vier jungen Männern noch spezielle und schwierige Aufträge aus. Diese Arbeit bereitet mir weit mehr Spass als im Büro über den Plänen zu sitzen. Ein tüchtiger, hellhäutiger Bursche fiel mir durch sein freundliches, angenehmes Wesen besonders auf. Er begriff alles was ich erklärte schnell und konnte bald einfache Installationen selbständig ausführen. Die Verständigung mit meinen Leuten lässt zwar oft zu wünschen übrig, denn sie verstehen alle nur Amharisch, das ist die äthiopische Landessprache, die in der Umgebung der Hauptstadt gesprochen wird. Die Amharen, zu denen die Kaiserfamilie gehört, beherrschen seit vielen Jahrzehnten das Land und somit ist die offizielle Amtssprache Amharisch. In den Schulen wird ebenfalls nur in dieser Sprache unterrichtet. Um den Männern ihre Arbeiten zu erklären, mussten Mund, Hände und Füsse in Anspruch genommen werden. Aber wie es auch immer zuging, irgendwie verstanden sie meistens was ich wollte und das war schliesslich die Hauptsache.
An dem Tag, da die Freudenbotschaft wegen des Visums Marie erreichen sollte, hatte ich meinen Kopf ganz und gar nicht

bei der Sache. Was für Gefühle würde diese gute Nachricht wohl bei ihr und den Kindern auslösen? Als mich gestern Herr Grünwald ins Büro kommen liess und mir mitteilte, dass vom Einreiseministerium die Bewilligung gekommen sei, da konnte ich erst gar nichts antworten vor Freude und nachher hätte ich meinen Chef am liebsten umarmt. Da das auch nicht gut ging, schenkte ich auf der Strasse dem erstbesten Bettler einen ganzen Dollar. Nicht mehr fünf Dollar wie in den ersten Tagen, denn nun wusste ich, dass meine Männer nur einen Dollar im Tag verdienten und somit überreichte ich dem um eine Gabe bittenden Knaben einen ganzen Taglohn.
Hoffentlich erschrak Marie nicht zu sehr, wenn die Pöstlerin das Telegramm brachte. Ich wusste aus eigener Erfahrung, welche Aengste wach werden, wenn ein unerwartetes Telegramm hereingeschneit kommt. Ich hatte es selber erst vor ganz kurzer Zeit erlebt. Alle an meine Hoteladresse gesandten Brief gingen verloren. Ich sehnte mich unbeschreiblich, endlich von zu Hause etwas zu erfahren und nun erschrak ich doch furchtbar, als Amos, der das Telephon bediente, rief: „He, David, du hast ein Telegramm oben im Büro von Israel. Warte, ich frage, was drin steht: – Peter operiert. Alles in Ordnung. Gruss Marie.“ Es dauerte einige Sekunden bis ich begriff, dass er mir ja eine gute Nachricht mitteilte. Vielleicht empfand ich es deshalb so stark, weil es das erste Lebenszeichen seit über zwei Monaten war, das ich von meiner Frau erhielt.
Ich malte mir die Freude aus, die nun zu Hause herrschte und sah Marie bereits im Autobus nach Jerusalem reisen. Wenn alles klappte und warum sollte es auch nicht, konnte sie mit den Kindern bald hier sein. Heute Abend schon mache ich mich auf die Suche nach einem hübschen Haus, nahm ich mir vor. Ich schrak auf, als neben mir ein Arbeiter auf arabisch zu fluchen begann. Ich drehte mich um und wollte ihn zurechtweisen. Das brachte ich jedoch nicht fertig, denn als ich die Jammergestalt erblickte, musste ich einen heftigen Lachanfall unterdrücken. Aus einer defekten Leitung ergoss sich ein starker Wasserstrahl über den Aufgebrachten. Anstatt so-

gleich aus dem Bereich des Wassers zu springen, stand er da und versuchte krampfhaft mit seinen blossen Händen, den Riss in der Röhre zuzuhalten. Nun spritzte das Wasser zwischen seinen Fingern hindurch und er wurde von oben bis unten pudelnass. Ich schüttelte über sein Gebaren den Kopf und ging zum Haupthahn, um das Wasser abzustellen. Warum kam das wohl dem Manne nicht in den Sinn, wunderte ich mich. Im Laufe der Jahre merkte ich, dass das eine typische Reaktion der meisten Eingeborenen war, die vielfach lange brauchen, um eine logische Entscheidung zu treffen.

In biblische Zeiten zurückversetzt

Bei unseren christlichen Freunden Mosche und Josua und ihren Familien, die in Jerusalem ein geräumiges Zweifamilienhaus bewohnten, durfte ich absteigen. Mosche begleitete mich am Nachmittag auf die äthiopische Botschaft.
Die Sekretärin hörte sich höflich mein Begehr an, schüttelte aber bedauernd den Kopf und meinte: „Es tut mir leid, bei uns ist in den letzten Tagen kein Telegramm von Addis-Abeba angekommen. Kommen Sie morgen wieder vorbei."
Die Enttäuschung über diesen Bericht nagte an meinem Herzen, hatte ich doch gehofft, ich könnte am nächsten Tag gleich wieder zurückfahren. Wenn die Nachricht am Morgen kommt, kann ich am Nachmittag immer noch nach Hause, vertröstete ich mich.
Am späten Abend reute es mich nicht mehr, dass ich noch in Jerusalem weilte, denn ich durfte dort einen herrlichen Gottesdienst erleben, den ich nicht mehr vergessen werde. Ein Bruder aus einer Pfingstgemeinde in Amerika besuchte Josua und hielt im Missionshaus eine Predigt. Was er sprach, das weiss ich nicht mehr, aber die Atmosphäre in diesem grossen Raum beeindruckte mich tief. Im Gemeinschaftssaal bildeten sich überall kleinere Grüppchen. An verschiedenen Plätzen hielten jüngere Leute Plakate hoch auf denen die Sprachen

angegeben waren: Deutsch, Französisch, Arabisch, Ungarisch, Polnisch, Norwegisch oder Russisch und so weiter. Jeder Teilnehmer setzte sich dorthin wo seine eigene Sprache gesprochen wurde. Mosche führte mich zum Plakat „Deutsch“ hin und hiess mich da warten. Nach und nach füllte sich der Saal, um jedes Plakat scharten sich einige Menschen. Wir waren fünfzehn deutschsprechende Leute. Die meisten kannten sich und begrüssten sich herzlich. Ich harrte gespannt der Dinge, die da kommen sollten.
Den Gottesdienst eröffnete Bruder Mosche in Hebräisch, dann sangen wir einige englische Lieder. Alles wie in Eilat, ganz normal, gar nichts Weltbewegendes geschah. Etwas später begann der amerikanische Bruder zu predigen. Ein junges Mädchen neben ihm übersetzte sogleich jeden Satz ins Hebräische und plötzlich fing es im ganzen Saal an zu summen und zu brummen. Es verging einige Zeit bis ich wusste, was das alles bedeutete. In meiner Gruppe übersetzte ein älterer Mann das Gehörte ins Deutsche und an all den anderen Plätzen geschah dasselbe in den verschiedenen Sprachen. Jeder hier in diesem Raum konnte die Predigt in seiner Muttersprache, oder wenigstens in einer die er annähernd beherrschte, vernehmen. Mich ergriff ein seltsames, unwirkliches Gefühl, ich schien zu träumen. Tönte es wohl damals am ersten Pfingstfest in Jerusalem ähnlich, als alle den Petrus und die anderen Jünger in ihrer eigenen Sprache reden hörten, alles verstanden und meinten, die Männer seien betrunken? (Apg. 2, 6-13)

Mosches Dankgebet

Auf der Botschaft erhielten Mosche und ich am nächsten Morgen wieder dieselbe abschlägige Antwort: „Wir bekamen kein Telegramm vom Ministerium. Kommen Sie am späten Nachmittag nochmals vorbei.“
Jetzt liess ich den Kopf bereits tief hängen. Mein Freund und seine Frau versuchten mich mit liebevollen, tröstenden Worten aufzurichten.

Von meinem Schlafzimmerfenster aus konnte ich das mächtige Kastell des Mount Zion erblicken. Mich zog es mit Macht dort hinauf. Ich wollte zu gerne noch einmal das Davidsgrab und die katholische Dormition-Kirche besuchen.
Gleich nach dem Mittagessen nahm ich den Weg unter die Füsse. Viele Erinnerungen an unseren ersten Besuch hier oben vor nun bald zwei Jahren wurden wach. Ich sah uns „Judenkäppli" für die beiden Davids kaufen und hörte die zwei Mädchen jammern, weil sie keine aufsetzen mussten.
Amüsiert beobachtete ich Touristengruppen, die wissbegierig den wortreichen Ausführungen ihrer Leiter lauschten. Lange stand ich in dem kleinen Raum, wo die vielen Kerzen zur Erinnerung an König David brannten. Dann aber lockte es mich unwiderstehlich hinunter in die Kirche. Derselbe ältere Mönch aus Zürich, der uns einst die Säulen und Ornamente erklärte, verkaufte dort immer noch Ansichtskarten. Ich begrüsste ihn auf Schweizerdeutsch, hielt mich jedoch nicht auf, sondern trat schnell in den Raum wo sich die Statue der Muttergottes befindet. Hier hatte mich beim ersten Besuch zum erstenmal der unerklärliche Wunsch ergriffen, niederzuknien und zu beten. Jetzt schämte ich mich nicht mehr, wie damals, vor anderen Menschen in einer Nische niederzuknien und meinem Verlangen nachzugeben. Ich hätte das nun auch im Beisein von David und meinen Kindern getan. Ich konnte wieder einmal nur darüber staunen, welch weiten Weg unser Gott David und mich in dieser kurzen Zeit hier in Israel führte. Ich hatte viel Grund, Gott zu danken für all das was er an uns tat und wie er uns leitete. Natürlich bat ich ihn auch um Schutz für David, bat um das Visum, für die bevorstehende Reise und unser zukünftiges Leben in Aethiopien vor dem ich mich mehr fürchtete, als ich mir eingestehen wollte. Gestärkt und voll Vertrauen kehrte ich zu den Freunden zurück.
Zuversichtlich begab ich mich nochmals auf die Botschaft. „Leider ist das Telegramm nicht gekommen. Versuchen Sie morgen Ihr Glück."
Und schon war das ganze Gottvertrauen wieder weg. Am liebsten hätte ich losgeheult. Morgen war bereits Freitag und

wenn ich das Visum nicht erhielt, musste ich ohne etwas erreicht zu haben, nach Eilat zurück. Dann verpasste ich bestimmt die letzte Gelegenheit, die Fahrkarten für das Schiff noch erstehen zu können. Sie versprachen mir auf dem Büro im Hafen von Eilat, die Billette bis Montag zu reservieren, dann würden sie sie weitergeben müssen. Samstag und Sonntag blieb die Botschaft geschlossen und die Sekretärin erklärte mir, dass am Montag ein Feiertag sei und sie deshalb auch nicht arbeiteten. Wusste Gott denn nicht, dass ich so sehnsüchtig auf das Visum wartete?
In dieser Nacht wälzte ich mich unruhig in meinem Bett herum und schwere Träume plagten mich. Völlig unausgeschlafen und mutlos stand ich frühmorgens auf und niedergedrückt begab ich mich mit Mosche auf den Weg.
„Es tut mir schrecklich leid, aber es kam kein Telegramm. Ich darf Ihnen das Visum nicht ausstellen ohne den Bescheid aus Addis-Abeba!“
Genau diesen Bericht hatte ich erwartet. Wir sahen der Aethiopierin an, dass sie es bedauerte, mir nicht helfen zu können.
Im Auto strömten mir Tränen der bitteren Enttäuschung die Wangen hinunter. Mosche sah mich nur traurig an, er fand im Moment keine Worte, um mich aufzurichten. Mich drängte es nun, vor Sabbathanfang zu den Kindern nach Eilat zurückzukehren. Ich musste noch den letzten Bus um 11 Uhr erreichen. Als ich mit meiner Reisetasche ins Wohnzimmer trat, warteten die vier Freunde auf mich. Wir hätten noch genügend Zeit, um zusammen ein zweites Frühstück einzunehmen und zu beten, meinten sie. Mir blieb beinahe jeder Bissen im Hals stecken, und ich lauschte nur mit halbem Ohr was sie sich erzählten. Viel lieber hätte ich mich irgendwohin verkrochen und geweint.
Auch das Gebet der Freunde liess ich dumpf über mich ergehen. Ich sah alles schwarz vor mir. Sie aber dankten Gott für die gemeinsam verbrachten Tage und baten ihn eindringlich, doch für das Visum besorgt zu sein. Ich fand mit dem besten Willen keine Worte für ein Gebet, ich konnte weder danken

noch bitten. Zuletzt begann Mosche zu beten. Er bat Gott für eine gute Heimfahrt für mich und dass ich die Kinder gesund antreffen und doch wieder Vertrauen finden würde. Plötzlich horchte ich erstaunt auf. Hörte ich recht? Da sagte dieser Mann mitten im Bittgebet: „Herr Jesus Christus, ich erhebe Dich, ich lobe Dich, ich preise Dich, ich bete Dich an. Herr, ich danke Dir, dass das Visum gekommen ist. Ich danke Dir aus ganzem Herzen. Halleluja. Amen!"
Die anderen drei schauten sich ebenfalls überrascht an, als er nach seinem freudigen Amen aufsprang, in den Vorraum hinauseilte und dort am Telephonapparat eine Nummer einstellte. Er sprach hastig einige Worte, legte den Hörer wieder auf die Gabel und kam mit strahlendem Gesicht ins Wohnzimmer zurück: „Halleluja, das Telegramm von Addis-Abeba ist gekommen. Wir können das Einreisevisum holen!"
Sprachlos und ungläubig blickten wir alle auf Mosche. War das wirklich wahr?
„Als ich zu beten anfing, wollte ich wie Ihr Gott um das Visum bitten, da bekam ich die Gewissheit, ich sollte viel eher dafür danken, dass das Telegramm gekommen sei. Und so war es dann auch."
Mir kamen wieder die Tränen, aber nun vor lauter Freude und das Danken vergass ich dieses Mal auch nicht. Jetzt fiel mir das Beten leicht. Fröhlich stimmten wir einen Lobgesang an, dann fuhren wir alle miteinander auf die Botschaft.
Die Sekretärin lachte, als sie mir den begehrten Stempel, vom Konsul eigenhändig unterschrieben, in meinem Pass zeigte. Sie wünschte mir einen schönen Aufenthalt in ihrer Heimat.
Nun musste alles im Eiltempo vorwärts gehen. So schnell wie nur irgendwie möglich fuhr Mosche durch den regen Verkehr zur Autobusstation. Der Chauffeur wollte gerade losfahren, als er uns angerannt kommen sah. Noch eine kurze, innige Umarmung, ein fester Händedruck und ein herzliches „Schalom, Schalom". Der Bus setzte sich schon in Bewegung, bevor ich richtig Platz nehmen konnte. Vier glückliche Freunde winkten mir nach. Ich atmete tief auf und schloss die Augen. Die Mitreisenden sollten mir meine Gemütsbewegung nicht

anmerken. Ich konnte das Wunder, welches ich soeben erlebte, niemandem erzählen. Sie hätten es alle nicht verstehen können. Ich selber ja auch nicht. In mir sang es auf dem ganzen Heimweg: „Halleluja, lobe den Herrn."

Der Kampf mit der Angst

Am Sonntagmorgen, sobald meine Schulkinder das Haus verlassen hatten, nahm ich Peter an der Hand und begab mich zum Hafen. Der Angestellte lachte, als er mich so früh schon in seinem Büro erblickte: „Sie scheinen Ihr Visum bekommen zu haben, das sieht man Ihnen an den strahlenden Augen an."
Ich nickte und hielt ihm meinen Pass entgegen. Er kontrollierte die Eintragung und die Unterschrift des Konsuls und meinte dann befriedigt: „Ja, das ist alles in Ordnung und die Plätze für Sie und Ihre vier Kinder sind ebenfalls noch frei. Nicht wahr, fünfmal die vierte Klasse? Das ist in einem Massenlager ganz unten im Schiff. Es gibt dort keinen Komfort, es hat nur eine Dusche und zwei Toiletten. Die Schlafräume für Männer und Frauen sind getrennt, aber Ihre beiden Jungen dürfen bei Ihnen sein. Es haben noch eine Frau mit ihren drei Kindern und wenige Touristinnen diese Fahrkarte gekauft. Das Essen wird gemeinsam mit denen von der dritten Klasse eingenommen und tagsüber dürfen Sie sich überall an Deck aufhalten."
Ich musste einige Male leer schlucken, während ich alle diese Erklärungen anhörte und mir sogleich plastisch vorstellte: Auf einem grossen Fracht- und Passagierschiff ganz unten im Schiffsbauch mit vielen anderen zusammen schlafen! Puh, das wird mir etwas geben, ich mit meiner schrecklichen Platzangst. Beim blossen Gedanken daran sträubten sich meine Haare. Ach was, die Fahrt dauert nur dreieinhalb Tage, das werde ich doch aushalten, redete ich mir zu. David hätte mir zwar bestimmt geraten, in der Touristenklasse zu fahren, um es bequemer zu haben. Ich jedoch wollte nicht das ganze mir zur Verfügung stehende Geld für diese Billette ausgeben, son-

dern noch etwas nach Aethiopien bringen. David schrieb mir, dass er, weil er dort in Addis-Abeba angestellt und nicht vom Ausland gesandt wurde, nicht so viel wie die anderen weissen Männer verdiente. Das machte mir gar keine Angst, denn ich war das Sparen gewohnt und gerade aus diesem Grunde bestellte ich die billigsten Fahrkarten.
„Es wird bestimmt nicht so schlimm sein, wie Sie es sich jetzt ausmalen. Ich bin schon oft in dieser Klasse gereist."
Ich lief tomatenrot an, als ich merkte, dass der junge Mann mir meine widerstreitenden Gefühle ablesen konnte.
Peters Plappermündchen stand auf dem ganzen Heimweg nicht einen Moment lang still und das war gut so, denn dadurch kam ich gar nicht dazu, meinen tapferen Entschluss zu bereuen und es fiel mir überhaupt nicht ein, umzukehren und doch noch die Plätze in der Touristenklasse zu erstehen.

Die Eilaterfreunde

Weihnachten ohne David! Vor diesen Festtagen graute mir. Das wird furchtbar leer und einsam werden ohne den geliebten Partner, malte ich mir ängstlich aus. Aber dass dem nicht so wurde, dafür sorgten andere.
Am Heiligen Abend trafen wir Christen uns alle zu einer gemütlichen Feier bei Magda. Rosa, Peter und Anna mit ihren drei Kindern und ich mit den meinen fanden uns am frühen Abend bei ihr ein. Salome, eine vor drei Wochen getaufte junge Jüdin erschien erst, als ihre sechs Kinder bereits schliefen. Ihr Mann machte Nachtdienst und so konnte sie ebenfalls mit uns feiern. Michael verwehrte es seiner Frau nie, an unseren Gottesdiensten teilzunehmen, denn es war auch für ihn unfassbar wie sich seine Salome seit der Bekehrung verändert hatte. Hier konnte man buchstäblich sagen: Von einem Hausdrachen in ein Hausmütterchen! Nicht nur er, wir alle staunten, wie aus der zänkischen, Töpfe herumwerfenden Frau eine liebevolle, friedfertige Partnerin wurde. Nicht nur ihr Inneres, auch ihr Aeusseres veränderte sich: Vorher eine

schmuddelige Frau mit zerzauster Mähne, jetzt eine adrett angezogene – das kupferrote Haar in einem Pferdeschwanz hochgesteckt – hübsch anzusehende Person. Die Veränderung fiel auch anderen Leuten auf, denn seit einigen Wochen betreute sie den Souvenirladen unten in der Stadt. So wie sie sich vorher aufführte und aussah, hätte sie niemals eine solche Anstellung bekommen.
Im Chanukkaleuchter brannten alle Kerzen und verbreiteten einen süssen Duft. Wir sangen die alten, bekannten Weihnachtslieder. Rosa, Magda und wir fünf auf Deutsch, Salome und die anderen fünf auf Englisch: Stille Nacht, Heilige Nacht; Silent Night, Holy Night. Peter erzählte die Weihnachtsgeschichte auf Hebräisch und zwar so anschaulich, dass die Kinder mit weit offenen Augen und gespitzten Ohren zuhörten. Ich dachte an David, der bestimmt allein in seinem Hotelzimmer sass und sich nach uns sehnte, aber ich kam gar nicht dazu, lange traurigen Gedanken nachzuhängen. Uebrigens stimmte diese Vorstellung überhaupt nicht. David schrieb nachher, dass er einen ebenso schönen Abend im Hause des Pfarrers der Church of Christ erlebte.
Am ersten Weihnachtstag schickte ich die Kinder nicht in die Schule, was von den Lehrerinnen akzeptiert wurde. Wir schliefen lange, denn am Abend vorher waren wir erst zu später Stunde ins Bett gekommen. Wir sassen noch am Frühstückstisch als es an der Tür klopfte. Auf unser Herein trat Juchevet ein: „Wir wünschen euch ein schönes Weihnachtsfest.“ In den Händen hielt sie einen herrlich verzierten Kuchen. Sie nahm herzlich gerne meine Einladung auf eine Tasse Kaffee an. Das Gebäck sollten wir später geniessen meinte sie, als ich ihn anschneiden wollte.
Am Nachmittag schätzte ich mich glücklich, noch so einen feinen Leckerbissen im Hause zu haben, denn nun passierte beinahe wieder dasselbe wie vor einem Jahr, als viele Eilater herkamen, um Grossmutters grünen Tannenbaum zu bewundern. Dieses Mal erschienen sie alle mit einem kleinen Geschenk, um mich und die Kinder über das Alleinsein hinwegzutrösten und uns zu zeigen, dass sie uns liebten und schätz-

ten. Leo, der Uhrmacher, überreichte mir eine frische, rote Rose, eine Kostbarkeit in Eilat. Walter, der Goldschmied, brachte eine kleine Brosche. Lotte, die Briefträgerin, schenkte mir aus ihrer Sammlung eine seltene Briefmarke. Diana hatte eine hübsche Zierdecke gehäkelt. Nach der Arbeit kam Alex mit einer besonderen Muschel daher. Alle Nachbarinnen besuchten uns einzeln oder in Begleitung von Mann und Kindern, übergaben uns feines Gebäck, frische Früchte oder ein Andenken an Eilat. Es ging bei uns her wie in einem Taubenschlag. Ich kochte den ganzen Nachmittag Kaffee und die Kinder wuschen Geschirr ab.
Spät abends, als endlich die letzten Bekannten mich verlassen hatten und ich müde, aber glücklich allein im Wohnzimmer sass und alle die Geschenke betrachtete, dachte ich: Wie kann man nur einen solchen Ort, wo so viele liebe Freunde leben, das Haus das einem gefällt und all das, was einem viel bedeutet, verlassen und auf einen ungewissen Befehl hinwegziehen. Ist das nicht einfach verrückt?

Schmerz und Freude

Herr, Gott der Heerscharen, wer ist wie du? Stark bist du, und deine Treue ist rings um dich her. Du meisterst das Ungestüm des Meeres; wenn seine Wellen sich erheben – du stillst sie. Psalm 89, 9 + 10.
Ich traute meinen Augen kaum, als ich dieses Wort schwarz auf weiss las. Heute war unser Abreisetag. Ich hatte um Führung und Kraft gebeten, dann die Bibel einfach irgendwo aufgeschlagen und zu lesen angefangen. Da sprang mir dieser Satz, welcher mir wie eine Prophezeiung für die nächsten Tage vorkam, in die Augen: Du meisterst das Ungestüm des Meeres; wenn seine Wellen sich erheben – du stillst sie. Was für ein herrlicher Zuspruch! Welch wunderbare Fügung, dass ich ausgerechnet an diesem Morgen diesen Vers lesen durfte. In mir stieg ein tiefes Glücksgefühl hoch. Ich begriff, dass jetzt in diesem Moment Gott persönlich durch sein Wort mit mir

sprach. Obschon ich noch niemals vorher etwas Ähnliches erlebte, wusste ich mit Bestimmtheit: Er wollte mir zeigen, dass ich ganz ohne Angst auf das Schiff gehen sollte mit der Gewissheit, dass Er der Herr uns begleitete. Er, welcher Herr über alles, auch über das Meer und den Sturm ist. Ich wurde plötzlich völlig ruhig und getrost. Uns konnte nichts passieren und wir würden keinen Sturm erleben, das stand hier und daran wollte ich mich festhalten und Gott vertrauen.
Alles was wir mitzunehmen beabsichtigten, war längst eingepackt. Die grosse Holzkiste hatten Hafenarbeiter gestern bereits abgeholt. Sie war randvoll. Viele Bekannte brachten mir Kinderkleider, die ich in Afrika verschenken sollte. Unsere Bettwäsche, Wolldecken, Tischtücher und die Spielsachen der Kinder alles fand in der Schiffskiste Platz. Zwei grosse Koffer mit unseren Kleidern und den nötigsten Utensilien nahm ich mit mir.
Vieles gab es noch zu erledigen an diesem letzten Tag in Eilat. Erst um sechs Uhr abends mussten wir uns beim Hotel Salomon einfinden. Von dort würden alle Passagiere zum Hafen geführt. Bis dahin, so hoffte ich wenigstens, holten alle Eilater ihre uns abgekauften Sachen ab. Die Abmachung, dass ich alles bis zu meiner Abreise noch benützen könne, hielten sie getreulich ein. Und wirklich kam im Laufe des Morgens einer nach dem andern und am Mittag befand sich ausser dem was Peter und Anna übernahmen, nichts mehr im Hause.
Der Abschied von den Freunden, Nachbarn und besonders von unserem Hündchen lag mir schwer auf dem Magen. An letzteres durfte ich gar nicht denken. Zum guten Glück versprachen Anna und Peter, dass Wanda bei ihnen bleiben dürfe. Dieses Angebot machte mir die Trennung von Wanda etwas leichter. Die kleine Hündin schoss den ganzen Tag aufgeregt von einem zum anderen, sie spürte unsere Aufbruchstimmung.
Müde, traurig und nervös von des Tages Lasten und Mühen stand ich mit meinem Gepäck vor dem Hotel Salomon. Juchevet, Samson, Jakob und Lea begleiteten uns bis hierher, die schweren Koffer auf ihrem alten Kinderwagen transportie-

rend. Nun hiess es endgültig, den letzten Freunden auf Wiedersehen zu sagen. Nur ein leises Schalom kam mir über die Lippen, als wir uns alle umarmten und küssten und alles Zähneaufeinanderbeissen half nichts mehr, als sich Lea mir schluchzend an den Hals warf und stammelte: „Bitte, bitte bleibt doch da. Geht nicht fort. Ich liebe euch so fest. Jetzt ist es bei uns dann nicht mehr schön." Da begann ich wie alle andern auch zu weinen. Wenn man nur niemals Abschied nehmen müsste! Endlich löste Juchevet ihr Mädchen von mir und sagte tröstend: „Komm, wir gehen nach Hause und holen Wanda zu uns herüber. Sie kann heute bei dir im Zimmer schlafen und du darfst so lange du willst mit ihr spielen."

Von unseren Kindern fiel Marlies das Weggehen am schwersten. Sie sass stumm, tränenüberströmt neben mir auf der Bank und wir schauten den Nachbarn nach, bis sie nicht mehr zu sehen waren. Ich nahm ihr Händchen in meine Hand und drückte sie fest. Sie gab mir den Druck zurück, seufzte tief auf, nahm ihr Taschentuch heraus, putzte die Tränen weg und schneuzte sich kräftig. Tapferes, liebes Mädchen!

Die andern drei spielten bereits mit den Kindern einer jungen Frau. Werden die wohl mit uns im Massenlager schlafen? Ich fühlte sogleich wieder einen komischen Druck im Magen, wenn ich an unser Quartier im Schiffsbauch dachte. Auf was hatte ich mich da nur eingelassen?

Mit mehr als einer Stunde Verspätung kamen fünf Militärjeeps angefahren. Alle Koffer und die über dreissig Wartenden wollten sie da hineinpferchen. Doch das gelang nicht. Zu meiner Erleichterung luden sie meine zwei Koffer auf. Ich stieg ein, da fing Peter von einem anderen Fahrzeug aus zu schreien an wie am Spiess: „Ich will zu meiner Mutti. Ich will zu meiner Mutti. Ich bleibe nicht da drin." Lachend hob ihn ein junger Mann heraus, brachte ihn zu mir herüber und setzte ihn auf meine Knie. Der Kleine umklammerte mich krampfhaft, drückte seinen Kopf an meinen Hals und liess mich nicht mehr los, bis wir unten am Hafen vor dem riesigen Fracht- und Passagierschiff Phydaijon anhielten.

Der junge Mann anerbot sich hilfsbereit, mir mein schweres

Gepäck das steile Fallreep hinaufzutragen und mir nachher noch die zwei älteren Kinder hochzunehmen. Peter hielt meine Hand fest umschlossen, die Mutti sollte ja nicht mehr an einen anderen Platz verschwinden. Er heisse Johannes, komme aus Basel und mache nun eine Reise nach Südafrika erzählte mein Helfer, während wir warteten, bis alle ihre Koffer fanden. Was hätte ich ohne die tatkräftige Hilfe des Baslers gemacht? Die schmale, enge Treppe hinauf mit vier Kindern hätte ich niemals geschafft.

Oben mussten wir sogleich unsere Pässe und Impfkarten abgeben. Die würden im Safe in der Kapitänskabine aufbewahrt, damit nichts verloren gehe, erklärte uns ein Offizier in einer blütenweissen Uniform. Dann wurden allen die Kabinen zugewiesen. Ich war gespannt, wie unser Massenlager aussah und mit wieviel anderen Menschen wir den Raum teilen mussten.

Eines ums andere wurde hinausgeleitet. Nur noch wir und die junge Frau mit ihren drei Kindern blieben übrig. Es verstrich eine halbe Stunde bis endlich der Offizier wieder erschien und uns bat, ihm zu folgen. Die Koffer könnten wir stehen lassen, es bringe sie uns dann ein Matrose herunter, bedeutete er uns. Ich holte noch einmal tief Luft, dann machte ich mich tapfer auf, unserem Führer in das Innerste des Schiffes zu folgen. Ich fürchtete mich, aber kein Ton entfloh meinen Lippen. Die Kinder durften unter keinen Umständen merken was in mir vorging, sonst hätten sie vielleicht zu weinen begonnen.

Der Mann lief uns voraus eine schöne Holztreppe hinunter, dann einen schmalen Gang entlang, hielt vor zwei nebeneinanderliegenden Türen an, zog zwei Schlüssel aus seiner Jakkentasche, öffnete die erste Kabine und sagte: „Hier schlafen Sie Frau Elias“, schloss den nächsten Raum auf zeigte hinein lachte, als er mein ungläubiges Gesicht sah und meinte: „Es ist wirklich kein Versehen. Sie dürfen in dieser Viererkabine die Reise nach Massawa unternehmen. Die zwei Kleinsten müssen halt eine Pritsche teilen, aber ich denke das ist machbar.“
Ich schluckte einmal leer, dann stammelte ich: „Aber, ich erstand doch die billigsten Fahrkarten.“

„Ja, das weiss ich. Aber Sie sind doch eine Freundin von Salome, nicht wahr? Ich fuhr viele Jahre mit Michael auf See. Sie baten mich, gut auf Sie aufzupassen und Ihnen die Fahrt so angenehm wie möglich zu gestalten. Diesen Wunsch erfülle ich den beiden gerne. Da diese zwei Kabinen frei blieben, dürfen Sie und Frau Elias zweite Klasse fahren. Ich konnte ja nicht gut nur Ihnen diese Gunst erweisen. In einer halben Stunde wird das Nachtessen serviert. Sie essen oben im Saal mit den Erstklasspassagieren. Uebrigens heisse ich Joseph. Wann immer Sie etwas brauchen, sagen Sie es mir. Schalom, ich wünsche Ihnen eine angenehme Reise."
Frau Elias und ich schauten völlig überwältigt dem Davoneilenden nach. Dann blickten wir uns an und begannen zu lachen. „Ich glaube, ich träume", riefen wir wie aus einem Munde. Wir schüttelten uns überglücklich die Hände. Beide waren wir überzeugt, dass wir eine herrliche Fahrt erleben würden.
Im Zimmer setzte ich mich auf den einzigen Stuhl, faltete die Hände und sagte zu den Kindern: „Gott machte uns ein riesengrosses Geschenk. Wir müssen nicht in einem Massenlager ganz unten im Schiffsbauch schlafen, sondern dürfen hier drinnen wohnen, wo es hell und freundlich ist und es sogar ein Bullauge zum öffnen gibt."
„Ja, aber wir haben nur vier Betten. Wer muss mit wem sein Lager teilen?" meinte Dave nüchtern.
„Ich schlafe unten mit Peter", anerbot sich das kleine Mütterchen Marlies. Wieder eine typische Reaktion von ihr, immer bereit zu helfen. Zufrieden nahmen Dave und Ursula die oberen Kajütenbetten in Beschlag.
Ich hatte am heutigen Tag unbeschreiblich viel geschenkt bekommen. Zuerst am Morgen dieser wunderbare Zuspruch aus dem 89. Psalm: „Herr, Gott der Heerscharen, wer ist wie du? Stark bist du, und deine Treue ist rings um dich her. Du meisterst das Ungestüm des Meeres; wenn seine Wellen sich erheben – du stillst sie." Und jetzt eben dieser neue Beweis seiner Liebe, denn für mich gab es keinen Zweifel, dass nur durch Gottes Hilfe Salome und Michael Joseph bewegen

konnten, uns diese Kabine zur Verfügung zu stellen. In meinem Herzen sang es immerzu: Danke, danke, danke!
Ohne zu murren liessen sich meine müden Kinder nach dem Essen ins Bett bringen und schliefen nach dem Nachtgebet sogleich ein. Ich zog mir eine Jacke über und begab mich an Deck. Ich wollte so lange oben stehen bleiben, bis ich keinen einzigen Lichtschimmer von Eilat mehr erblicken konnte. Unzählbare Sterne leuchteten von einem dunklen Himmelszelt. Leise plätscherten kleine Wellen an die Schiffswand. Ich nahm alles ganz klar wahr. Meine Sinne waren aufs äusserste angespannt, damit ich unter keinen Umständen den Moment verpassen würde, wenn sich unser Schiff in Bewegung setzte und wir Eilat verliessen. Der Abschiedsschmerz, durch das wunderbare Erlebnis beim Bezug der Kabine in den Hintergrund gedrängt, brach mit Macht wieder hervor. Johannes, der sich zu mir gesellte, um mich nach dem Woher und Wohin auszufragen, merkte an meiner Einsilbigkeit bald, dass ich begehrte allein zu sein. Vielleicht verstand er mich sogar, denn er entfernte sich bald mit einem freundlichen Gutenachtgruss. Ich hing lange meinen Gedanken nach und vieles von dem, was wir in den zwei Jahren in Eilat erlebten, ging mir durch den Sinn. Ich nahm noch einmal still von jedem mir bekannten Menschen Abschied. Dachte an unser Hündchen Wanda und wünschte sehnlichst, wir hätten sie mitnehmen können. Ueber all dem Nachdenken spürte ich kaum, als sich die Phydaijon um 11 Uhr 05 in Bewegung setzte. Ganz sanft fing sie an zu vibrieren und ein kleiner Luftzug begannen zu wehen. Langsam entfernten wir uns vom Hafen. Ich stand da und schaute, bis kein einziges Lichtpünktlein mehr in der Ferne zu sehen war.
Schalom Israel. Schalom Eilat. Schalom ihr lieben Freunde.

Lebensrettungsübung

In der Morgendämmerung stand ich mit allen vier Kindern wiederum an Deck. Wir wollten die von Vati so eindrücklich

beschriebene Fahrt aus dem Golf von Akaba, durch die Strasse von Tiran hinaus ins Rote Meer erleben. Atemlos beobachteten wir und noch einige andere Frühaufsteher, wie unser Schiff behutsam durch diese Meerenge gefahren wurde. Ein so mächtiges Schiff heil an diesen Riffs vorbei zu manövrieren war sicher bedeutend schwieriger, als einen kleinen Fischkutter. Ich fröstelte, als wir das alte Wrack kreuzten und ich glaube dieses Gefühl kam nicht nur vom kühlen Wind der wehte, sondern wegen des Nervenkitzels, das ich verspürte. Diese Passage lag mir auf dem Magen, seit ich Davids Brief gelesen hatte. Angsthase ich!
Für uns gab es vieles zu entdecken und auszukundschaften auf dem grossen Schiff. Ich nahm alle Kinder, auch die drei von Frau Elias, ins Schlepptau und lief mit ihnen überall hin. Die ersten Morgenstunden vergingen wie im Fluge. Noch vor dem Mittagessen sollte die obligatorische Rettungsübung abgehalten werden. Joseph, der erste Offizier, erklärte uns am Frühstückstisch ganz genau was zu tun sei, wenn die Schiffsirene in kurzen Abständen einige Male aufheule. Wo ich mich auch mit den Kindern befand, immer horchte ich auf den Alarm. Wir erschraken dennoch, als der schrille Ton plötzlich ertönte.
Ich eilte, meine zwei Jüngsten an den Händen haltend, zu unserer Kabine. Die zwei anderen folgten uns auf dem Fuss. Es war ihnen, wie mir übrigens auch, ein wenig ungemütlich zumute. Im Wandkasten befanden sich fünf Schwimmwesten. Die sollten wir uns noch in den Kabinen anziehen, lautete der Befehl. Gar kein leichtes Unterfangen, wenn man sich selber und erst noch vier zappeligen Kindern solche klobige Dinger umlegen sollte. Die Schnüre verwickelten sich fortwährend und ich wusste zuletzt nicht mehr was vorne und was hinten war. Ich klemmte mir alle Westen unter die Arme und lief damit an den auf dem Merkblatt in der Kabine angegebenen Platz auf Deck. Die drei Matrosen, die bereits an dem einen Rettungsboot auf uns warteten, begannen schallend zu lachen, als sie uns so angerannt kommen sahen.
„Ich komme beim besten Willen nicht damit zurecht", ent-

schuldigte ich mich. Aber ich hätte das gar nicht zu sagen brauchen. Erstens sahen sie das selber und zweitens verstanden mich die Burmesen nicht. Sie halfen aber sogleich, den Kindern die Westen anzuziehen.
Eine komische, gedrückte Stimmung herrschte unter den Passagieren. Jetzt, sogar bei dieser harmlosen Uebung, verspürten wir ein Kribbeln in uns. Wie würden wir wohl empfinden, wenn es eine Notsituation gäbe und wir wirklich ins Rettungsboot und ins Meer hinein müssten? Wir gehörten der Gruppe, die der Kapitän persönlich leitete, an. Er erklärte uns, was wir zu beachten und wie wir uns aufzuführen hätten bei einem Ernstfall. Jeder versteckte vor dem anderen sein Unbehagen und es blieb unter uns beklemmend still. Da machte sich plötzlich Dave mit lauter Stimme bemerkbar: „Mutti, dürfen wir nun endlich einmal hinunter ins Wasser springen?" Ich wollte ihn sogleich zurechtweisen, aber da begann jedermann laut zu lachen. Der unheimliche Bann der über uns lag, war gebrochen.
„Wenn wir so tapfere, junge Männer unter uns haben, kann bestimmt nichts schief gehen. Ihr könnt die Schwimmwesten ausziehen und wieder an die dafür vorgesehenen Orte zurückbringen", schloss der Kapitän schmunzelnd die Uebung ab. Dave war furchtbar enttäuscht, dass er nicht aufs Meer hinaus durfte.

Die Mausefalle

„Marie-Luise, darf ich Sie, wenn Ihre Kinder schlafen, in meine Kabine zu einem Kaffee einladen? Ich möchte Sie einiges fragen, mir lässt das was ich über Salome hörte, keine Ruhe."
Mit gemischten Gefühlen nahm ich Josephs Einladung an. Ich sah jedoch keinen triftigen Grund, sie ihm abzuschlagen. Er bemühte sich bereits den ganzen Tag zuvorkommend um mich und meine Kinder. Immer steckte er ihnen Schokolade oder Orangen zu, wenn er sie irgendwo sah.

Er bewohnte als Erster Offizier zwei Kabinen. Den kleinen Tisch in seinem Salon hatte er hübsch gedeckt und es roch nach frischem Kaffee. Ich bekam heftiges Herzklopfen, als ich mich auf das Sofa setzte. Die Situation in die ich mich begab, bedrückte mich. Was sollte ich da eigentlich mit einem fremden Manne allein in seiner Kabine?
Joseph plauderte, schenkte Kaffee ein, reichte Gebäck und setzte sich mir gegenüber. Er schien mein Unbehagen nicht zu bemerken. Schon bald fing er von dem an zu sprechen, weswegen er mich einlud und was ihn wirklich zu beschäftigen schien: „Ich besuchte Michael und seine Frau während meiner Urlaubstage. Die Veränderung bei Salome fiel mir sogleich auf und ich freute mich zuerst darüber. Als sie mir aber erzählten, durch welches Erlebnis bei ihr alles anders wurde, passte mir das Ganze weniger. Wie kann man nur an Jesus Christus als seinen Erlöser glauben? Dass ihr Christen es tut, na ja, das ist eure Sache, Aber eine jüdische Frau glaubt doch nicht an solch einen Unsinn!"
„Warum nicht?"
„Weil es einfach lächerlich ist, zu denken, dass dieser Mensch der am Kreuz starb, Gottes Sohn war. Glauben Sie das wirklich?"
„Ja!"
„Also sagte Salome die Wahrheit. Sie gehören auch zu dem frommen Kreis und sind mitschuldig daran, dass sie eine Abtrünnige wurde. Dass ich nicht lache! Was soll denn an diesem Jesus so besonderes sein?"
„Dass er ewig lebt und jetzt auch unsichtbar hier in diesem Raum ist. Und dass er für meine Sünden starb, mich liebt und mich schützt." Meine Stimme bebte. Ich fühlte mich sehr unsicher, denn noch nie hatte ich vor jemandem meinen Glauben bezeugen und verteidigen müssen.
„Ach, das sind doch alles bloss Phantastereien", tat er geringschätzig.
„Nein, Hirngespinste wie Sie meinen, sind es ganz bestimmt nicht, sondern Tatsachen. Sahen Sie denn nicht selber, wie sich Salome veränderte?"
„Ja, das ist es ja eben. Mich macht es verrückt, wenn ich

denke, dass so etwas eine kleine Gruppe fanatischer Menschen zuwege brachte. Oder wie meine Freundin sagte, dieser Jesus Christus. Und das Schlimmste ist, dass Michael alles über sich ergehen lässt. Er ist überglücklich, dass seine Frau sich so verwandelte. Hoffentlich lässt er sich nicht auch noch anstecken!"
„Das wäre bestimmt das Beste, was ihm passieren könnte."
„Sie behaupten, dass dieser Jesus Sie liebt. Warum und wieso wissen Sie das?"
Ich zögerte, dann antwortete ich mutig meine Furcht überwindend: „Zum Beispiel gestern morgen gab mir Gott durch sein Wort in der Bibel zu verstehen, dass er der Herr über das Meer und den Wind ist. Ich kann es Ihnen zeigen. Nun weiss ich einfach, dass wir in seinen Händen geborgen sind und keinen Sturm erleben werden solange ich mich mit meinen Kindern auf dem Meer befinde!"
„Ha, ha, ha, darüber kann ich nur lachen! Wissen Sie nicht, dass jetzt im Januar praktisch immer Stürme herrschen im Roten Meer, besonders gegen Aethiopien zu? Sie können sicher sein, dass wir nicht ungeschoren davon kommen."
„Ja, dasselbe teilte man mir beim Billettkauf ebenfalls mit. Aber ich weiss es seit gestern mit Bestimmtheit, dass Gott auch der Herrscher über Sturm und Wellen ist und wir ruhiges, schönes Wetter haben werden auf dieser Reise."
„Ich möchte mit Ihnen wetten, dass dem nicht so ist."
„Sie werden die Wette verlieren!" Je mehr Joseph mich zu überzeugen suchte, umso mutiger stand ich zu meiner Behauptung, vertraute ich den Worten meines Gottes.
„Wie kann eine hübsche, junge und wie mir scheint gescheite Frau alle diese in der Bibel enthaltenen Märchen glauben. Aber lassen wir das. Was wollen Sie mit Ihrer Familie in Aethiopien? Warum bleiben Sie nicht in Israel?"
„Weil wir glauben, dass Gott uns dort brauchen will."
„Jetzt fangen Sie wieder damit an! Ich will nichts weiteres davon hören. *Sie* interessieren mich viel mehr!"
Ich lief rot an. Darüber schien sich Joseph zu amüsieren. Nun fühlte ich mich wirklich wie eine Maus in der Falle. Ich wusste

auch nicht, was ich ihm erzählen sollte ohne Gott zu erwähnen. Alles was ich in den letzten Monaten erlebte, hatte irgendwie mit dem Herrn zu tun.
„War diese lange Zeit allein nicht furchtbar einsam, Marie-Luise? Wissen Sie, dass Sie einen wunderschönen Namen besitzen Marie-Luise? Warum in aller Welt lassen Sie sich Marie nennen? Ich werde Sie niemals mit diesem Namen anreden."
Er stand auf, holte eine Flasche Cognac und zwei Gläser aus dem Wandschrank. Trotz meines Protestes, dass ich kein solches Zeug tränke, schenkte er in beide Gläser ein. Er nahm das seine in die Hand, setzte sich neben mich auf das Sofa und befahl: „Stossen Sie mit mir auf eine gute Reise an, mit oder ohne Sturm, ist ja egal."
Ich konnte nicht anders, ich musste mein Glas an das seine klingen lassen und wenigstens meine Lippen netzen. Mir war zum Heulen zumute. Wenn nur jetzt etwas passiert, vielleicht ein Alarm oder sowas, dass ich hier herauskomme. Nie mehr in meinem Leben begebe ich mich in eine solche verflixte Lage.
„Mutti, Mutti, Mutti! Wo bist du, Mutti?" ertönten plötzlich unverkennbar die Stimmen meiner Kinder. Ich sprang wie elektrisiert auf und öffnete, noch bevor der überraschte Joseph ein Wort hervorbrachte, die Kabinentür. Zu meiner ungeheuren Erleichterung standen draussen auf dem Gang alle vier in ihren langen Nachthemden.
„Mutti, wir suchten dich überall. Der Peter wollte spielen und Ursula und Dave stritten. Da sagte ich, dass ich dich holen werde und siehst du, sie folgten mir alle. Wir hatten grosse Angst, als wir dich nirgends fanden." Marlies' Stimme zitterte, eine Träne schimmerte in ihren Augen. Sie war unsicher, ob ich zu schimpfen anfange, weil sie wieder aufgestanden waren. Aber nichts dergleichen geschah! Ich fühlte mich wie erlöst und die Kinder kamen mir wie rettende Engel vor.
„Es ist schon gut, jetzt habt Ihr mich ja gefunden", tröstete ich meine Trabanten. Ich drehte mich zu Joseph um, der unter der Tür stand und mich beobachtete. „Gute Nacht. Ich glaube, ich gehe am besten mit meinen Kleinen zu Bett. Vie-

len Dank für den feinen Kaffee."
Zum Entzücken meiner aufgezogenen Gesellschaft spielten wir noch ein Würfelspiel zusammen. Zufrieden schliefen sie danach ein. Nicht aber ich, meine Gedanken liefen auf Hochtouren, während ich ruhelos auf meiner Pritsche lag. Zuerst ärgerte ich mich über meine bodenlose Dummheit, dann fing ich an zu lachen. Ich sah Josephs verdriessliches Gesicht vor mir, als ich mit den Kindern verschwand. Eine in der zugeschnappten Falle hockende, ängstliche Maus wurde durch ihre Jungmannschaft daraus gerettet.

Peter in Gefahr

Die Sonne schien von einem wolkenlosen Himmel, das Meer glitzerte, kleine, sanfte Wellen brachten das Schiff ganz leicht zum Schaukeln. Man spürte es kaum.
Faul lagen wir Passagiere auf Liegestühlen. Die beiden Mädchen von Frau Elias und Marlies vergnügten sich mit ihren Puppen. Ursula zeichnete und malte, Dave schaute ein Bilderbuch an, Peter und der kleine Junge von unserer Zimmernachbarin spielten mit winzigen Autos. Es herrschte eitel Friede und Eintracht auf der Phydaijon.
Der Kapitän spazierte bei seinem Kontrollgang vorbei und betrachtete zufrieden die spielenden Kinder. „Ich besitze auch zwei Jungen und ein Mädchen in ihrem Alter." Er zeigte auf Ursula und schaute dabei ihre Zeichnungen an. „Willst du mich zeichnen? Ich bleibe dann so lange hier sitzen."
Nachdenklich schaute sie den Mann an, dann auf ihr Zeichenblatt, dann mich. Kopfschüttelnd meinte sie: „Mutti, das geht nicht! Er ist viel zu gross, er hat keinen Platz auf dem Blatt."
Fröhlich lachend strich er ihr liebevoll über das Haar. Dachte er wohl dabei an sein kleines Mädchen?
Neben mir lag Frau Bergmann. Sie und ihr Gatte wohnten seit längerer Zeit in Addis-Abeba. Herr Bergmann arbeitete als Augenarzt in einem Spital, seine Frau hatte einige Monate lang ihre Kinder in Israel besucht. Frau Bergmann stammte

aus Basel und war vor vielen Jahren mit ihrem jüdischen Gemahl nach Haifa gezogen. Sie freute sich, nach Aethiopien zurückzukehren und berichtete mir viel Erfreuliches von meinem zukünftigen Wohnort.
Samuel erzählte, dass er ebenfalls Kapitän sei und jetzt, nach einem sechswöchigen Urlaub bei seiner Familie, wieder ein Schiff in Madagaskar übernehmen müsse. Er unterhielt uns alle mit seinen Spässen und lustigen Geschichten. Ich hörte interessiert zu, beobachtete dabei aber beinahe fortwährend die spielenden Kinder.
Plötzlich bemerkte ich zu meiner Bestürzung, dass Peter unter einer Abschrankung durchgeklettert und hinter einem seiner Autos, welches zu einem Rettungsboot hart am Schiffsrand gerollt war, auf allen vieren hinkroch. „Pe....", begann ich zu schreien und wollte aufspringen. Noch bevor das Wort ganz herauskam, legte sich eine feste Männerhand auf meinen Mund und die andere Hand drückte mich kräftig in den Liegestuhl hinein. Ich wehrte mich wütend. Sah Samuel denn nicht, in welcher furchtbaren Gefahr Peter schwebte! Ich musste doch meinen kleinen Jungen zurückholen!
„Bleiben Sie ums Himmels willen ruhig! Sehen Sie, er kommt schon wieder zur Abschrankung. Rufen Sie ihn nicht, er klettert bereits darunter durch", sagte er leise.
Erst als Peter wieder bei seinem Freunde sass und ihm stolz das Auto zeigte, liess er mich los. Ich zitterte wie Espenlaub vor Schreck, auch Samuels Gesicht war kreideweiss und seine Augen verstört.
„Es tut mir leid, dass ich Sie so grob behandelte. Aber es gab keine andere Möglichkeit, Sie zurückzuhalten. Ich wollte verhüten, dass Sie den Kleinen mit Ihrem Schrei oder Aufspringen erschreckten. Er selber bemerkte nicht in was für einer gefährlichen Situation er sich befand. Bei der kleinsten Bewegung hätte der Junge über Bord fallen können. Zum guten Glück bewegte sich das Schiff gerade aufwärts und das Spielzeug rollte zu ihm zurück. Ich erlebte es einst als junger Offizier, dass ein Knabe über Bord ging. Es ist unmöglich, das Schiff plötzlich zu stoppen, wenn so etwas geschieht. Es gibt

nicht die geringste Rettungsmöglichkeit. So ein Erlebnis prägt sich einem unauslöschlich ein."
Ich setzte mich zu Peter auf den Boden. Keinen Moment lang würde ich ihn mehr aus den Augen lassen. Die drei Grösseren hörten mir verständig zu, als ich ihnen die Gefahren erklärte. Sie blieben immer irgendwo in meiner Nähe zum Spielen. Das kleine Quecksilber Peter lauschte wohl meinen Ausführungen, aber sie machten weiter keinen Eindruck auf ihn. Ich war überzeugt, er begriff die Gefahr nicht und wäre sogleich wieder hinter seinem Auto hergekrochen.
Joseph sah ich nur von weitem. Er schien heute ein strenges Arbeitspensum zu erledigen zu haben. Nur beim Mittagessen feixte er vom Nebentisch herüber: „Marie-Luise, ich warte auf Sturm. Es ist noch nicht aller Tage Abend."
Die Kinder durften am Abend so lange mit mir an Deck bleiben, bis sie von sich aus ins Bett wollten. Die Zeiger meiner Armbanduhr standen bereits auf halb elf, als ihnen das Spielen verleidete. Bettzeit für uns alle!

Sturm?!

Die israelischen und burmesischen Fahnen wehten heftig im aufkommenden Wind. Das Meer veränderte sich zusehends. Es schien dunkelblauer als bisher und auf den vielen gekräuselten Wellen bildeten sich weisse Schaumkronen. Ich bemerkte, wie einige Matrosen anfingen, Leinen an den Rettungsbooten zu befestigen und Luken zu schliessen.
Von unserem Liegeplatz blickte ich hinunter auf das Zwischendeck und beobachtete die fleissigen Männer, die dort Rohre mit Rostschutzfarbe strichen. Joseph, der sie beaufsichtigte, schrie lachend mir zuwinkend: „Marie-Luise, halten Sie sich fest, es gibt Sturm!"
Ich sah ihn stumm an und schüttelte den Kopf. Der Herr war Herrscher über den Wind und das Meer. Ich glaubte auch jetzt noch felsenfest, dass kein Sturm aufkommen würde und zweifelte keinen Moment an seinem Wort. Es ging jetzt um

viel mehr als um unser blosses Wohlbefinden. Wenn es Sturm gäbe, wie könnte ich dem ungläubigen Joseph dann die unermessliche Grösse Gottes beweisen?
Der Erste Offizier suchte an diesem frühen Nachmittag beständig meine Nähe und spöttelte: „Marie-Luise glauben Sie immer noch an Ihr Märchen?"
Je mehr er mich hochnahm, umso unerschütterlicher hielt ich daran fest, dass Gott mich nicht im Stich lassen würde.
„Sie sind das sturste Menschenkind welches mir je begegnete, Marie-Luise!"
„Was meint Joseph? Warum treibt er heute den ganzen Tag seinen Spott mit Ihnen?" fragte Samuel, der neben mir lag, erstaunt.
„Ach, ich wettete mit ihm, dass wir keinen Sturm erleben werden bis Massawa", erklärte ich leichthin.
„O weh, es sieht aber ganz danach aus, als verlören Sie Ihre Wette."
„Kann nicht ein Wunder geschehen und das Wetter sich wieder ändern?"
„Warum? Liegt Ihnen so viel daran, diese Wette zu gewinnen? Fürchten Sie sich davor, seekrank zu werden?"
„Nein das nicht, aber ...... Ach, jeder möchte doch gerne recht behalten, oder?" Ich getraute mich nicht, noch mit einem anderen Israeli ein Streitgespräch über Gott und Jesus Christus anzufangen. Soviel Mut besass ich nun doch nicht. Mir genügte vollauf, mich mit Joseph angelegt zu haben!
„Es ist Teezeit! Kommt Ihr mit in den Salon hinüber?" fragte Frau Bergmann.
Jeden Nachmittag servierten Kellner im behaglich ausstaffierten Salon den Erst- und Zweitklasspassagieren Tee, Kaffee, frischen Orangensaft und Kuchen. Wieder eine Vergünstigung, deren Miriam und ich unverdienterweise teilhaftig wurden.
Während ich mich mit Frau Bergmann unterhielt, füllte ich einen Löffel mit Zucker, um damit meinen Tee zu süssen. Ein kräftiger Windstoss schlug das Fenster zu und wehte mir den Zucker aus dem Löffel über den Tisch und auf mein Kleid. Das Schiff neigte sich leicht auf eine Seite und der Tee schwappte aus meiner Tasse.

„Nun, Marie-Luise, behaupten Sie immer noch, es gebe keinen Sturm?“ rief Joseph, der lachend unter dem Eingang stand.
„Ja, ich glaube es immer noch“, erwiderte ich tapfer. Ich hielt verbissen weiter an Gottes Wort fest, obschon nun alle Anzeichen dagegen sprachen.
Eine Stunde später zuckten in der Ferne Blitze aus einer dunklen Wolkenwand in das Meer und leises Donnergrollen war zu vernehmen. Ich stand mit den Kindern an der Reeling und schaute bangen Herzens abwechslungsweise ins Wasser und zu dem tobenden Wetter hinüber. Bei uns schien immer noch die Sonne, nur der Wind blies stärker und zerzauste unsere langen blonden Haare. Würde sich Gott wirklich als Sieger in diesem Kampf erweisen?
Plötzlich entstand eine völlige Windstille, die ganze Natur schien den Atem anzuhalten. Dann begannen die schlaff herunterhängenden Flaggen wieder zu flattern, doch nun von der anderen Seite her bewegt. Ein heftiger Wind trieb die Gewitterwolken von uns weg. Nach kürzester Zeit glätteten sich die Wogen wieder und das Meer zeigte sich ruhig und von der schönsten Seite wie in den letzten zwei Tagen. Mich überlief es heiss und kalt während ich das alles beobachtete und Tränen des Glücks stiegen mir in die Augen.
„Marie, nun erlebten Sie wirklich Ihr Wunder! Sie gewannen die Wette gegen Joseph“, schmunzelte Samuel.
Ich drehte mich um und schaute strahlend zu ihm und Joseph hinüber, der gerade daherkam. Ein unwilliger Ausdruck lag auf seinem Gesicht, als er sich an Samuel wandte: „Du weisst Samuel, dass solche Vorkommnisse auf See nichts Abnormales sind. Es ist reiner Zufall, dass es jetzt heute ebenfalls passierte.“
Er zuckte gleichgültig die Achseln und schritt an mir vorbei. Eine Zeitlang fühlte ich mich leicht bedrückt ob seiner abweisenden Antwort, doch dann stieg wieder eine unbändige Freude in mir hoch: Gott hatte sich als Herrscher über die Wellen und den Wind erwiesen!
Jesus Christus hatte auch an Josephs Herzenstüre angeklopft

und rief ihn. Aber er war nicht willens, sie einen Spalt weit zu öffnen. Das beschäftigte mich noch lange und bedrückte mich.
Von diesem Augenblick an schienen meine Kinder und ich Luft für den Ersten Offizier der Phydaijon zu sein.

Ankunft im schwarzen Kontinent

„Marlies, guck unter den Betten nach, ob nicht irgendwo eines der Spielautos liegt! Ursula, nimm deine Puppe vom Bett. Peter und Dave hört auf zu streiten, Ihr macht mich noch ganz verrückt!" Bei uns in der Kabine herrschte Aufbruchstimmung und dementsprechend ein Durcheinander von halbgefüllten Koffern, überquellenden Taschen, zappeligen Kindern und einer aufgeregten Mutter.
In zwei Stunden würde unser Schiff in den Hafen von Massawa einlaufen und die Gesundheitsbehörde sowie Zollbeamten zur Kontrolle an Bord kommen. Danach durften wir die Phydaijon verlassen und unsere Füsse auf äthiopischen Boden setzen. Sonnenklar, dass ich nervös und unruhig von einem Platz zum anderen lief. Aber zu guter Letzt standen die Koffer fertig gepackt und zum Abholen bereit vor der Kabinentür.
Noch einmal prüfende Blicke in den Wandschrank und unter die Betten. Nein, es lag nichts mehr herum. Aufatmend schloss ich die Tür hinter mir. Wieder ging ein kurzer aber intensiv empfundener Lebensabschnitt seinem Ende entgegen. Ein neues Abenteuer begann.
An Deck sassen bereits Miriam, Frau Bergmann und noch drei Schweizertouristen reisefertig. Frau Bergmann, die diese Fahrt bereits zum dritten Mal unternahm, versprach mir zu meiner Beruhigung, mich unter ihre Fittiche zu nehmen. So musste ich mir um unser weiteres Fortkommen keine Sorgen mehr machen.

Mit einem kleinen Motorboot kamen die Behörden und der Lotse angetuckert. Hoffentlich war mit unseren Ausweisen alles in Ordnung. Exakt nahmen sie sie unter die Lupe. Die Photos in den Pässen betrachteten sie ganz genau, schauten uns prüfend von oben bis unten an, ob wir Aehnlichkeit mit den Bildern besassen. Nickten daraufhin befriedigt. Ja, wir schienen die rechten Personen zu sein. Während diesem komplizierten Zeremoniell wurde mir ganz schwül um die Magengegend. Ich konnte mir zwar nicht vorstellen, dass etwas nicht stimmte, aber hundertprozentig sicher ist man nie. Endlich überreichte mir der dunkelbraune Passkontrolleur meine Papiere. Uff, das hätten wir geschafft! Verstohlen wischte ich mir den Schweiss von der Stirn.
„Ihr bleibt jetzt alle da bei mir. Ich will keines von euch suchen müssen, wenn wir anlegen", befahl ich meinen Trabanten. Peter hielt sich ganz in meiner Nähe auf. Er wollte auf alle Fälle mit an Land kommen, dies stand fest. Langsam lotste der erfahrene, ortskundige Seemann unser Schiff in den Hafen ein.
„Das gibt es doch nicht! Mein Gatte ist hier. Schauen Sie, dort drüben am Pier steht er", rief Frau Bergmann laut. O weh, nun muss ich meinen Weg nach Addis-Abeba doch selber finden! Jetzt reist sie bestimmt nicht mit mir!
Auch Miriam und ihre Kinder winkten fröhlich einem Manne zu. Herr Elias arbeitete hier in Massawa und kam selbstverständlich seine Familie abholen. Ich fühlte mich in diesem Moment ziemlich verlassen. Alle wurden willkommen geheissen nur wir nicht.
„Schalom Marie, ich wünsche Ihnen eine glückliche Zeit in Aethiopien. Vielleicht treffen unsere Wege wieder einmal irgendwo zusammen." Samuel streckte mir lächelnd seine Hand entgegen.
Draussen am Fallreep stand Joseph. „Auf Wiedersehen, Joseph. Nochmals herzlichen Dank für die Kabine, die wir bewohnen durften. Grüssen Sie Michael und Salome."
„Schalom", grüsste er knapp, mit abweisendem Gesicht und sah sogleich gelangweilt wieder weg. Meine dargebotene Hand nahm er nicht. Armer Joseph!

„Mutti, ich kann nicht gehen! Der ganze Boden wackelt", schrie Marlies auf. „Ich auch nicht, ich auch nicht", ertönte es von den andern drei.
Mir erging es wie ihnen. Ich musste richtig breitbeinig hinstehen, sonst wäre ich umgefallen. Es schien sich wirklich die ganze Erde zu bewegen und uns entgegenzukommen. Nach einigen zaghaften Schritten wurde der Grund etwas fester unter den Füssen. Ich konnte meine Koffer aufheben und ins Zollgebäude hinüberschleppen. Die Beamten nahmen es sehr oberflächlich. Sie fragten nur knapp, ob ich Sachen zu verzollen hätte. Als ich den Kopf schüttelte, liessen sie mich durch.
Nun stand ich da, mit vier kleinen Kindern am Rockzipfel und schwerem Gepäck zu Füssen und fühlte mich hundselend. Ich verstand die Sprache dieser Menschen nicht, konnte nur einige wenige Brocken Englisch und wusste überhaupt nicht, was ich nun anfangen sollte. Die Tränen wollten mir aufsteigen. Ich biss heftig die Zähne zusammen. Die Kinder durften nicht ahnen, wie armselig ihrer Mutter ums Herz war.
„Frau Röschli! Frau Röschli! Kommen Sie doch da herüber in den Schatten." Ich erkannte Frau Bergmanns Stimme. „Warten Sie, mein Mann hilft Ihnen die Koffer tragen." Eine himmlische Botschaft.
Eilig lief ein Mittfünfziger auf uns zu. Er reichte mir, über das ganze Gesicht strahlend, die Hand. „Meine Frau erzählte bereits von Ihnen. Ich freue mich, dass Sie mit uns reisen. Wir nehmen da drüben im Restaurant das Mittagessen ein. Am Nachmittag fahren wir mit der Bahn hinauf nach Asmara. Wie ich hörte ist für Sie noch kein Absteigequartier reserviert dort oben. Soll ich sogleich ins Albergo Italia telephonieren? Bestimmt ist noch ein Zimmer frei."
Nun liessen sich die locker sitzenden Tränen nicht mehr halten. Welch eine Erlösung, nach der vorherigen tief empfundenen Einsamkeit, diese freundlichen Worte zu vernehmen. Nun besass ich doch jemanden, der für mich sorgte! Ich weiss wirklich nicht, was ich ohne die tatkräftige Hilfe dieser Menschen angefangen hätte. Ich konnte den beiden völlig vertrauen und alles was sie beschlossen, ruhig über mich ergehen

lassen. Unfassbar, wie Gott meine Wege bei der Ankunft durch diese liebevollen Freunde ebnete.
Wir genossen miteinander die interessante Fahrt von Massawa nach Asmara. Langsam keuchte der kurze Zug den steilen Berg hinauf. Bei jeder Kehre konnte man hoch oben noch mehr Tunnels sehen und tief unter uns enge Schluchten und mächtige Viadukte erspähen. Ohne die schwere Sorgenlast des Fortkommens auf meiner Schulter durfte ich mich an dieser Reise freuen.
Beim Nachtessen wurde ich von einem Kellner ans Telephon geholt. Ein Anruf aus Addis-Abeba! Ich zitterte vor Glück, als ich Davids Stimme erkannte.
„Mutti, warum weinst du jetzt schon wieder?“ fragte Ursula befremdet.
„Seid ruhig, es ist Vati“, flüsterte ich den dicht um mich gedrängten Kindern zu. Natürlich gerade das Dümmste was ich sagen konnte, denn nun brach ein grosses Hallo los und jedes wollte den Vati als erstes begrüssen.
Ich wunderte mich, wie er uns gefunden habe. Nun, das sei ziemlich einfach gewesen, erklärte er. Bei seiner Nachfrage in Massawa teilten sie ihm mit, dass die Phydaijon heute morgen angekommen sei. Er vermutete, dass ich im Albergo Italia abstieg.
Wir konnten es beinahe nicht mehr erwarten, uns wiederzusehen. Leider flog erst in zwei Tagen ein Flugzeug von hier nach der Hauptstadt. Die Billette für die von Herrn Bergmann bereits reservierten Plätze konnte ich anderntags abholen.
Auch wenn unsere Betten zu schaukeln schienen, schliefen wir alle die erste Nacht in Afrika traumlos und tief.

Des Guten fast zuviel

„In zehn Minuten werden wir in Addis-Abeba ankommen. Unsere Landung ist ein historisches Ereignis. Wir sind das erste Passagierflugzeug, welches auf dem soeben fertigerstellten

Haile-Selassie-Flugplatz in der Hauptstdt Aethiopiens landen wird. Wir freuen uns, mit Ihnen allen dabeisein zu dürfen."
Man konnte es der Stimme aus dem Lautsprecher anmerken, dass es für ihn als Pilot etwas Einmaliges bedeutete, gerade dieses Flugzeug zu steuern.
Ich schnallte den neben mir sitzenden Peter fest und ging zu den beiden Mädchen hinüber, um mit ihnen dasselbe zu tun.
„Wird Vati uns abholen?" fragte Marlies.
„Bestimmt! Freut Ihr euch?"
Die Kinder nickten und blickten mich strahlend an. Nun würde in einigen Minuten endlich unsere Familie wieder vereint sein.
Dave sass mucksmäuschenstill und verängstigt auf der Sitzreihe vor uns neben einem älteren Italiener. Er verschüttete beim Morgenessen unglücklicherweise dem Manne seine warme Milch über die Hose, der schrie ihn bitterböse an und seither getraute der Junge sich nicht mehr sich zu rühren. Ich strich ihm über seine Haare und flüsterte ihm zu: „Nur noch einige Augenblicke und wir dürfen aussteigen."
Sanft setzte der Pilot unser Flugzeug auf der nagelneuen Piste auf, rollte langsam aus und fuhr mit uns bis in die Nähe der riesigen noch eingerüsteten Ankunftshalle.
„Komm schnell, Mutti, wir sind gelandet. Vati wartet sicher draussen auf uns", riefen die drei Grossen ungeduldig. Aber bis jedes seine Siebensachen fand, verging noch einige Zeit und wir verliessen als letzte die Maschine.
Unten an der Treppe stand David. Die Kinder sprangen schnell hinunter und flugs in die weit geöffneten Arme ihres Vaters. Ich musste oben stehenbleiben und zuerst einmal tief Luft holen. Mir wurde schwindlig und ich spürte meine Knie weich werden. Ich konnte es kaum glauben, dass ich es wirklich geschafft hatte, allein von Eilat nach Addis-Abeba zu reisen und mit allen unseren Kindern heil hier anzukommen. Langsam schritt ich die Stufen hinunter. David und ich blickten uns tief in die Augen, dann fielen wir uns wortlos in die Arme.
David lud all unser Gepäck auf einen Volkswagen, den er für

diesen Tag gemietet hatte. Nun hiess es sich noch von Bergmanns verabschieden, die sich die letzten zwei Tage wirklich rührend um uns kümmerten. Ich konnte es mir überhaupt nicht vorstellen, wie ich diese Zeit in Asmara ohne sie überstanden hätte.
Wir fuhren eine geteerte, gerade Strasse entlang in die Stadt hinein. Ich schaute wohl aus dem Fenster, aber aufnehmen konnte ich nicht das Geringste. Ich kniff mich in die Arme, um mich zu vergewissern, dass ich nicht träumte, sondern wirklich neben David im Auto sass.
„Beinahe hätte ich euch verpasst. Ich nahm mir heute den ganzen Tag frei. Die Nachricht, dass dieses Flugzeug hier landen würde, erreichte mich nicht. Ich fuhr frühzeitig zum alten Flugplatz und wartete. Da riefen sie plötzlich durch den Lautsprecher aus, dass der Haile-Selassie-Flugplatz für den Verkehr freigegeben worden sei und die Maschine aus Asmara dort landen würde. In einem halsbrecherischen Tempo fuhr ich hierher. Die ersten Passagiere stiegen bereits aus, als ich anbrauste“, erzählte Vati.
Gott sei Dank kam er noch zur rechten Zeit. Hätte ich David beim Aussteigen nicht gleich entdeckt, ich glaube, ich wäre vor Angst gestorben!
„Das da drüben ist der Kaiserpalast und hier auf der Gegenseite die Vereinigte Afrika Halle“, erklärte er. Eine breite Allee führte steil den Berg hinauf. Hoffentlich sehe ich den Kaiser einmal, wünschte ich mir.
Nicht weit vom Palast bog David in eine schmale, holprige Strasse ein. Er musste einige Male Eseln mit Strohballen auf dem Rücken ausweichen, welche fluchende Männer vor sich hintrieben. Endlich hielt er bei einem grüngestrichenen Gartentor. Er hupte. Das Tor wurde einen kleinen Spalt weit geöffnet. Ein schwarzes Gesicht spähte heraus. Als der Aethiopier David erkannte, stiess er es vollends auf, liess uns hineinfahren und schloss das Tor wieder sorgfältig.
„Das ist unser Wächter Alamayu. Seine Arbeit besteht darin, für uns die Tür zu öffnen, sooft wir hinaus oder hinein gehen, den Garten zu pflegen und in der Nacht gut aufzupassen, dass

keine Diebe einbrechen." David lachte, als er mein erstauntes Gesicht erblickte.
Wir hielten vor einem grossen Vierfamilienhaus, welches in einem prächtigen Garten stand. „Es wohnt nur eine Griechenfamilie hier. Die anderen zwei Wohnungen sind leer. Kommt herein und schaut euch um. Ich schaffte bereits das Nötigste an."
Unter der Tür erschien eine junge, sauber gekleidete, kaffeebraune Frau. Sie lächelte uns zu und begrüsste mich und die Kinder freundlich.
„Das ist Almas! Sie ist dein Hausmädchen! Sie arbeitete vorher bei Italienern und kann sehr gut kochen, waschen, bügeln und putzen. Das fand ich bereits in den zwei Wochen heraus, seit ich hier wohne. Sie verrichtete immer alles zu meiner Zufriedenheit.
„Sag das noch einmal! Was soll sie sein? Mein Hausmädchen? Draussen einer, der den Garten macht, drinnen eine die kocht und putzt. Ja ums Himmelswillen, was soll ich dann anfangen?" fragte ich entgeistert.
„Das gehört sich hier einfach so. Keine weissen Leuten können hierzulande leben, ohne nicht mindestens zwei Angestellte zu beschäftigen. Du wirst sehen, es gibt für dich noch genügend Arbeit."
Die Wohnung umfasste ein stattliches Wohnzimmer, zwei geräumige Schlafzimmer, ein Bad und eine riesige Küche. Alle Räume waren sehr hoch und besassen grosse Fenster. David hatte sich bestimmt viel Mühe gegeben, alles nett einzurichten, aber ich nahm es in diesem Moment gar nicht wahr. Ich fand alles furchtbar voluminös und geradezu ungemütlich. Ich setzte mich niedergedrückt auf ein Bett und begann unerwartet zu weinen. Mein Mann schaute mich perplex an, dann nahm er mich tröstend in die Arme. Ich legte meinen Kopf an seine Schulter und schluchzte. Ich verstand mich selber nicht, aber über mir schlug eine Welle des Heimwehs zusammen. Ich, die ich nicht eine Stunde lang in Israel das Verlangen spürte, nach der Schweiz zurückzukehren,sehnte mich nun inbrünstig, in unserem kleinen, gemütlichen Heim in Eilat, in

der Nähe des Meeres, der Wüste und unserer Freunde zu sein. Dabei hatte ich es kaum erwarten können, bis ich wieder mit David vereint war und jetzt fühlte ich mich derart elend. Ich schämte mich dieser Anwandlung, war ihr jedoch wehrlos ausgeliefert. Die grosse Anstrengung und Nervenbelastung der Reise machte sich bemerkbar.
Leise klopfte es an die Zimmertüre: „Herr, essen“, rief die junge Frau auf Italienisch.
„Komm, trockne deine Tränen. Du wirst sehen, nach einigen Tagen gefällt es dir hier so gut wie in Eilat“, tröstete David. Ich sah ihn nur skeptisch von der Seite an.
Die von Almas gekochten Nudeln und der im Ofen gebackene Braten schmeckten ausgezeichnet. Die Kinder assen mit gutem Appetit. Der Mamita, so sagt man auf amharisch dem Hausmädchen, sah man die Freude darüber am Gesicht an, während sie uns bediente. Auf der Stirn hatte sie ein kleines Kreuz eintätowiert und ihre schwarzen Haare umrahmten, in viele eng aneinandergereihte Zöpfchen geflochten, das rundliche Gesicht.
Mich erfüllte ein nicht zu beschreibendes Gefühl, als ich einfach von der Tafel aufstehen durfte und mich nicht darum kümmern musste, dass abgetragen und das Geschirr gewaschen wurde. Ja, als die Mamita nach einigen Minuten uns gar einen Kaffee ins Wohnzimmer servierte, konnte ich nichts mehr sagen, nur noch den Kopf schütteln.
David hatte für den Nachmittag einiges auf dem Programm. Zuerst wollte er uns alle auf der Schweizerbotschaft anmelden. Seit seinem unerfreulichen Besuch vor einigen Monaten hatte er sich dort nicht mehr gezeigt. Sein Militärbuch befand sich nun in meinem Gepäck und die Adressänderung musste schnellstens vorgenommen werden. Wir besassen ja die Bewilligung, hier zu wohnen, da würde vermutlich nichts mehr gegen unsere Anwesenheit einzuwenden sein. Der Sekretär erkannte David sogleich wieder und schien über alle Massen erstaunt, dass es ihm geglückt war, Arbeit zu finden und sogar noch die Niederlassung zu bekommen. Das sei noch nie jemandem gelungen. Solange er hier arbeite, hätte er so etwas

noch nie erlebt.
Wir schon! Vor zwei Jahren in Israel!
Von unserem Haus bis zur Botschaft mussten wir die ganze Stadt durchqueren. Jetzt nahm ich bereits ein wenig mehr auf, als am Morgen. Mir fielen vor allem die vielen blauen Autos auf, die waghalsig an einem vorbeifrästen.
„Das sind alles Sammeltaxis. Wenn du irgendwohin willst, dann benutzest du am besten diese. Für 25 Cents kannst du von einem Ende der Stadt zum anderen fahren. Manchmal sind sie recht vollgestopft, aber es geht immer irgendwie. Auf alle Fälle ist es angenehmer als mit dem Bus. Diesen benützt man nur für sehr lange Strecken. Du musst die Kinder auch mit einem Taxi zur Schule bringen."
Vieles was mir David zeigte, kannte ich schon aus seinen Briefen, die ich immer wieder durchgelesen hatte. Die Piazza mit den vielen Gemüseläden und der von einem Deutschen geführten Metzgerei interessierte mich am meisten. Wir kauften frische Kartoffeln, grünen Salat, reife Tomaten und eine duftende Ananas. Es war eine Pracht, das ausgestellte Gemüse zu betrachten und ich staunte über die vorteilhaften Preise. Sechs Kilogramm Kartoffeln für einen äthiopischen Dollar (damals Fr. 1.60). Eines wusste ich gewiss, hier würden wir reichlich Salat und viel Gemüse essen. In grossen Drahtkörben lagen Unmengen von kleinen Eiern. Zwanzig Stück erhielten wir für einen Dollar! Sagenhaft!
Auf der Fahrt zur deutschen Schule legte ich mir des langen und breiten zurecht, wie wir dort auf Englisch die Anmeldung unserer Kinder vornehmen könnten. Plötzlich wurde mir bewusst, wie dumm ich war. Die auf dem Büro dort sprachen bestimmt Deutsch! David lachte lauthals, als ich ihm von meinen Sorgen erzählte.
Die Sekretärin empfing uns sehr freundlich und lud die Kinder auf den morgigen Nachmittag ein, um sie von den Lehrern testen und in die Klassen einstufen zu lassen. Peter durfte erst im Oktober, wenn das neue Schuljahr begann, in den Kinder-

garten eintreten. Das Schulgeld würde ein rechtes Loch in unsere Kasse reissen.
Am späten Abend ging ein heftiges Gewitter auf die Stadt nieder. Es blitzte und donnerte und der Regen prasselte derart auf das blecherne Hausdach, dass man kaum sein eigenes Wort verstand. Die Kinder zogen sich die Wolldecken über die Köpfe. Sie fürchteten sich vor dem tosenden Unwetter. Sie erlebten das seit langer Zeit zum ersten Mal, denn in den zwei Jahren in Eilat hatte es nie geregnet. Bestimmt würde das Eingewöhnen hier in Addis-Abeba für sie nicht ganz einfach sein. Die neue Schule, die fremde Sprache, unbekannte Menschen und noch vieles andere, was auf sie einstürmen würde.

Der vermisste Junge

Marlies durfte in der zweiten, Dave und Ursula in der ersten Klasse anfangen. Marlies bekam eine liebe, verständnisvolle Lehrerin, die jüngeren zwei einen jungen Lehrer. Fräulein Classen schenkte Marlies eine Fibel und gab ihr Extraaufgaben. Sie half ihr damit über die Anfangsschwierigkeiten hinwegzukommen. Zum guten Glück besass unsere Aelteste eine gute Auffassungsgabe und lernte schnell. Die jüngeren zwei hatten weit mehr Probleme. Alle drei vergossen manch bittere Träne, bis sie sich einigermassen in der Schule zurechtfanden. Von Hebräisch auf Deutsch umzulernen, nein, das war nicht einfach. Komplett andere Schriftzeichen,ein völlig neuer Sprachaufbau. Nun mussten sie plötzlich vorne im Heft anfangen, nicht von hinten nach vorn und von rechts nach links schreiben, nein alles umgekehrt. Viele Schweisstropfen fielen in die Aufgabenhefte und oft entfloh ein Seufzer unseren Lippen. Ich sass stundenlang jeden Nachmittag mit ihnen am Tisch und versuchte, ihnen das Alphabet beizubringen. Wir hatten bereits Anfang Februar und Mitte Juli ging das Schuljahr zu Ende. Damit sie in die nächste Klasse aufrücken

konnten, waren sie gezwungen, Hochdeutsch zu verstehen und schreiben und lesen zu können. Wenigstens verursachte das Rechnen nicht auch so viel Mühe. Da mussten sie nur die Zahlen neu lernen, das Schreiben der Ziffern blieb dasselbe.
Untereinander sprachen die Kinder nur Hebräisch. Alles Zureden, doch Deutsch zu sprechen, ja alles Schimpfen und sogar Strafen zeigte keinen Erfolg. Sie blieben alle vier hartnäkkig dabei, wenn sie nicht gerade bei den Aufgaben sassen, dann redeten sie in ihrer gewohnten Sprache. Ich beschloss, ihnen keine Antwort mehr zu geben, wenn sie mich nicht deutsch ansprachen. Aber oft vergass ich meine guten Vorsätze und fiel zu ihrem Vergnügen auf ihre Fragen hinein. Ja hie und da ertappte ich mich selber dabei, dass ich einen Satz auf Hebräisch anfing, mich korrigierte und ihn in deutscher Sprache beendete.
Wenn David am ersten Tag meinte, dass ich trotz Sabenja – so nennt man auf amharisch die Wächter – und Mamita, noch genügend zu tun hätte, bewahrheitete es sich. Morgens um acht Uhr brachte ich die Kinder mit einem Taxi zur Schule, kehrte zurück und ging mit Peter einkaufen. Um ein Uhr musste ich die Grossen wieder abholen. Zum guten Glück offerierte mir die Mutter einer Schulkameradin von Marlies nach einigen Wochen, die Kinder bis oben beim Palast mitfahren zu lassen. Von dort aus konnten sie zu dritt schon die kurze Strecke allein bis nach Hause laufen. Weisse Kinder und auch Erwachsene sah man selten auf der Strasse ausserhalb der Piazza. Ich weiss eigentlich nicht aus welchem Grund. Man tat es einfach nicht, es gehörte sich nicht und da liess jedermann es bleiben. Ganz bestimmt war es nicht gefährlich, denn niemand hätte einem Weissen in Addis-Abeba etwas zuleide getan.
Die Nachmittage vergingen wie im Fluge mit Aufgaben erledigen und Spielen. In der Freizeit durften sich die Kinder nie ausserhalb des umzäunten Gartens aufhalten. Sie fanden natürlich auf diese Weise keine anderen Spielkameraden und mussten sich miteinander zufriedengeben, oder mit dem einen Jungen und dem Mädchen unserer Nachbarn vergnügen. Oft wurde heftig gestritten, was mich zur Verzweiflung

brachte. Denn gerade das konnte ich nicht ausstehen, ich reagierte zu heftig darauf und strafte die Kinder zu hart. Na, ja, dann machte ich mir wieder Selbstvorwürfe und litt darunter. Wie schön war es doch in Eilat, als sie die Freiheit geniessen und draussen mit den Kameraden spielen konnten. Die Kinder und ich sehnten uns täglich nach der alten Heimat zurück. Dass die Kinder ebenfalls unter starkem Heimweh litten wurde uns bewusst, als wir an einem Sonntag mit unserem neu erstandenen, alten Volkswagen ausfuhren. Vati sagte: „Heute unternehmen wir einen Ausflug nach Nazareth!"
Ein vierstimmiger Freudenschrei ertönte: „Wir fahren nach Nazareth! Hurra, wir kehren nach Israel zurück!"
„Nein Kinder, hier in Aethiopien gibt es ebenfalls ein Nazareth. Es liegt ungefähr 100 Kilometer von Addis-Abeba. Ich meine dieses, nicht das in Israel."
Die Enttäuschung war riesengross. In den Augen von Marlies sah ich sogar Tränen schwimmen.
Das Eingeschlossensein bedeutete besonders für Peter eine Qual und er langweilte sich alleine. Er stellte viel Unsinn an und ich ärgerte mich oft über ihn. Eines Morgens verschwand er spurlos aus dem Garten. Alles Rufen und Suchen im und ums Haus nützte nichts, ich bekam keine Antwort. Wo konnte der Junge nur stecken? Alamayu beteuerte, dass er das Tor nicht zu schliessen vergass. Aber wie gelang es Peter hinauszukommen? Der Gärtner entdeckte im hinteren Teil des Gartens ein Loch im Zaun. Bestimmt war unser Kleiner da hindurchgeschlüpft!
Wo aber sollten wir ihn nun suchen? Alamayu und Almas liefen jedes auf eine andere Seite in der Umgebung. „Peter, Peter", hörte ich sie noch lange rufen. Ich solle zu Hause warten, bedeuteten sie mir. Ich hielt es jedoch nicht aus, untätig herumzusitzen und lief gehetzt die Strasse entlang Richtung Schule. Entmutigt kehrte ich nach einer halben Stunde um. Vielleicht fanden die anderen ihn.
Doch auch die Angestellten kamen ohne den Ausreisser zurück. Nirgendswo konnten sie die geringste Spur von ihm entdecken. Almas fragte überall dort nach ihm, wo sie ihn schon

je mitgenommen hatte. Im kleinen Markt, bei den winzigen äthiopischen Geschäften wo sie einkaufte, bei ihr zu Hause. Allein Peter schien wie vom Erdboden verschwunden. Mich würgte eine furchtbare Angst und mein Herz klopfte bange. Peterchen wo bist du?
Wenn nur Magda hier in der Nähe sich befände, damit sie mit mir beten könnte. Dieser Wunsch stieg mächtig in mir auf. ‚Aber, warum gehst du denn nicht in dein Zimmer und tust es allein?' vernahm ich eine leise Stimme in mir. Es stimmte wirklich! Wenn ich schon hier untätig warten musste, konnte ich anstatt kopflos von einem Ort zum anderen zu laufen, versuchen, stille zu werden und zu beten.
Ich ging in mein Schlafzimmer, liess jedoch vorsorglich die Glastüre, die in den Garten führte, offen, damit ich alles hörte was draussen vorging und es nicht verpasste, wenn die Grossen von der Schule kamen und ans Tor klopften. Ein richtiges Gebet zu formulieren brachte ich nicht fertig. Ich sprach nur immer flehentlich dieselben gleichen Worte: „Herr, beschütze Du den Peter. Lass uns ihn bald finden, bitte."
Natürlich wollten die anderen drei gleich losstürmen und nach ihrem vermissten Brüderchen Ausschau halten. Ich erlaubte es nicht, denn sonst hätten wir unter Umständen nachher sie auch noch suchen müssen.
Wieder kam Alamayu und wenig später Almas allein zurück. Besonders die Mamita war ganz verzweifelt, weil sie Peter nicht fand. David erschrak tief, als er zum Mittagessen erschien und wir alle so deprimiert herumstanden.
„Vati, Peter ist verschwunden", schrie Dave. Sie suchen ihn schon den ganzen Morgen und finden ihn nicht."
Ich konnte zuerst nur dazu nicken. Dann riss ich mich zusammen und berichtete ihm, was wir alles unternommen hatten.
„Vielleicht ist er gar nicht mehr in der Nähe, sondern bereits viel zu weit weg und er findet den Weg nicht mehr. Kommt Kinder, wir fahren mit dem Auto. Ihr müsst ganz gut aufpassen und aus dem Fenster sehen, ob ihr ihn irgendwo entdeckt."

Der Wächter und das Hausmädchen unternahmen einen dritten Versuch: „Peter, Peter, Peter!“
Ich blieb wieder allein zu Hause. Die Möglichkeit, dass er von selbst zurückfand war immer noch gegeben und dann sollte jemand anwesend sein. Ich werde nicht mit ihm schelten, sondern ihn nur fest in meine Arme schliessen, wenn er erscheint. Später will ich mit ihm darüber sprechen und ihm erklären, wie sehr wir uns um ihn sorgten, nahm ich mir vor. Langsam begab ich mich in die Küche, kochte Suppe und bereitete eine Schüssel Salat. Wenn Vati mit den Kindern, mit oder ohne Bübchen eintraf, mussten wir etwas essen.
Alle kamen sie erfolglos nach Hause. Klein-Peter blieb unauffindbar! Niemandem schmeckte das Mahl!
„Ich fahre auf den Flugplatz, um mich abzumelden. Dann suchen wir weiter. Wenn wir ihn bis in einer Stunde nicht gefunden haben, melde ich es der Polizei.“
„Kommt Aufgaben machen. Wir warten bis Vati wiederkommt, dann gehen wir alle mit ihm.“ Widerwillig packten die Kinder ihre Tornister aus. Aber ich fand es besser, sie und mich zu beschäftigen und abzulenken.
Nur einige Minuten waren verstrichen, da vernahmen wir den schrillen Ton unserer Autohupe vor dem Tor. Wie von einer Tarantel gestochen zuckten wir hoch und rannten hinaus. Ein glücklicher Vater kam angefahren, neben ihm sass ängstlich ein kleiner Junge, unser Peter!
„Mein Gott, wo fandest du ihn?“ Ich sprang ums Auto herum, riss die Tür auf und nahm meinen Kleinen in die Arme. Er fing zu weinen an, nicht weil ihm etwas fehlte, sondern weil er eine Tracht Prügel, oder zumindest ein heftiges Donnerwetter von mir erwartete. Ich jedoch war viel zu sehr von überströmender Freude und Dankbarkeit erfüllt, um ans Strafen zu denken. David erzählte:
„Ich fuhr langsam die Strasse hinauf. Bevor ich in die Allee einbog stoppte ich und überlegte, ob ich wirklich beim Flugplatz vorbeigehen sollte oder nicht einfach Arbeit Arbeit sein lassen, um Peter zu suchen. Von unten fuhr ein Auto auf mich zu in dem ein Inder sass. Er konnte, weil ich den Weg ver-

sperrte, nicht in die Strasse einbiegen und musste anhalten. Der Mann kurbelte sein Fenster hinunter und fragte: ‚Suchen Sie einen kleinen Jungen?' Als ich bejahte, fuhr er fort: ‚Da unten im Hochhaus fährt ein etwa vierjähriger Knabe bereits den ganzen Morgen mit dem Lift hinauf und herunter. Er gibt keine Antwort, wenn man ihn etwas fragt. Eine Frau gab ihm ein Stück Brot und eine Banane zu essen.'
Ich bedankte mich, stellte mein Auto an den Strassenrand und rannte die Allee hinunter und in das Haus hinein. Ich drückte auf den Liftknopf und wartete ungeduldig auf den Fahrstuhl. Würde unser Kleiner sich wirklich drinnen befinden? Als sich die Tür öffnete, stand tatsächlich Peter da und schaute mich erstaunt und unschuldig mit grossen Augen an. Gott sei Dank haben wir unseren Lausbuben wieder!"
Ich glaube, so ganz geheuer war es Peter bei seinem Abenteuer doch nicht zumute gewesen. Er lief auf alle Fälle nicht wieder davon.

Es kratzt und beisst

Die Kinder spielten im Garten mit ihren Puppen und Autos. Ich sass auf der Treppe und strickte an einer Jacke für Marlies. Die Nachbarin stickte neben mir an einem Bild. Wir mochten uns recht gut, wenn auch die Verständigung zu wünschen übrig liess. Die Sonne schien heiss von einem wolkenlosen Himmel; den kühlen Wind empfanden wir als sehr angenehm.
Komisch, warum greifen sich meine Kinder die ganze Zeit mit den Händen in ihre Haare? Jetzt kratzt sich wieder der Dave, nun die Ursula. Da stimmt doch etwas nicht! Sie können ja gar keine schmutzigen Haare haben, ich badete sie am Samstag und wusch ihnen die Köpfe.
„Ursula, komm einmal zu mir! Warum kratzest du beständig in deinen Haaren?"
„Weil es mich beisst!"
Sie setzte sich vor mich hin auf die Treppenstufe. Ich löste ihre

langen Zöpfe auf und begann die Haare auseinanderzulösen. Wie sah nur die Kopfhaut aus! Ganz zerkratzt und blutig!
„Schauen Sie einmal, was Ursula hat“, wandte ich mich erschrocken an die Nachbarin.
Die warf nur einen kurzen Blick darauf und antwortete lakonisch: „Läuse!“
„Was meinen Sie, Läuse? Aber doch nicht meine Kinder! Ich wasche ihnen jede Woche die Haare“, rief ich entsetzt und entrüstet.
„Trotzdem sind das ganz gewöhnliche Läuse! Sehen Sie!“ Sie las ein kleines, graues Tierchen aus Ursulas Haar und zerdrückte es zwischen den Daumennägeln.
„Läuse! Meine Kinder haben Läuse! Wie mir scheint alle vier!“ Ich schämte mich fürchterlich, am liebsten wäre ich vor Scham im Erdboden versunken.
„Lassen Sie sich darüber keine grauen Haare wachsen. Das geht hier allen Kindern gleich. Dagegen gibt es ein gutes Mittel. Man wäscht die Haare mit Petroleum. Es stinkt, aber ist billig und nützt ganz bestimmt. Warten Sie, ich hole von meinem.“
So wusch ich nun an diesem Nachmittag sorgfältig allen die Köpfe mit Shampoo, spülte erst mit Wasser, dann mit Petroleum nach. Sie weinten über diese unangenehme Prozedur und schimpften über den Gestank. Auch wenn die Nachbarin es bagatellisierte, mich bedrückte dieses Vorkommnis schrecklich. Meine Kinder und Läuse! Was würde David dazu sagen? Verheimlichen ging nicht, er würde es sogleich riechen.
„Was ums Himmelswillen stinkt bei euch so?“ Kaum betrat er das Haus, stellte er bereits die gefürchtete Frage.
Ich lief rot an und beichtete: „Unsere vier haben Läuse!“
„So? Na, das war zu erwarten, dass die Mädchen solche auflesen und nach Hause bringen würden mit ihren langen Haaren.“ David schien es überhaupt nichts auszumachen. Er lachte nur über meinen Jammer. Aber schliesslich befand er sich schon länger in Afrika als ich.
Am nächsten Tag überwand ich meine Scheu und fragte die

deutsche Dame, die immer unsere Kinder im Auto mitnahm, ob sie auch schon Läuse bei den ihren entdeckt habe.
„Ja, natürlich! In der Lion-Apotheke kann man ein gutes Mittel dagegen kaufen. Es hilft todsicher und ist erst noch gesund für die Haare. Ich wasche alle zwei Wochen die Köpfe von uns allen damit zum Vorbeugen. Nur ganz selten finde ich noch eine Laus in unseren Haaren."
Es schien wirklich nicht ein solch furchtbares Malheur zu sein wie ich meinte. Ich fand in den dreizehn Jahren unseres Dortseins noch manche Laus, aber ich nahm es nicht mehr tragisch. Nur mit Petroleum wusch ich die Haare nie mehr. Vor diesem Gestank verschonte ich uns alle.

Ein Dieb im Haus

Ich rechnete und rechnete, zählte und zählte. Es blieb sich einfach alles gleich. Mir fehlten hundert Dollar. Ich konnte mir beim besten Willen nicht erklären wie das passiert war. Ich hatte Davids Lohn vorgestern in verschiedene Briefumschläge, auf denen geschrieben stand für was der Betrag vorgesehen war, verteilt und schloss sie in die Tischschublade ein. Den Schlüssel versorgte ich in meiner Handtasche. Es konnte unmöglich jemand aufgemacht und das Geld herausgenommen haben. Aber wie ich ihn auch drehte und wendete, im Umschlag für den Hauszins herrschte gähnende Leere.
„Almas, fandest du beim Wischen Geld? Vielleicht fiel mir eine Note auf den Boden."
„Nein, Madame, ich sah nichts."
Noch einmal kontrollierte ich alles genau nach. Hundert Dollar mehr oder weniger, das spürten wir. Wir besassen kein überflüssiges Geld. Ich musste äusserst sorgfältig haushalten. Und jetzt das!
Ich erzählte es der Nachbarin.
„Das hat bestimmt die Almas gestohlen", meinte sie auf Anhieb. „Ach nein, wie denn? Ich habe ja den Schlüssel in der

Tasche." „Sie wissen noch nicht, wie abgeschlagen diese Leute hier sind." „Nein, ich glaube nicht, dass sie es nahm. Sie ist sehr nett und aufrichtig."
Die Nachbarin lachte nur geringschätzig. Auch wenn ich es nicht zugeben wollte, der Keim des Misstrauens war doch gesät.
Am nächsten Morgen fing sie wieder davon an: „Fanden Sie die hundert Dollar?"
„Nein, und es ist mir je länger je mehr ein Rätsel, wie das Geld aus der verschlossenen Schublade herauskam."
„Lassen Sie mich einmal nachsehen. Vielleicht kann ich es Ihnen zeigen."
Sie lief vor mir her ins Wohnzimmer, bückte sich, griff unter den Tisch. Innert kürzester Frist hielt sie einen meiner gefüllten Geldumschläge in der Hand und zeigte ihn mir triumphierend.
„Sehen Sie, so einfach ist das! Auf die gleiche Weise kann ich den geleerten Umschlag wieder zurücklegen. Wie das zu bewerkstelligen ist, weiss hier jedes Kind. Almas kennt diesen Trick bestimmt."
Nun wurde ich zusehends verdriesslicher. Der Gedanke, ob wohl die Nachbarin mit ihrer Behauptung recht hätte, liess mir keine Ruhe mehr. Wieder fragte ich die Mamita, ob sie wirklich das Geld nirgends gesehen und irgendwohin gelegt hätte. Sie wehrte sich vehement gegen die zwar unausgesprochene, aber im Raum stehende Anschuldigung gegen sie. Ich fühlte mich unsicher werden und doch, so wie mir die Griechin das vormachte .... Ich weiss nicht, ich weiss nicht!
Nach dem Mittagessen suchte mich die Nachbarin auf und sagte: „Ich kenne eine alte Wahrsagerin. Ich bin sicher, sie findet heraus, wohin das Geld verschwunden ist. Kommen Sie mit? Es ist nur eine halbe Stunde zu Fuss. Sie verlangt nichts für ihren Rat, aber natürlich sollten Sie ihr etwa fünf Dollar geben." „Meinen Sie wirklich, die kann mir sagen wohin das Geld verschwand?" „Bestimmt!"
Mir ging es jetzt eigentlich nicht mehr nur um die verlorene Summe, sondern viel mehr darum, die Wahrheit herauszufin-

den. Lieber schickte ich Almas weg. Ich wollte nicht mit einem Menschen zusammen arbeiten, dem ich misstrauen musste.
Die Sonne schien heiss auf uns hernieder und wir liefen und liefen. Eine Stunde, zwei Stunden. Wir gingen über ebene, verdorrte Wiesen, durchquerten ausgetrocknete Bachbette und kraxelten steile Ufer hinauf. Hie und da fragte meine Begleiterin Eingeborene nach dem Weg. Mir schien, jeder weise in eine andere Richtung. Die Füsse schmerzten und brannten, ich konnte beinahe nicht mehr vor Müdigkeit und Durst! Endlich hielt sie hinter einem kleinen Eukalyptuswäldchen vor einer halbzerfallenen, strohgedeckten Rundhütte.
„Warten Sie hier. Ich will fragen, ob es ihr passt." Sie klopfte an die windschiefe Tür. Diese wurde sogleich einen winzigen Spalt weit geöffnet. Die Griechin sagte leise einige Worte, lauschte auf die Antwort, nickte und bedeutete mir mitzukommen. Die Hütte bestand nur aus einem einzigen fensterlosen Raum. Ich konnte erst überhaupt nichts erkennen bis sich meine Augen an die Dunkelheit gewöhnten. Hinter einem wackeligen Tische kauerte eine in dunkle Lumpen gehüllte eingefallene Frau. Sie sah buchstäblich so aus wie eine der in den Märchen beschriebenen Hexen. Mir schnitt es vor Beklemmung beinahe die Luft ab. In was für ein gewagtes Abenteuer liess ich mich da in meinem Leichtsinn wieder ein?
Die Dienerin, die uns hereinliess, hiess uns auf einer klobigen Bank Platz nehmen. Unheimlich lange blieb es völlig still im Raum. Dann fragte eine heisere Stimme nach unserem Begehr. Meine Nachbarin antwortete auf Amharisch und erzählte kurz die Geschichte. Die alte, verhutzelte Frau nickte und gebot ihr zu schweigen. Sie befahl der Dienerin, die Kerze auf dem Tisch anzuzünden. Dann nahm sie eine glitzernde Kristallkugel zur Hand und schaute gespannt und stumm in sie hinein. Nach einer mich bedrückenden Zeit des Schweigens begann sie die Kugel zu drehen und vor sich hinzumurmeln. Sie blickte meine Führerin seltsam an, dann sagte sie langsam einige Worte zu ihr. Ich verstand selbstverständlich nichts. Die Nachbarin schien überrascht zu sein, wurde jedoch gleichzeitig auch ein wenig verlegen.

„Sie sagt, Ihr Mann arbeite auf dem Flugplatz und sei mit Maschinen beschäftigt und Sie hätten zwei Jungen und zwei Mädchen." Mir wurde, während ich zuhörte, immer ängstlicher zumute. „Sie versichert Ihnen, das Geld befinde sich noch irgendwo im Haus versteckt. Sie könnten es finden, wenn Sie klug wären und scharf aufpassten. Geben Sie ihr die fünf Dollar. Wir gehen."
Ich legte eilig das Geld auf den Tisch, stammelte leise einen Gruss und lief schnell hinter der bereits aus dem Raum verschwundenen Frau her. Du meine Güte, war das da drinnen unheimlich! Mir lief es kalt den Rücken herunter. Nie mehr würde ich mich an einen solchen Ort begeben, beschloss ich. Unklar war mir bewusst, dass ich völlig falsch handelte und gegen die Gesetze Gottes verstiess. In der Bibel steht, dass wir nichts mit Wahrsagerei und Hexenkult zu tun haben dürfen. Zum Beispiel im 3. Moses 19, 31: „Ihr sollt euch nicht wenden zu den Geisterbeschwörern und Zeichendeutern und sollt sie nicht befragen." Und gerade das tat ich an diesem Tag!
Trotz nochmaligem Suchen in allen Briefumschlägen, Taschen und Schubladen fand sich das Geld nicht wieder. Aber irgendwie glaubte ich doch zu spüren, dass Almas das Geld nicht genommen hatte und vertraute ihr wieder aufs neue.
Ein Monat verging. Ich sass eines Morgens auf meinem Bett und verteilte Davids Zahltag wiederum in die Couverts, die ich jetzt jedoch im Schrank aufbewahrte. Draussen vor der offenen Balkontür stand die Nachbarin. Sie erzählte mir von ihrem kleinen Mädchen, welches Schwierigkeiten in der Schule habe, dabei konnte sie ganz genau beobachten, was ich machte.
Da rief Almas aus der Küche und bat mich zu kommen und ihr zu zeigen, was sie kochen müsse. Ich liess alles stehen und liegen, begab mich in die Küche und besprach mit ihr das Nötige. Keine fünf Minuten verstrichen und ich befand mich wieder in meinem Schlafzimmer um meine angefangene Arbeit weiterzuführen. Ich blickte auf das Geld und stellte im selben Augenblick bestürzt fest, dass dreihundert Dollar fehlten. Ein Drittel von Davids Lohn auf und davon! Mir zitterten Knie

und Hände vor Schreck. Was sollte ich bloss tun? Ich suchte unter dem Bett, in allen Ecken. Nahm das Bettzeug auseinander. Nichts, gar nichts, keine Spur fand sich. Genauso wie das Geld verschwand, war auch die Griechin nicht mehr da. Ich lief in den Garten und entdeckte sie nirgends mehr. Langsam dämmerte es mir, dass nur sie das Geld genommen haben konnte, während Almas und ich zusammen sprachen. Alamayu und Peter waren miteinander auf dem Markt. Die einzige Person, die wusste, dass Geld auf meinem Bett lag, war die Nachbarin. Für mich gab es bald keinen Zweifel mehr: Nur sie konnte die Diebin sein!
Wie verhielt es sich übrigens bei den ersten hundert Dollars? Wusste sie nicht ganz genau, wie man es anstellte, aus einer verschlossenen Tischschublade einen Briefumschlag herauszufischen? Sie kannte auch den Ort, wo ich mein Geld aufbewahrte, ganz genau. Darum sagte die Wahrsagerin, das Geld sei noch im Haus versteckt und wenn ich klug wäre, würde ich es finden. Diese Antwort verwirrte wohl die Griechin derart, dass sie mir damals in ihrer Ueberraschung die Wahrheit verriet. Das begriff ich in diesem Augenblick. Tränen der Wut, aber auch der Ratlosigkeit stiegen mir in die Augen.
David freute sich selbstverständlich gar nicht über das mir zugestossene Missgeschick, aber wir beschlossen, nichts von unserem Verdacht zu ihr und ihrem Manne zu sagen, da ich ja keinen Beweis in den Händen hatte. Jedoch verkehrten wir von diesem Moment an nicht mehr mit diesen Leuten. Auch die Griechin ging mir aus dem Weg.
Viele Monate später, wir wohnten bereits in einer anderen Gegend der Stadt, sagte eine Bekannte zu mir, als die ehemalige Nachbarin mich in einem Laden grüsste: „Passen Sie auf, die leidet unter Kleptomanie. Die stiehlt was und wo immer sie nur kann."
Ja, das hatte ich schmerzlich genug selber erfahren.

Eine Entscheidung

Genau wie es David voraussagte, fühlte ich mich in der Church of Christ vom ersten Moment an wohl. Ich verstand zwar praktisch kein Wort von dem was Carl Thomson predigte, aber wir sangen dieselben Lieder wie in Eilat. Eines der Lieder, welches sie an meinem ersten Sonntagmorgen in der Kirche anstimmten, war mein Lieblingslied „Softly and tenderly Jesus is calling“, (sanft und zärtlich Jesus ruft). Sofort wurde ich in Gedanken zu Magda in ihr Wohnzimmer versetzt und ich sehnte mich nach ihr. Zwar fühlte ich mich auch in diesem Kreis hier angenommen und spürte, dass sich alle mit David über die Ankunft seiner Familie freuten.
Carl anerbot sich wiederum, uns Englischunterricht zu erteilen und wir nahmen dankbar an. Ich wollte baldmöglichst mehr von seinen Predigten verstehen und mich mit den neugewonnenen Freunden unterhalten können. David hatte einen ordentlichen Vorsprung, ihm fiel es bereits leicht, sich an den Gesprächen zu beteiligen.
Carl traf am nächsten Dienstagabend mit Büchern und einem Tonbandgerät bewaffnet bei uns zu Hause ein und begann mit Feuereifer, David und mich in seiner Muttersprache zu unterweisen. Er besass eine Engelsgeduld! Er wiederholte schwierige Wörter so lange bis es uns beiden gelang, sie einigermassen korrekt nachzusprechen. Weil wir die englische Sprache überall hörten, gewöhnten sich unsere Ohren bald daran und es dauerte gar nicht lange bis wir uns leidlich mit den Leuten unterhalten konnten. Ich benützte jede freie Minute, um zu lernen und holte David bald ein. In einem Buchladen kaufte ich mir Kinderbücher und Dean schenkte uns die Erstklassfibel ihrer Kleinen.
Natürlich drehten sich unsere Gespräche bald nicht mehr nur um Verben und neue Ausdrücke, sondern wir kamen mit Carl auf unsere Erlebnisse in Israel zu sprechen. Fehlten uns auch oftmals die rechten Wörter um etwas richtig zu sagen, im grossen und ganzen verstanden wir uns glänzend. Wussten wir einmal überhaupt nicht mehr weiter, nahmen wir schnell das Wörterbuch zur Hand und suchten darin nach dem fehlenden

Wort. Ich glaube, wir zwei Glückspilze hatten das seltene Vorrecht, einen einzigartigen, besonderen Englischunterricht erleben zu dürfen, denn immer, bevor wir zu büffeln anfingen, beteten unser Lehrer und wir miteinander.
Carl kam schon einige Wochen lang und wir machten zu seiner und unserer Freude riesige Fortschritte. Eines Abends aber schien David immer an etwas herumzuknobeln ohne die Worte herauszubringen. Einige Male fing er zu sprechen an, schwieg dann wieder mitten in einem Wort. Carl und ich schauten ihn fragend an. Da gab er sich sichtbar einen Ruck und sagte: „Ich möchte mich taufen lassen!"
Wie? Was? Hörte ich recht? David wollte sich taufen lassen? Derselbe David, der mir noch vor einigen Monaten sagte, ich solle das nur nie von ihm verlangen. Ich hatte wirklich nie ein Wort darüber verloren. Nur am Tage meiner Taufe erzählte ich ihm überschwenglich von meinen aufgewühlten Gefühlen. Eine unermessliche Freude überflutete mich, aber ich konnte mich vor Ueberraschung nicht von meinem Platze rühren. Carl jedoch sprang von seinem Stuhl auf und die beiden Männer fielen sich in die Arme.
„David, glaubst du an Gott den Vater?" fragte Carl langsam, jedes Wort betonend.
„Ja!"
„Glaubst du an Jesus Christus den Sohn Gottes?"
„Ja!"
„Glaubst du an den Heiligen Geist?"
„Ja!"
„Glaubst du, dass Jesus Christus am Kreuz sein Leben für dich hingab, damit du gerettet werden kannst?"
„Ja!" Jede dieser Fragen beantwortete David mit fester Stimmer. „Dann steht einer Taufe nichts mehr im Wege. Wie wäre es morgen nach dem Abendgottesdienst?"
Erst als wir gemeinsam niederknieten und unserem Herrn dankten, fand ich meine Fassung wieder.

Der Mond schien zu lächeln

Jeden Mittwochabend hielt Carl eine Bibelstunde im Versammlungslokal der Church of Christ. Es nahmen ausser dem Prediger und seiner Frau Dean, Billy und Mary (einem Amerikan-Negro-Ehepaar, welches die Taubstummenschule der Mission leitete), David und mir noch um die zwanzig junge Aethiopier daran teil. Wir sangen viel, was besonders mir gut gefiel, obschon ich auf der Höhe von 2500 Metern über Meer einige Mühe hatte, genug Sauerstoff einzuatmen um die langen Töne aushalten zu können. Später legte Carl einen Bibelvers aus und wir diskutierten miteinander darüber. Schon bald besass ich genug Englischkenntnisse um mitzuhalten. Natürlich wurde immer genug Zeit für das gemeinsame Gebet eingeräumt.

An diesem Abend gab Carl freudestrahlend bekannt, dass anschliessend draussen bei den Missionshäusern noch zwei Taufen stattfänden. „David und Mohammed wollen ihr Leben ganz in Jesu Hände legen. Jeder, der dabeisein möchte, ist herzlich eingeladen."

Die Taubstummenschule und die Häuser der Missionare und Lehrer lagen fünf Kilometer ausserhalb der Stadt in einem weitläufigen, umzäunten Gelände. Im unteren Teil des Gartens befand sich ein Wasserbecken das tief genug war, um die Täuflinge völlig untertauchen zu können.

Bei meiner Taufe schien die Sonne hell von einem wolkenlosen Morgenhimmel auf das spiegelglatte Rote Meer und hinterliess bei mir einen unvergesslichen Eindruck. Bei Davids Uebergabe liess der volle Mond die Nacht beinahe als Tag erscheinen. Das klare Mondlicht schimmerte glänzend auf dem Wasser des Beckens und die Blätter der zwanzig Meter hohen Eukalyptusbäume rauschten leise im sanften Wind. Tausende von leuchtenden Sternen funkelten am Himmelszelt. Alles konnte man deutlich erkennen. Wir brauchten kein einziges Licht anzuzünden.

David wurde, nachdem er noch einmal auf die vier Fragen von Carl mit einem festen Ja geantwortet hatte, von ihm und Billy untergetaucht und sogleich wieder hochgehoben. Wir anderen stimmten einen Lobgesang an. Ich umarmte, mit Tränen in den Augen, meinen nassen Gatten. Gleich nach David gab auch Mohammed sein Leben unserem Herrn. Gleichzeitig mit seiner Taufe erhielt er einen neuen Namen und liess sich von nun an Girma nennen.

Die ganze Szene schien mir irgendwie unwirklich zu sein. Ich meinte zu träumen. Alles in dieser wunderschönen Vollmondnacht harmonierte mit dem tiefen Ereignis, so dass wir alle wie vor Glück trunken wurden. Wir sassen noch über eine Stunde lang draussen, sangen und lauschten wieder stille auf die Stimmen der Nacht, die zirpenden Grillen und die in der Ferne heulenden Hyänen. Ich musste immer wieder David und Girma anblicken. Ihre Augen leuchteten vor Glück.

Es fiel uns allen schwer, an diesem Abend auseinanderzugehen. Erst als wir in der aufkommenden Kühle zu frösteln anfingen, trennten wir uns.

Girma erzählte am nächsten Morgen am Arbeitsplatz einem Freund von seinem neugefundenen Glück, der hörte das erstemal etwas von Jesus. Girma nahm ihn sogleich mit zu Carl ins Büro. Nach zwei Monaten durften wir alle an Achmeds Taufe mit dabeisein.

Der Nachbar

Nur drei Monate blieben wir in unserer ersten Wohnung. Als die kleine Regenzeit begann, lief das Wasser überall herein. Kein einziges Fenster verschloss gut und in der Küche rann das Wasser gar vom oberen Balkon der Innenwand entlang und überschwemmte den ganzen Fussboden. Das brachte das Fass zum Ueberlaufen und wir suchten uns schleunigst eine andere Wohngelegenheit.

Zu unserem grossen Glück hatte der Hausbesitzer einige Tage vorher kein Geld angenommen, sonst hätten wir wahrscheinlich drei Monate Zins verloren. Er kam am Sonntagmorgen

mit zwei Landrovern angefahren, um etwas das wir beanstandeten am Haus zu begutachten. Im ersten Auto sass er mit dem Chauffeur und einem Leibwächter. Im zweiten Wagen befanden sich nochmals vier Leibwächter. Dunkelschwarze, wild aussehende Gesellen vor denen es mich schauderte. Sie sprangen sogleich nach dem Anhalten aus dem Wagen und standen mit umgegürteten Maschinenpistolen um ihren Herrn herum. Ich fand es völlig lächerlich und es schien mir wie eine Szene aus einem Cowboyfilm zu sein. Armer, reicher Mensch, musst du derart in Angst vor Feinden leben? Später erfuhr ich, dass das sich für einen Grossgrundbesitzer gehöre. Es sei die Etikette für einen hochgeborenen Aethiopier. Je mehr Leibwächter und Angestellte, um so höher das Ansehen.
Der Hausbesitzer erklärte sich einverstanden, die Reparatur am Hause auszuführen, wenn wir ihm drei Monate zum voraus den Mietzins bezahlen würden. Nach kurzem Nachdenken willigte David ein. Er ging ins Haus hinein, holte das Geld und wollte es dem Nobelmann überreichen. Der wehrte heftig mit erhobenen Händen ab: „Nein, Sir, ein guter Christ nimmt an einem Sonntag keine Zahlung entgegen. Kommen Sie nächste Woche zu mir nach Hause. Dann können Sie mir das Geld geben und ich stelle Ihnen eine Quittung dafür aus."
Am Montag fing es zu regnen an, ach nein, das ist zu gelinde ausgedrückt, es begann wie aus Kübeln zu giessen. Wir sahen die Bescherung und zogen aus. In einer ganz anderen Gegend der Stadt fanden wir fast für den gleichen Zins ein Häuschen mit drei Zimmern, das durch einen mit Pflanzen überwachsenen Gartenzaun vom Nachbarhaus getrennt war. Wir fühlten uns alle sogleich wohl in dem heimeligen Bungalow. Im Wohnzimmer hatte es gar ein kleines offenes Kamin. Darin fachten wir an kühlen Abenden ein herrlich wärmendes Feuer an. Wir sassen oft stundenlang davor, ich strickte, die Kinder spielten oder dann las ich ihnen im Scheine des Feuers eine Geschichte aus der Kinderbibel vor. Hie und da brieten wir Schischkebab, das ist fein gehacktes Rindfleisch, über der heissen Glut.

Boby, unser junger Hund legte sich oft so nahe an das Kamin, dass die sprühenden Funken auf sein Fell fielen und es dann nach verbrannten Haaren stank. Doch das schien ihn nicht zu stören. Wir wohnten erst zehn Tage in Addis-Abeba, als Peter mir einen kleinen Hund ins Haus brachte, den ihm ein Junge durch den Gartenzaun gereicht hatte. Das winselnde Hündchen konnte kaum aus dem Teller trinken und auf seinen Augen lag noch ein leichter Schimmer der Blindheit. Wir besassen nicht die leiseste Ahnung, zu was sich das Tierchen einmal mausern würde, aber wir verloren trotzdem alle sofort unser Herz an ihn. Wir einigten uns auf den Namen Boby.
Nach einigen Wochen merkten wir bereits, dass Bobby ein guter Wachthund sein würde, denn sobald ein Aethiopier sich unserem Haus näherte, fing er an zu knurren. Kamen weisse Leute, gab er keinen Laut von sich. Er entwickelte sich zu einem hübschen Kerl und erinnerte uns mit seinem geringelten, buschigen Schwanz, den langen Schlappohren, den gewellten schwarzen Rückenhaaren und seinem weissen, leicht braun gefleckten Bauch an einen Appenzellerhund.
David holte über Mittag die Kinder von der Schule ab, dann assen wir gemeinsam und die Zeit reichte auch noch für einen kurzen Austausch von dem, was sie alles fern von zu Hause erlebten, bevor David sich wieder zur Arbeit begab.
Wir wohnten bereits zwei Monate in unserem neuen Heim, als ich eines Mittags hungrig draussen auf der Veranda sitzend auf meine verspätete Familie wartete. Da hörte ich plötzlich eine zornige Männerstimme drüben auf der anderen Seite des Zaunes auf Schweizerdeutsch sagen: „Was willst denn du da in meinem Blumengarten? Marsch, mach dass du wegkommst!"
Ich erhob mich eilends, höchst verwundert. Von meinem erhöhten Sitzplatz aus konnte ich gut über die Hecke sehen. Drüben stand ein junger Mann und klatschte laut in die Hände. Unter den Pflanzen durch zwängte sich erschrocken unser Hündchen.
„Es ist recht, schimpfen Sie nur in Ihrer Sprache mit Boby, die versteht er sowieso am besten!"

„Warum? Wieso?“ stotterte der Mann verwirrt.
„Weil wir mit ihm auch Schweizerdeutsch sprechen“, lachte ich fröhlich.
„Seid Ihr etwa auch Schweizer?“
„Klar!“
„Aber ich hörte doch schon oft Ihren Kindern beim Spielen zu und was die sprechen, das tönte in meinen Ohren ganz bestimmt nicht wie meine Muttersprache.“
„Nein, unsere Kinder reden untereinander hebräisch.“ Sein Gesicht drückte grosses Erstaunen aus. In diesem Augenblick hupte David vor dem Tor. Ich musste öffnen, denn unser Wächter zog einen Freitag ein. Ich verabschiedete mich kurz und sprang die Stufen hinunter. Natürlich konnte ich diese Neuigkeit keinen Moment lang für mich behalten: Unser nächster Nachbar entpuppte sich als Schweizer. Uns nahm nur wunder, wie lange wir ohne Boby noch nebeneinander gewohnt hätten ohne zu merken, dass wir Landsleute waren?
Am nächsten Abend lud uns der Berner Oberländer zu einem Drink in sein Haus ein. Emil Kunz stammte aus Mürren und lebte seit sechs Jahren in Aethiopien. Er kam als Zwanzigjähriger mit einer Firma, die für den alten Palast des Kaisers Aluminiumdächer anfertigte und montierte, nach Addis-Abeba. David und er verstanden sich auf Anhieb gut. Das gemeinsame Berufsinteresse verband sie sogleich. Emil lebte seit längerer Zeit mit einer Aethiopierin zusammen. Sie war sehr nett, aber für uns zwei gestaltete sich die Unterhaltung recht schwierig. Sie sprach nur amharisch und italienisch.
Emil freute sich masslos, in David einen Berufskollegen gefunden zu haben und bat ihn oftmals um seine Hilfe. David rechnete für Emil hie und da komplizierte Bauten aus und ich schrieb ihm die Offerten. Am Feierabend führte mein Mann viele Schweissarbeiten in seiner Werkstatt für den Nachbarn aus, der über einen zuverlässigen Helfer froh war und wir konnten das extra verdiente Geld zum Aufpolieren unserer Finanzen gut gebrauchen.
Emil schenkte den Kindern einen grossen, alten Hund. Wolfi war der gutmütigste Hund den ich je sah. Die Kleinen durften

sogar auf ihm herumreiten, er trug sie bereitwillig durch den ganzen Garten. Ja, es schien ihm noch Spass zu machen. Wolfi und Boby vertrugen sich vom ersten Moment an glänzend und gaben ein drolliges Paar ab.
Mit zwei Hunden und einem Nachtwächter brauchten wir bestimmt keinen Einbrecher zu fürchten. Aber ein anderes Problem stellte sich ein: Die Hunde und der Sabenja schnarchten direkt unter unserem geöffneten Schlafzimmerfenster in der überdeckten Garage derart um die Wette, dass wir darob erwachten und nicht mehr einschlafen konnten. Wir mussten ihnen einen anderen Platz anweisen.

Wer sorgt für uns?

Eines Mittags sass David schweigsam und in sich gekehrt beim Essen. Ich beobachtete ihn beunruhigt. Er schien irgend etwas auszubrüten.
„Hast du Aerger gehabt am Arbeitsplatz?“ konnte ich mich nicht mehr zurückhalten, ihn zu fragen.
„Nein. Warum?“
„Weil du so unheimlich gesprächig bist!“
„Ach so! Nein, das hat einen ganz anderen Grund. Ich werde es dir gleich erzählen. Ich habe noch eine Stunde Zeit, denn ich gehe heute nicht mehr zur Arbeit. Wir können draussen auf der Veranda den Kaffee trinken.“
Nach dieser Ankündigung war ich noch gespannter auf das was ich hören würde. Zu meiner Erleichterung fing er am Kaffeetisch sofort zu berichten an:
„Herr Grünwald kam heute morgen zum Flugplatz und suchte mich auf. Er schien sich für das was ich momentan arbeite, sehr zu interessieren, denn er blieb eine Weile neben mir stehen. Plötzlich fragte er: ‚Wissen Sie eigentlich bereits was Sie anfangen wollen, wenn wir hier mit dem Flugplatz fertig sind?‘
‚Nein, ich habe nicht die geringste Ahnung.‘

‚Hm, wie Sie wissen, haben wir noch den Bau des kleinen Flugplatzes in Gimma, 300 km von hier in Auftrag bekommen. Aber das finde ich einen äusserst ungeeigneten Arbeitsort für Sie, da Sie wegen Ihrer Schulkinder in Addis-Abeba wohnen sollten.‘

Mir wurde unbehaglich zumute. Was wollte mir Herr Grünwald mitteilen? Hiess diese Ankündigung, dass er mich nicht mehr länger beschäftigen konnte?

Herr Grünwald fuhr weiter: ‚Ich machte mir schon einige Male über Ihre Zukunft Gedanken. Mit vier kleinen Kindern können Sie ja nicht gut immer von einem Ort zum anderen ziehen. Nun ergab es sich gestern, dass ich den Leiter der Ingenieur-Hochschule von hier, in Woliso im Schwimmbad traf. Er ist ebenfalls ein Israeli. Er fragte mich im Laufe des Gespräches, ob ich ihm nicht jemanden empfehlen könnte, der eine vielseitige Fachkenntnis im Maschinenbau besitze. Er suche dringend einen Mann, der die Werkstatt leiten, Versuchslabors aufbauen und die Mechaniker und Ingenieurstudenten in einfachen Arbeiten zu unterrichten fähig wäre. Ich dachte gleich an Sie und erzählte Professor Peter von Ihnen. Wenn es Ihnen recht ist, können Sie sich heute Nachmittag bei ihm vorstellen. Aber nicht dass Sie mir jetzt schon davonlaufen. Wir brauchen Sie noch.‘

Das, was mir da Herr Grünwald unterbreitete, hatte ich nicht erwartet!

‚Geben Sie Ihren Männern genügend Aufträge, damit sie nicht herumstehen und gehen Sie in die Ingenieurschule am Mexikoplatz. Herr Peter spricht perfekt deutsch. Er erwartet Sie um drei Uhr.‘

Herr Grünwald reichte mir die Hand und verabschiedete sich. Ja, und nun stelle ich mich halt dort einmal vor und ich frage mich, was daraus wird.“

Konnte das die Wirklichkeit sein? Bekam David bereits wieder, noch bevor seine Arbeit am Flugplatz beendet war, eine neue Stelle angeboten? Das schien uns beiden schier unmöglich zu sein! Wir hatten uns schon oft den Kopf zerbrochen, wie es wohl einmal weitergehen würde und ob wir hier bleiben könnten. Jedoch allzu grosse Sorgen hatten wir uns darüber noch nicht gemacht. Aber wenn nun bereits wieder jemand für uns vorsorgte, wäre es doch zu wunderbar. Dann durften wir nicht mehr im geringsten zweifeln, dass der Herr uns hier wollte.

David bemühte sich, mir bei seinem Heimkommen nicht schon von weitem seine Gefühle anmerken zu lassen. Er wollte mich gerne ein wenig auf die Folter spannen. Es gelang ihm schlecht und er platzte mit der Neuigkeit heraus: „Ich kann in einer Woche an der Hochschule anfangen, wenn mich Herr Grünwald fort lässt!"

Wenn ich auch heimlich den ganzen Nachmittag auf eine zusagende Antwort hoffte, warf es mich nun doch beinahe um. Unsere unsichere Zukunft war auf einmal sichergestellt. Das Bangen und Sorgen würde endgültig vorbei sein. Wir durften hierbleiben und sesshaft werden.

„Ich meldete mich auf dem Büro des Professors an", fuhr David fort. „Eine etwa dreissigjährige, blonde Frau sagte, dass mich der Professor bereits erwarte und brachte mich zu ihm hinüber.

Herr Peter ist ein Mann mittleren Alters und trägt eine Brille mit unheimlich dicken Gläsern. Er hiess mich gar nicht erst hinsetzen, sondern bat mich, ihm in die Labors zu folgen. In der Werkstatt fragte er mich dieses und jenes. Die meisten Maschinen waren mir bekannt und auch im Labor wusste ich bis auf einen in einem Glaskasten liegenden Gegenstand eigentlich bei allem um was es sich handelte. Der Professor nickte nur immer zu meinen Antworten. Ich kam mir ein wenig komisch vor bei diesem Eignungstest. Ins Büro zurückgekommen meinte er kurz: ‚Ich habe das Gefühl, Sie sind genau der Mann, welchen ich suche. Sie können bei uns am 1.Mai anfangen.'

‚Ja, aber .... Ich glaube nicht, dass das geht. Ich kann unmöglich schon in einer Woche bei Soleh Boneh weggehen', meinte ich zögernd.

‚Lassen Sie das meine Sorge sein. Ich werde mit Herrn Grünwald sprechen. Gehen Sie noch bei Fräulein Liliane vorbei

und geben Sie Ihre Personalien bekannt. Uebrigens werden Sie bei uns 150 Dollar mehr verdienen. Ich hoffe, Sie sind damit einverstanden.'
Noch während er mit mir sprach, griff er zu einer Fachzeitschrift und ohne sich von mir richtig zu verabschieden, war er bereits in einen Artikel vertieft. Ich fand später heraus, dass das eine Marotte von ihm war. Er las, während man etwas mit ihm besprach, gleichzeitig in einem Buch oder einer Zeitschrift. Wieviel er von dem Gelesenen aufnahm, weiss ich nicht, aber wenn er nach der Unterredung seiner Sekretärin einen Brief diktierte, enthielt er immer genau das, was man vorgebracht hatte. Mich störte das zuerst, doch mit der Zeit gewöhnte ich mich daran.
Komischer Kerl, dieser Professor, dachte ich. Die Sekretärin lächelte, als sie mein Gesicht erblickte, sagte aber nichts, sondern sah mich nur fragend an. ‚Ich solle am 1. Mai anfangen, meint Ihr Chef. Aber was ich hier eigentlich arbeiten soll, weiss ich immer noch nicht.'
‚Professor Peter geht es vor allem darum, einen zuverlässigen Mann in den Labors zu beschäftigen. Einer der imstande ist, nach seinen Angaben Versuche durchzuführen und Anlagen zu bauen. Er muss ebenfalls fähig sein, die Studenten im Schweissen, Feilen, Bohren und solchen Arbeiten zu unterweisen. Ich bin sicher, Herr Peter hat sich gut über Sie erkundigt, bevor er Ihnen diese Stelle anbot. Nehmen Sie an?'
‚Das muss ich erst noch bis morgen überdenken".
„Musst du das wirklich?" fragte ich.
„Nein, eigentlich nicht! Ich glaube, ich fange in einer Woche an der Haile-Selassie-Universität zu arbeiten an."
Die Kinder freuten sich ebenfalls, als wir ihnen unseren Entschluss hierzubleiben, mitteilten. Sie hatten sich in der Zwischenzeit recht gut eingewöhnt.

Zahai

Beinahe jeden Nachmittag, sobald die Kinder ihre Schulaufgaben beendet hatten, spazierten wir in Begleitung von Wolfi und Boby an den nahegelegenen Bach. Unser Weg führte durch einen kleinen Eukalyptuswald, auf dessen Boden kein einziges dürres Blatt zu finden war. Er sah immer wie rein gefegt aus. Die äthiopischen Frauen lasen alles auf, denn sie verwenden diese Blätter als Brennmaterial zum Backen der Inschera, das ist das Fladenbrot, welches sie jeden Tag zweimal essen. Die Eukalyptusblätter geben eine kurze, lodernde Flamme, die die benötigte starke Hitze erzeugt, die für das Herstellen des Fladens benötigt wird. Hinter dem Wäldchen mussten wir eine Wiese überqueren auf der jetzt in der Trokkenzeit nur kurzes dürres Gras stand.
Die Kinder vergnügten sich mit Sandburgenbauen oder Fangspielen. Ich sass an der Böschung, strickte und sah ihnen zu. Die Hunde lagen entweder faul zu meinen Füssen oder tollten laut bellend mit den vieren herum. Nach einigen Tagen näherte sich uns ein etwa achtjähriges Hirtenmädchen, welches die zwei Kühe und die sechs Schafe ihrer Eltern hütete und beobachtete aufmerksam die Spielenden. Erst begutachteten sie sich gegenseitig scheu, aber schon bald schienen sie aneinander Gefallen zu finden. Unsere drei Aelteren hatten von den Angestellten und den äthiopischen Kindern in der Schule bereits einige Brokken amharisch aufgeschnappt und überhaupt, Kinder verstehen sich auf der ganzen Welt schnell, auch ohne Worte.
Zahai (Sonne), so hiess unsere kleine Hirtin, trug ein hässliches, zerrissenes Röcklein von undefinierbarer Farbe. Ich erinnerte mich, dass in unserer Schiffskiste ein rotes Kleidchen mit weissen Spitzen lag, das diesem kaffeebraunen Mädchen bestimmt gut zu Gesicht stehen würde. Marlies und Ursula jubelten begeistert, als ich ihnen am nächsten Nachmittag das hübsche Kleidchen zeigte und ihnen sagte, sie dürften es mitnehmen und Zahai bringen.
Ueberrascht und ungläubig schaute die Kleine auf ihre zwei Freundinnen, als diese auf sie zusprangen, den Rock in die

Höhe hielten und ihr mit Gesten deuteten, dass sie ihn ihr schenkten. Zaghaft nahm sie ihn in die Hände, streichelte darüber und kam langsam damit zu mir gelaufen. Sie zeigte mit einer Hand auf das Kleid, dann auf mich und schaute mich fragend an. Ich nickte und sagte: „Ja, es gehört dir!"
Sie verstand was ich meinte. Ihre Augen begannen zu leuchten. Sie streifte mit einer heftigen Gebärde ihre Lumpen ab, stand einen Moment splitternackt vor uns, dann schlüpfte sie schnell in ihr neues Gewand, es sass ihr wie angegossen. Jetzt sah man noch viel besser, wie hübsch die Kleine war. Zum Missvergnügen der anderen wollte Zahai an diesem Tag nicht mit ihnen herumtollen. Sie spazierte nur gemächlich von einem Platz zum andern, setzte sich wieder neben mich und strich behutsam über ihr Geschenk. Sie wollte es nicht schmutzig machen oder gar beim Spielen einen Riss riskieren. Etwas so Schönes und Kostbares hatte sie in ihrem Leben noch nie besessen. Ich staunte später noch mehr, als ich sah, wie lange das Röcklein sauber blieb, sogar die Spitzen, ich weiss nicht wie sie es anstellte, blieben weiss. Wir freuten uns alle über das Entzücken von Zahai. Die Kinder erlebten zum ersten Mal bewusst, wie beglückend es sein kann, wenn jemand so ehrlich seine Begeisterung an einem Geschenk zeigt. Für einige Tage fanden wir darnach zu unserem Leidwesen keine Zeit, um zum Bach zu gehen. Als wir endlich wieder hinkamen, entdeckten wir weit und breit keine der uns wohlbekannten Weidetiere, auch Zahai erschien nicht. Die Kinder vermissten ihre kleine Kameradin sehr und wollten bald wieder nach Hause. Vier Tage vergingen, das Mädchen zeigte sich nicht. Da beschlossen wir einstimmig, uns hinüber zu wagen und uns bei den drei Eingeborenenhütten nach der Hirtin zu erkundigen.
Wild bellend kam ein schwarzer Hund aus der offenen Tür der mittleren, baufälligen Hütte herausgeschossen, neben der wir die Kühe und Schafe weiden sahen. Wolfis und Bobys Nakkenhaare sträubten sich und sie fletschten ihre Zähne bei dem unfreundlichen Empfang. Doch plötzlich glätteten sich die Wellen. Unsere zwei Hunde begannen mit ihrem Schwanz zu

wedeln und freundlich beschnupperten die Rüden das Weibchen.
Aus dem Haus trat neugierig eine kleine, rundliche Frau mit einem erst einige Monate alten Kindchen in einem Tuch auf den Rücken gebunden. Kaum hatte sie uns erblickt, rief sie etwas in das Haus hinein. Nach einem Augenblick erschien unsere Zahai, wieder in ihrem alten Kleid, humpelnd an einem Stock gehend. Ihr Gesicht schien bleich und eingefallen, doch ein Lächeln flog darüber, als sie uns erblickte.
Die Mutter begrüsste uns freundlich und bat uns höflich, doch einzutreten und uns auf eine Holzbank zu setzen. Zahai hockte sich vor uns auf den festgestampften Lehmboden und schaute uns immerzu an. Die Freude an unserem überraschenden Besuch strahlte aus ihren schwarzen Kulleraugen.
„Tschei fallega?" (Wollen Sie Tee?) fragte die Frau.
Ich wusste inzwischen bereits, dass es für einfache Leute eine grosse Ehre bedeutete, wenn sie weisse Leute bewirten durften und nickte zu der Frage.
Als sich meine Augen an die in der Hütte herrschende Dämmerung gewöhnt hatten, liess ich sie verstohlen herumschweifen. Es war das erstemal, dass ich mich an einem so ärmlichen Ort befand. Der Raum, in dem wir sassen, hatte keine Fenster und er schien das Wohn- und Schlafzimmer der Familie zu sein, denn es befanden sich nur ein einziges Bett und zwei Holzbänke darin. Den Tee kochte die Frau auf einem kleinen offenen Feuer in einem Verschlag auf der rechten Seite des Raumes. Auf der anderen Seite sah ich einige Hühner und ein Schaf liegen. Nur ein paar Latten verhinderten, dass sie zu uns herüber konnten. Hier drinnen spielte sich augenscheinlich das ganze Familienleben inklusive jenem der Tiere ab.
Ich zeigte auf Zahais mit einem schmutzigen Tuch umwickelten Fuss und bat sie, ihn mir zu zeigen. Sie öffnete bereitwillig den Lappen und zu meinem grossen Schrecken kam darunter eine tiefe, vereiterte Wunde, welche quer über den ganzen Fuss lief, zum Vorschein. Ich musste mich beinahe abwenden, so schlimm sah es aus!
„Was hast du nur gemacht?"

Die Mutter nahm ein Holz und die Axt zur Hand und zeigte uns, dass ihr Töchterchen Holz hacken wollte und sich dabei in den Fuss hieb. Wirklich eine schlimme Sache. Diese furchtbare Wunde musste unbedingt versorgt werden. Aber wie? Würde es das Mädchen schaffen, mit unserer Hilfe bis zu uns hinüber zu gehen?
Ich konnte irgendwie der Mutter verständlich machen, was ich wollte und sie erklärte sich sogleich bereit, ihr Kind zu begleiten. Doch zuerst musste noch der süsse, heisse Tee getrunken werden. Er schmeckte ungewohnt, aber recht gut. Darnach begaben wir uns langsam mit vielen Zwischenhalten nach Hause. Zahai biss tapfer die Zähne zusammen, trotzdem entschlüpfte ihren Lippen oftmals ein leiser Schrei. Sie musste starke Schmerzen leiden. Ich atmete auf, als wir in unserem Heim anlangten und bedeutete der Mutter, ihre Kleine nach zwei Stunden wieder abzuholen.
Zum guten Glück besass ich vorsorglicherweise einiges in meiner Hausapotheke was ich brauchen konnte, um den Fuss zu verarzten. Erst kochte ich eine Pfanne voll Kamillentee, goss ihn in eine Schüssel, liess ihn leicht abkühlen und steckte dann Zahais geschwollenen Fuss hinein. Sie verzog keine Miene, aber in ihren Augen schimmerten Tränen. Mit einem Wattebausch versuchte ich den ärgsten Dreck aus der Wunde zu entfernen. Das Wasser wurde sogleich schmutzig und ich kochte einen neuen Sud Tee. Ich erinnerte mich, dass unsere Grossmutter praktisch alle Wunden von uns derart behandelt hatte und auf die Wunderwirkung schwor. Nach dieser Prozedur liess ich den Fuss trocknen, stäubte Penizillinpuder darüber und verband ihn dick mit reinem Verbandstoff. Zum Schluss holte ich noch einen Wollsocken von David und zog ihn über den eingebundenen Fuss, da würde nun bestimmt kein Schmutz mehr hineinkommen.
Pünktlich kam die Mutter in Begleitung eines kleinen Jungens zurück, um ihr havariertes Töchterchen nach Hause zu bringen. Sie verneigte sich tief vor mir und versuchte, mir die

Füsse zu küssen. Ich wehrte heftig ab und sagte nur: „Bringen Sie Zahai morgen wieder zu mir."
Zehn Tage lang fand sich Zahai jeden Morgen ein, ich badete ihren Fuss und versorgte die Wunde auf die gleiche Weise. Schon bald durfte ich mit Freuden feststellen, dass die Geschwulst zurückging und die Wunde langsam verheilte. Als ich dachte, dass es ihr möglich sei, Schuhe zu tragen, schenkte ich ihr ein Paar Stiefel. Stolz humpelte sie mit ihren ersten Schuhen an den Füssen nach Hause.
Zum Dank für die Hilfe brachte mir ihre Mutter eines Tages zehn frische Eier von ihren Hühnern. Ich hatte Hemmungen sie anzunehmen, denn ich wusste ja, in welch armseligen Verhältnissen die Familie mit ihren fünf Kindern lebte. Zahai besass noch eine ältere Halbschwester, zwei kleinere Brüder und das kleine Schwesterchen, welches die Mutter immer auf dem Rücken mit sich trug. Aber die Frau bestand darauf, dass ich das kostbare Geschenk annehme. Als sie bei uns ans Tor klopfte, musste ich selber öffnen, da ich allein zu Hause weilte. Meine Mamita hatte mehr Lohn verlangt und als ich mich nicht damit einverstanden erklärte, lief sie davon. Zahais Mutter fand, es schicke sich nicht, dass eine weisse Frau das Tor selber aufmache. Der Sabenja, der gerade vom Einkaufen zurückkam erklärte ihr, dass wir im Moment überhaupt kein Mädchen besassen. Missbilligend schüttelte sie den Kopf.
Eine Stunde später erschien Zahai und bedeutete mir, dass sie mir arbeiten helfe bis ich wieder ein Mädchen hätte. Lachend nahm ich ihr Angebot an. Was konnte mir ein so kleines Kind schon gross helfen? Aber da täuschte ich mich! Sie beobachtete ganz genau was und wie ich alles machte und nahm gleich nach dem Essen das Abwaschbecken hervor und fing an, das Geschirr zu spülen. Marlies und Ursula wollten selbstverständlich nicht zurückstehen und halfen ihrer Freundin abtrocknen.
In dieser Nacht schlief das kleine Mädchen das erstemal in ihrem Leben in einem Bett. Sie durfte in einem der extra für die Angestellten hinter dem Haus gebauten Räume übernachten.

Zu Hause lagen die Kinder in ein Tuch gewickelt auf einer dünnen Bastmatte am Boden. Am anderen Morgen bat sie mich eindringlich, sie doch zu behalten. Sie würde sicher bald alles gut können und mir eine brauchbare Hilfe sein. Nein, das ging nun wirklich nicht, sie war einfach noch viel zu klein. Bitterlich weinte sie über meine Absage, aber als ich ihr versprach, dass sie wenigsten bleiben dürfe bis eine neue Mamita ins Haus komme, trocknete sie ihre Tränen.
Die Kleine schmeichelte sich mit ihrem Lächeln und ihrer Zuneigung nicht nur in mein und der Kinder Herz hinein, sondern auch David begann sie bald zu lieben. Nach einer Aussprache mit ihren Eltern, bei der unser Nachbar übersetzte, beschlossen wir, Zahai bei uns zu behalten und sie in eine äthiopische Schule zu schicken.
Wir gewöhnten uns schnell daran, dass wir nun fünf Kinder besassen und bereuten diesen Schritt keinen Moment. Zahai bekam von ihren Eltern genau den richtigen Namen bei der Taufe. Sie hiess nicht nur Sonne, sie war auch ein richtiger Sonnenschein!

Regen, Regen, Regen

Mit heftigen Gewittern kündigte sich die grosse Regenzeit an. Von Anfang Juli bis Ende September würde es nun jeden Tag regnen. Die Kinder hatten während dieser Monate Ferien. Alle Schulen in der ganzen Stadt blieben geschlossen. Wer immer konnte, flog nach Europa oder Amerika in den Urlaub.
Niemand, der es nicht selber erlebte, kann sich vorstellen wie es regnen kann. Es schien, als ob sich urplötzlich alle Schleusen des Himmels öffneten und das Wasser in Strömen herunter schütten würde. Grelle, furchterregende Blitze und dröhnender Donner begleiteten diese Unwetter und oft hagelte es nussgrosse Körner, die alle Blumen im Garten zerstörten. Regen und Hagel prasselte derart laut auf die Blechdächer, dass es einem im Haus drinnen beinahe das Gehör verschlug und

wir uns beim Sprechen anschreien mussten, sonst verstand man kein Wort.
In der Regenzeit passierten auch die meisten Einbrüche, denn bei diesem ohrenbetäubenden Lärm konnte man in der Nacht kein anderes Geräusch wahrnehmen und selbst die Hunde und die Nachtwächter verkrochen sich an trockene Plätze. Die Diebe gingen mit unbeschreiblicher Frechheit vor. Ein Bekannter von uns lud Gäste zu seinem Geburtstag ein; während der Hausherr, seine Frau und der Besuch im Esszimmer das festliche Mahl zu Schweizer Heimatklängen aus dem Grammophon genossen, trugen Einbrecher alle ihre Wohn- und Schlafzimmermöbel weg. Als sich die Feiernden in die gute Stube begeben wollten, gähnte darin völlige Leere. Im Schlafzimmer dasselbe Bild. Die Betten, der Kasten mit den Kleidern, alles fort. Verschwunden, zusammen mit dem Mobiliar, war auch der Sabenja. Entweder machte er gemeinsame Sache mit den Dieben, oder dann fürchtete er sich vor der Strafe und haute ab, als er den Schaden entdeckte, der durch seine Unaufmerksamkeit entstanden war. Das Geburtstagskind und seine Frau mussten zum Uebernachten zu einem der Gäste nach Hause gehen. Wir wurden vor Einbrüchen verschont. Die Leute in der Umgebung wussten, dass wir zwei Hunde besassen und das sprach sich auch in der Langfingerzunft herum.
Ich genoss immer die herrliche Ruhe im Haus, wenn die Kinder zur Schule gingen und Peter draussen im Garten spielte. Nun wurde es mir beinahe zu viel. Alle vier, ja mit Zahai fünf Kinder, den ganzen Tag im Hause zu beschäftigen, war unmöglich. Sie spielten wohl oft friedlich zusammen, aber dann ödeten sie sich wieder an oder stritten. Meine Nerven schienen die ganze Zeit wie Taue angespannt und hie und da musste ich mir durch heftiges Schimpfen Luft machen. Nützen tat es zwar nichts, im Gegenteil, wir wurden nur alle noch übellauniger. Ich fühlte mich je länger je unzufriedener und sehnte mich nach Eilat zurück. Wenn ich mir vorstellte, wie lustig wir es jetzt am Strand hätten, kamen mir vor Selbstmitleid beinahe die Tränen. Ich vermisste nicht nur die Sonne, viel mehr

noch Freundin Magda und die Gebetsgemeinschaft mit ihr. Ich besass hier keinen Menschen mit dem ich hätte beten können, und allein verstand ich es noch gar nicht gut, alles meinem Herrn hinzulegen. Ich wusste noch nicht, dass er sich auch um die allergewöhnlichsten Alltagssorgen kümmert.
Selbst um meine Unlust und das Verärgertsein wusste der Herr. Den Kindern gegenüber liess ich nichts von meinem Heimweh verlauten, die stöhnten so schon genug über die ewige Regnerei.
Lichtete sich der Himmel ein wenig oder guckte gar die Sonne für einen Moment zwischen den dunklen Wolken hervor, klemmte ich den Regenschirm unter den Arm, die Kinder zogen ihre Regenmäntel und Gummistiefel an und wir machten, dass wir schleunigst hinauskamen. Meistens führte der kurze Marsch die Strasse hinunter zum Fluss, der fast immer Hochwasser führte, welches hie und da sogar über die Brücke floss, so dass die Autos nur ganz langsam passieren konnten. Den Kindern bereitete es Spass, das zu beobachten. Ueber das Feld oder durch den Wald spazieren, das konnten wir vergessen. Wir wären buchstäblich im Morast versunken.
Die Hunde sprangen hinter uns oder vor uns her, spielten miteinander oder mit den Kindern und passten überhaupt nicht auf die Autos auf. Eines Nachmittags hörte ich Autoräder quietschen, dann einen dumpfen Aufschlag und einen fünfstimmigen Schrei: „Boby". Wie ich mich umdrehte, sah ich unseren Hund durch die Luft wirbeln und beinahe bis zu meinen Füssen fliegen. Der Taxichauffeur machte eine drohende Geste zu uns herüber und fuhr weiter. Vor mir lag ein blutender, winselnder Hund. Als ich ihn leicht berührte, heulte er klagend auf. Trotzdem hob ich ihn hoch und nahm mit dem Tier auf den Armen, den Heimweg unter die Füsse. Es begann zu regnen, mich kümmerte es nicht dass ich bis auf die Haut nass wurde, Boby nach Hause zu tragen, war weitaus wichtiger, als den Schirm aufzuspannen und trocken zu bleiben. Bei jedem Schritt jaulte der Hund leise. Ich vermochte das schwere Tier kaum mehr zu halten und keuchte den Berg hinauf. Schweiss vermischte sich mit den Regentropfen und

rann mir über das Gesicht. Die Kinder folgten verängstigt.
Im Wohnzimmer legte ich Boby auf ein Tuch vor das Kamin und untersuchte ihn. Die beiden Hinterbeine schienen arg verletzt zu sein. Am linken Bein blutete er aus einer tiefen Wunde und das rechte war bestimmt gebrochen. Ein Knochen stand ganz schräg heraus. Helfen konnte ich ihm nicht viel, da musste die Natur ihr Werk tun. Einen Tierarzt gab es in der Stadt noch nicht, nur draussen, etwa 15 Kilometer von uns entfernt, am Pasteur-Institut arbeitete ein alter ungarischer Veterinär, aber der hätte uns höchstens den Rat gegeben, Boby einzuschläfern und das wollten wir nicht. Lange sassen alle fünf um ihren verunglückten Spielkameraden herum und streichelten ihn. Boby erholte sich zu unserer Freude recht schnell. Nach einigen Tagen kroch er wieder herum und bald tollte er wie vorher mit den Kindern umher, obwohl ihn sein gebrochenes Bein noch lange zu schmerzen schien. Vor Autos aber hatten er und Wolfi von diesem Tag an den grössten Respekt.
Nach dieser, wenn auch unerfreulichen, Unterbrechung im Alltagstrott des Eingeschlossenseins ging alles ein wenig besser. Die Kinder spielten friedlicher miteinander und ich fühlte mich nicht mehr so missmutig wie vorher. Mir erschien das eintönige Leben hier einfach zu langweilig. Was hatte ich schon zu tun? Putzen musste ich nicht, waschen und plätten tat ebenfalls die Mamita. Das tägliche Einkaufen nahm nicht viel Zeit in Anspruch, ja oft schickte ich den Peter mit dem Sabenja, da blieb nur noch das Kochen für mich übrig. Kein Wunder, dass ich meiner selbst überdrüssig wurde und dementsprechend schlecht gelaunt war.

Ueberraschender Besuch

Ueber Mittag schien die Sonne. Wir warteten draussen auf der Veranda hungrig auf den Vater, der wieder einmal verspätet nach Hause kam. Schon von weitem hörten wir das Auto

über den Steinweg gerumpelt kommen. Dave sprang zum Tor, um es eilig zu öffnen. Zu meinem Erstaunen befand sich David nicht allein im Auto, jemand sass neben ihm. Brachte er einen Gast zum Essen mit? Noch nie hatte er das getan.
Marlies stiess neben mir einen Freudenschrei aus: „Mutti, es ist Salim!"
Salim? Das konnte doch nicht wahr sein! Und doch, es stimmte, es war wirklich unser Freund Salim welcher ausstieg. Wo kam der plötzlich her?
„Salim, Salim!" Glückselig tanzten die Kinder um ihren Eilaterfreund herum und wussten sich vor Freude kaum zu fassen.
„Schalom Salim. Wie ist es möglich, dass du hier bist und uns gefunden hast?"
„Ich wusste, dass David auf dem Flugplatz arbeitet und fragte auf dem Büro von Soleh Boneh nach ihm. Die wiesen mich an die Hochschule. Dort fand ich ihn und nun bin ich da. Ich hoffe, ich komme nicht ungelegen."
„Nein, du kommst nie ungelegen. Wir freuen uns."
Nun würde es bei uns nicht mehr langweilig sein mit Salim als Besucher. Wo er auftauchte, lief immer etwas, das wussten wir aus Erfahrung.
Beim Kaffeetrinken erzählte er, dass ihn Davids Briefe an mich verlockten, die Fahrt mit dem Fischerboot nach Massawa zu wagen und dann mit dem Bus auf die billigste Weise nach Addis-Abeba zu kommen. Er hoffe nun sehr, hier auch Arbeit zu finden um bleiben zu können.
Die Kinder lauschten begierig seinen Erzählungen und sassen ganz nahe bei ihm. Ihr Salim, der ihnen am Strand von Eilat so viele interessante Geschichten erzählt hatte und oft mit ihnen Unsinn trieb, war gekommen. Sie konnten es noch immer nicht fassen.
Am Nachmittag unternahmen wir trotz heftigem Regen einen Ausflug auf die Piazza. Das Wasser lief über die Schirme, den Regenschutz und spritzte in die Stiefel, aber es kümmerte uns nicht. Zum Aufwärmen lud uns Salim alle zu einer Tasse Schokolade in ein Café ein.
Begeistert und zufrieden jedoch tropfnass, kehrten wir von

diesem Ausflug zurück. Die Kinder steckte ich sogleich in die Badewanne, damit sie sich nicht erkälteten. Wir zwei trockneten uns vor dem lodernden Feuer im Kamin und schlürften heissen Tee.

Salim versuchte alles Erdenkliche, um eine Arbeitsstelle zu finden. Es gelang ihm nicht, obschon er sieben Sprachen fliessend beherrschte, und in einem Büro sicher gute Dienste hätte leisten können oder auch an der israelischen Schule als Lehrer. Er war bereit, jede Arbeit anzunehmen, was immer es auch wäre. Für seinen Lebensunterhalt brauchte er wenig und war deshalb auch nicht auf einen grossen Lohn angewiesen. Aber wo immer er sich vorstellte, bekam er denselben Bescheid: „Wir können niemanden anstellen, der mit einem Touristenvisum eingereist ist. Es ist unmöglich, eine Arbeitsbewilligung und die Niederlassung zu bekommen, das gibt es einfach nicht!" Für uns wurde es dadurch immer klarer, dass nur durch Gottes direktes Eingreifen wir hier bleiben durften. Was für einen besonderen Plan hatte der Herr wohl für unser Leben?

Salim unternahm öfters Reisen mit dem Autobus auf das Land hinaus. Er konnte arabisch sprechen und sich bald auf Amharisch mit den Leuten unterhalten. Für ein Sprachgenie wie ihn gab es keine Schranken, dazu besass er ein unwahrscheinliches Geschick, auf die Menschen einzugehen. Eines Abends kehrte er nachdenklich zurück. Bald begann er, uns von seinem Erlebnis zu berichten. Er sei heute in einem Dorf aus dem Bus ausgestiegen und hätte beschlossen, durch die schöne, hügelige Gegend bis in die nächste, ungefähr zehn Kilometer entfernte Ortschaft zu spazieren. Meistens störte ihn auch der ärgste Regenschauer nicht, aber an diesem Morgen fing es plötzlich derart heftig an zu giessen, blitzen und donnern, dass er es vorzog, bei einer runden Eingeborenenhütte unter das Vordach zu stehen und abzuwarten bis das Gewitter sich verzog. Das passte dem dort angebundenen Köter ganz und gar nicht, er fing an zu bellen und zu kläffen, was er nur vermochte. Ein kleines Mädchen öffnete die Tür einen Spalt weit, guckte neugierig heraus und erschrak, als es die dick ver-

mummte Gestalt erblickte und schlug die Tür wieder zu. Nach einem kurzen Augenblick wurde diese wieder aufgestossen und ein Mann lud Salim freundlich ein, doch hineinzukommen.

Salim nahm gerne dieses Angebot an und folgte dem Aethiopier ins Haus. Eine alte, grauhaarige Frau sass am Boden in der Nähe eines Kohlenfeuers und lächelte ihn an. Rund um sie herum kauerten acht kleinere Kinder, die ihn scheu anstaunten. Sie schienen alle zu frieren, obschon sie sich an der Glut und aneinander zu wärmen suchten. Die Wände der halbzerfallenen Hütte bestanden aus der Länge nach gespaltenen Eukalyptusstämmen, welche in den festgestampften Boden gerammt und mit Bastseilen verflochten waren. Mit einer dicken Masse aus Lehm, Stroh und Kuhdung war darnach, wie es auf dem Lande allgemein üblich ist, das Ganze verstrichen worden. Alles befand sich in einem furchtbar baufälligen Zustand, durch viele Löcher pfiff ein kalter Wind ins Innere. Vom durchlässigen Strohdach tropfte Wasser herunter. Ne-

ben der Bank, auf der Salim Platz genommen hatte, scharrten einige Hühner und unter dem grossen Bett in der Mitte des Raumes lagen zwei Schafe und dösten.
Der Mann sagte zu seiner jungen Frau, sie sich ebenfalls im Raum aufhielt und in einem Tuch am Rücken das neunte Kindchen trug, einige Worte. Sie nickte, nahm einen russigen Tonkrug und stellte ihn auf das Feuer. Auf einem kleinen Holztablar an der Wand standen drei Blechtassen, eine Zukkerdose und zwei leere Konservenbüchsen. Der Mann setzte sich auf eine Holzkiste in der bestimmt alle Habseligkeiten der Familie steckten. Salim hatte schon oft in seinem Leben tiefe Armut gesehen, aber so armselig wie hier war es noch nie gewesen. Er genierte sich fast, den heissen Tee anzunehmen und zu trinken.
„Ich will im Mercato Verschiedenes einkaufen und dann noch einmal hinaus zu dieser Familie gehen. Mir lässt die Not in der sie leben, keine Ruhe mehr."
Salim erzählte so eindrücklich vom Elend dieser Leute, dass wir beschlossen, aus unserer Schiffskiste die letzten Kleider hervorzuholen, auf dem Markt noch einiges zu erstehen und am Sonntag mit ihm dorthin zu fahren.
Die Kinder, die vor dem Haus spielten, erkannten ihren weissen Besucher sogleich wieder und holten den Vater. Jetzt strahlte die Sonne von einem fast wolkenlosen Himmel und tauchte alles in helles Licht. Trotzdem machte auch auf uns die halbzerfallene Hütte und die in zerschlissene Lumpen gekleideten Kinder einen tiefen Eindruck. Die Leute konnten ihr Glück kaum fassen, als wir ihnen die Geschenke überreichten. Nebst den Kleidern brachten wir noch Zucker, Tee, grüne Kaffeebohnen, Schokolade und Bonbons mit. Wir gaben ihnen zu verstehen, dass sie auch die eigens für sie erstandene, verschliessbare Holzkiste behalten durften; als sie es endlich begriffen , war ihr Jubel grenzenlos. Immer und immer wieder küssten sie uns allen die Hände und verneigten sich tief vor uns.

Arabischer Kaffee

Nach dem Nachtessen, das aus gebratenen Schisch-Kebab und grünem Salat bestand, wollte uns Salim einen echten, arabischen Kaffee kochen. Er machte aus den Vorbereitungen ein richtiges Ritual. Erst holte er einige Handvoll grüner Kaffeebohnen aus seinem Gepäck, röstete sie auf einem runden Blech über der Glut und zerstampfte sie in einem kleinen Mörser. Er nahm den neuen im Mercato erstandenen tönernen Kaffeekrug, schüttete das Kaffeepulver hinein und goss Wasser bis zum Rand zu. Dann stellte er das Gefäss in das glimmende Feuer im Kamin. Das alles verrichtete er mit staunenswürdiger Ruhe und Konzentration. Die Vorbereitungen nahmen beinahe eine Stunde in Anspruch.
„In dieser Zeit hätte ich schon einige Male Kaffee gekocht", spottete ich.
„Ja, aber keinen solchen."
„Bist du sicher? Wie lange wird nun noch die Kocherei auf dem Feuer dauern?"
„Bestimmt eine halbe Stunde."
„Hm, meinst du wirklich der Kaffee schmeckt? Da bin ich aber gespannt."
„Du willst wohl so lange hetzen, bis ich dir keinen davon gebe? Das würde dich bestimmt nachher schwer reuen!"
Ich lachte und schüttelte den Kopf. Wie konnte man um eine Tasse Kaffee ein solches Trara machen.
Während der Göttertrank im Topf auf dem Feuer gar wurde, spielten wir mit den Kindern Eile mit Weile, ihr beliebtestes Würfelspiel. Hie und da stand Salim auf und schob einige glimmende Holzstücke näher zum Krug.
„Dauert es noch eine Ewigkeit? Ich bekomme langsam Durst", fragte David.
„Noch fünf Minuten."
Unser Freund holte aus der Küche drei winzige arabische Kaffeetässlein, Zucker und ein – speziell zum Servieren dieses beliebten Getränkes – aus Holz geschnitztes, kleines, viereckiges Tischchen, mit höchstens zehn Zentimeter hohen Beinen.

Wir setzten uns alle darum herum auf den Boden und harrten gespannt darauf, dass der prophezeite, feine Kaffee endlich fertig sei.
Salim fasste den Krug sorgfältig am Griff, zog ihn behutsam vom Feuer und hielt den schnabelartigen Ausguss über seine Tasse. Nichts geschah; er hielt das Gefäss schräg, immer noch floss kein Tropfen des begehrten Trankes heraus. Salim schüttelte über diesen Misserfolg den Kopf schaute angestrengt in die enge Oeffnung hinein.
„Es hat kein bisschen Kaffee mehr drin, alles ist verdampft“, stiess er ungläubig heraus.
Ich begann zu lachen, als ich das enttäuschte Gesicht unseres Kochs betrachtete. David und die Kinder fielen fröhlich mit ein.
„Wartet nur, ich gebe mich noch nicht geschlagen. Ich probiere es zum zweiten Mal. Ich fülle nur wieder Wasser nach, Kaffeepulver ist bestimmt noch genug vorhanden. Glaubt mir, Ihr werdet heute noch arabischen Kaffee trinken!“
Der neue, nicht extra behandelte Tonkrug war noch so porös, dass das Wasser durchsickerte. Nun, beim zweiten Versuch konnte es vielleicht gelingen, weil das Kaffeepulver inzwischen die feinen, durchlässigen Löcher verstopft hatte.
Nun spielte Salim nicht mehr mit uns, er wachte über seinem Kaffee. Nach einer Viertelstunde machte er den ersten Test: Brunnenklares Wasser lief in seine Tasse! Nach zehn Minuten dasselbe Ergebnis. Eine Stunde verging. Der unermüdliche Salim probierte erneut: Wieder nichts anderes als eine durchsichtige Flüssigkeit floss aus dem Krug. Nun verliess ihn endlich seine Geduld, aber nicht der Humor. Er goss drei Tässchen voll des heissen Wassers, gab in jedes ein Löffelchen Zucker und bot uns lachend den einmaligsten Kaffee an, den wir schon je getrunken hätten.
Wir schlürften mit spöttischen Ah und Oh und vielen Komplimenten die Tassen leer. Zum Vergnügen der Kinder, die diesen Wundertrank ebenfalls kosten durften, hörten die beiden Männer nicht zu trinken auf, bis kein einziges Tröpfchen des heissen Wassers mehr übrig blieb.

Seit Salims Hiersein war es nie mehr langweilig bei uns und wir bedauerten es sehr, als er das Land wieder verlassen musste.

Maskalfest

In der Church of Christ lernten wir zwei junge Kunststudenten kennen. Wir freundeten uns mit Bekele und Testfay an und wurden von ihnen in ihr Dorf, das sich 150 km von Addis-Abeba befand, eingeladen. Das heisst, so weit konnten wir mit unserem Auto fahren und von dort aus würden wir auf Maultieren drei Stunden lang landeinwärts reiten. Wir einigten uns, diese Fahrt am Maskalfest, welches auf einen Freitag fiel, zu unternehmen. Dann hatten wir drei volle Tage zur Verfügung für diesen Besuch bei Testfays Eltern auf dem Land.

Das Maskalfest (Kreuzfest) hat zwei Bedeutungen. Erstens kündigt es das langersehnte Ende der Regenzeit an, denn nach diesem Feiertag, dem 26. September, sollte es nicht mehr regnen. Seltsamerweise bestätigt sich diese Voraussage beinahe Jahr für Jahr. Wir erlebten es nur ein einziges Mal, dass nach Maskal noch ein Gewitter auf die Stadt niederging und das wurde als sehr schlechtes Omen angesehen.

Zweitens feiert man an diesem Tage die Auffindung des echten Kreuzes Jesu. Die Sage erzählt: Kaiserin Helena, die Mutter Kaiser Konstantins, reiste einst nach Jerusalem, um das Kreuz zu suchen, an dem Jesus gestorben war. Lange suchte sie in den Trümmern, die Gogatha bedeckten, und konnte nichts finden. Sie entschloss sich zu beten und zündete Weihrauch an. Und siehe da, der Rauch stieg hoch zum Himmel auf und senkte sich an einer bestimmten Stelle zur Erde nieder. Helena liess dort graben und fand drei alte, jedoch gut erhaltene hölzerne Kreuze. Welches aber war das Kreuz des Heilandes? Da zog ein Trauerzug vorbei, um einen Toten zu begraben. Helena liess die Leute anhalten. Mit den Kreuzen be-

rührte sie den Toten. Und als das Kreuz des Heilandes ihn anrührte, wurde er wieder lebendig. So hat Jesus Christus seine Macht über den Tod gezeigt.
Diese Legende wird morgens früh am Maskalfest in den äthiopischen Kirchen den andächtig lauschenden Gläubigen jedes Jahr wieder erzählt.
Am Ende der Regenzeit wachsen die Maskalblumen überall in den Wiesen. Sie sind mit unserem Hahnenfussgewächs zu vergleichen. Soweit das Auge reichte, konnte man die hellgelben, bei gutem Erdreich bis ein Meter hohen Blumen leuchten sehen.
Am Vorabend des Maskalfestes fand in der Stadt ein grossartiger Umzug statt, an dem die Leibgarde, die Palastwächter und die Soldaten teilnahmen. Die einen in modernen Uniformen, die anderen in alten Trachten mit Affen- oder Löwenmähnen auf den Köpfen und silberbeschlagenen Schildern und Speeren in den Händen. Mit Maskalblumen bekränzte Wagen, an deren Frontseite meistens ein beleuchtetes Kreuz befestigt war, fuhren hinter den brennende Fackeln tragenden Männern her. Auf einem Militärjeep der Leibgarde lag faul der angekettete Lieblingslöwe des Kaisers und blickte schläfrig auf die in nächster Nähe vorbeiflanierende Menschenmenge. Er liess sich nicht im geringsten durch den Rummel stören. Eine schöne Frau thronte, die Königin von Saba auf ihrer Reise zu König Salomon darstellend, hinter einem funkelnden Kreuz auf einem Kamel aus Karton. Beinahe der ganze Umzug wollte der Bedeutung der Auffindung des Kreuzes Jesu Rechnung tragen. Eine Jury war eifrig dabei, die schönsten Ideen zu prämiieren.
Auf dem Maskalplatz stand ein mächtiger Haufen Eukalyptusstämme pyramidenartig aufgerichtet. Bis zu 20 Meter hoch ragten die noch frischen Bäume in den Himmel. Ein grosser Strauss Maskalblumen krönte den Holzstoss.
Sänger und Gelehrte der koptischen Kirche, Diakone und Priester sangen Psalmen und Hymnen. Alles wartete auf den Kaiser, der, begleitet von seiner Familie und den Ministern bei Sonnenuntergang erschien.

Er schritt majestätisch auf dem ausgelegten roten Teppich zu seinem auf der Tribüne stehenden Thron. Unter kostbar bestickten Sonnenschirmen, in herrliche Festgewänder gekleidet, sangen die bärtigen Priester ihre Gebete. Nach den Gesängen erhoben sich der Kaiser und die Ehrengäste, unter denen sich auch alle am Ort ansässigen Diplomaten befanden, zum Gebet. Darnach, unter dem Jubel des ganzen Volkes, umschritten voran die Diakone mit ihren goldenen und silbernen Vortragkreuzen, dann die Priester, zuletzt der Kaiser den Holzstoss. In der Hand hielten sie ein Bündel Zweige mit einem Maskalsträusschen an der Spitze. Der Kaiser zündete sein Bündel an einer Fackel an und warf es in den Haufen. Die übrigen folgten sogleich seinem Beispiel. Zischend entzündeten sich die grünen Blätter und innert kürzester Zeit standen alle Stämme in Flammen und eine mächtige, graue Rauchsäule stieg gen Himmel.
Während das Feuer niederbrannte, defilierte der bunte Umzug an dem auf seinem Thron sitzenden Kaiser, den Nobelmännern und dem dicht gedrängt dastehenden gewöhnlichen Fussvolk vorbei, gebührend bestaunt und beklatscht. Später sang und tanzte eine begeisterte Volksmenge um das Feuer herum, bis sie sich spät am Abend auf ihre oft kilometerlangen Fussmärsche nach Hause begaben.

Der erste Ausflug über Land

Am Freitagmogen fuhren wir mit Sack und Pack beladen los. David, Bekele, Testfay, Marlies, Ursula, Dave, Peter und ich alle fanden wir irgendwie Platz in unserem VW. Die Jüngsten setzten sich in die Nische zwischen dem Heckfenster und der Sitzbank, dort gefiel es ihnen am besten. Die Burschen und die zwei anderen Kinder sassen hinter David und mir.
Bei strahlendem Sonnenschein verliessen wir Addis-Abeba. Unsere Augen konnten sich kaum an den grünen Wiesen und den prachtvollen Maskalblumen sattsehen. Ich genoss aus

vollen Zügen die Fahrt an diesem herrlichen Frühlingstag.
Die Strasse führte uns Richtung Asmara durch einige kleine Dörfer. Es herrschte wegen des Feiertages nicht der geringste Verkehr und wir kamen flott auf der sehr guten Naturstrasse voran. Keine beladenen Esel versperrten uns den Weg, nur hie und da stand ein Hüterjunge, der auf seine Kühe und Schafe aufpasste, am Wegrand und winkte uns zu. Dies war unsere erste längere Ausfahrt in der neuen Heimat und ein Besuch bei Eingeborenen draussen auf dem Lande, schien sowieso etwas höchst Ungewöhnliches zu sein, da nur ganz selten Weisse in ein Dorf hinaus eingeladen wurden.
Wir fuhren über verschiedene kleinere Hügel, dann wieder durch weite fruchtbare Ebenen bis zum Mussolini-Pass. Dort oben auf der Höhe stiegen wir aus, genossen die klare Fernsicht und staunten über die kunstvoll gebaute, breite Passstrasse, die sich in vielen Kehren tief hinunter in eine Schlucht wand.
Wir packten unsere Sandwiches und das Getränk aus und setzten uns auf eine Steinmauer. Die beiden Studenten beobachteten uns skeptisch, dann fragte Testfay: „Habt Ihr keine Angst, hier an der prallen Sonne zu sitzen und zu essen? Bei uns sagt man, dass jeder der seine Mahlzeit an der Sonne verzehrt, krank wird."
„Ach nein, das ist doch Unsinn. Wir assen schon oft im Freien und noch nie ist uns schlecht geworden", anwortete ich unbekümmert.
„Was meinst du, Bekele, wollen wir es ebenfalls wagen?"
Der zögerte und sagte dann: „Wenn du glaubst. Wir werden es ja dann bald merken, ob wir Bauchschmerzen kriegen."
Ich fand es komisch, dass sie als Studenten der Kunstakademie noch solches glaubten. Sie waren getaufte Christen und trotzdem weiterhin derart in ihrem alten Aberglauben befangen. Sie lebten schon seit vielen Jahren in der Stadt und doch hielten sie an den Traditionen und Bräuchen ihrer Ahnen fest.
Wir fuhren wieder auf derselben Seite des Passes hinunter und verliessen die Hauptstrasse, um nach zwanzig Kilometern auf einem holprigen Weg zu einer über dieses Wochenende ge-

schlossenen Polizeistation zu gelangen. Dort hatte Testfay mit seinem Vater abgemacht, dass er uns mit seinen Pferden und Mauleseln abholen sollte.
Wir sahen schon von weitem unseren Gastgeber mit seinen drei Dienern geritten kommen. Mir klopfte das Herz zum Zerspringen. Würde ich es wirklich schaffen, auf einem Pferd zu reiten? Seit meiner Kindheit war ich nie mehr auf einem solchen Tier gesessen und jetzt sollte der Ritt gar drei Stunden dauern. Je näher sie kamen, umso beklommener wurde mir zumute. David sah mich schräg von der Seite an, er wusste um meine Gedanken, sagte jedoch kein Wort.
Die zwei Pferde und die zwei Maulesel waren nur für uns Weisse bestimmt, die sechs Aethiopier würden uns alle zu Fuss begleiten und unser weniges Gepäck tragen. Nur zu gerne hätte ich mit einem von ihnen getauscht, ich getraute mich aber nicht, dies zu sagen. Das Aufsitzen ging mit Testfays und seines Vaters Hilfe, dem man die Freude über unseren Besuch am Gesichte ablesen konnte, einigermassen gut. Jedoch das oben Bleiben gestaltete sich um einiges schwieriger, doch irgendwie gelang es mir, die Balance zu halten. Der Maulesel schien zwar lammfromm, doch für mein Gefühl ging er immer noch zu schnell. Solange der Fussweg durch eine ebene Wiese führte, war es ja noch nicht so schlimm, aber als wir in gebirgigeres Gelände gelangten, die Lasttiere zu steigen begannen und der Weg sich einer Schlucht entlang wand, auf der einen Seite die steile Felswand, auf der anderen der tiefe Abgrund, da wurde mir beinahe übel. Oft musste ich die Beine hochziehen, denn stachelige Kaktuspflanzen säumten den Wegrand. Zu meiner Beruhigung hielt der Gastgeber mein Tier an einem Strick fest und lief vor uns her. Die Kinder, immer zwei zusammen auf einem Pferd reitend, genossen augenscheinlich diesen Ritt. Sie lachten, winkten zu uns herüber und plauderten fröhlich mit ihren Begleitern. David fühlte sich auch nicht besonders wohl auf dem Rücken seines Maultieres, doch ihm merkte niemand etwas an. Immer wieder schaute ich verstohlen auf meine Armbanduhr, die Zeit wollte und wollte nicht vergehen. Ich atmete befreit auf, als

Bekele in die Ferne auf einige Tukuls (Rundhütten) zeigte und sagte: „Dort unten im Tal sind wir zu Hause."
Etwa zwanzig Menschen erwarteten uns mit grosser Spannung. Noch niemals vorher kamen weisse Leute hierher. Da war natürlich unser Besuch ein ausserordentliches Ereignis. Testfays Mutter trat auf ihres Gatten Ruf aus der stattlichsten Hütte und verneigte sich tief vor uns, dann gab sie mir, nur mir allein, die Hand. Sie hatte in ihrer Jugend in der Provinzhauptstadt als Mädchen bei Italienern gearbeitet und freute sich ungemein, Farenschis (Weisse) bei sich empfangen zu dürfen.
Die ersten Schritte konnte ich kaum gehen, so schmerzten mich mein Gesäss und die Beine. David lief ebenfalls ein wenig krummbeinig davon und das tat mir in der Seele wohl. Nur die Kinder sprangen sogleich leichtfüssig herum. So sollte man noch können, dachte ich neidisch.
Testfays Vater war hier in der Gegend der angesehenste Mann. Er besass drei Rundhütten und einen grossen Stall, worin er seine Kühe, Schafe und Hühner hielt und das Heu aufbewahrte. Die Leute der ganzen Umgebung suchten ihn auf, wenn es irgend einen Streit zu schlichten gab oder jemand in einer Rechtsfrage einen Rat brauchte. Ausser Testfay hatten sie noch einen zehnjährigen Sohn, den sie aber nicht zur Schule gehen liessen, der also nicht schreiben und lesen lernte. Auf unsere erstaunte Frage, warum denn das, antwortete der Mann: „Ich schickte meinen älteren Sohn und den meiner Schwester auf Anraten eines guten Freundes in die Schule. Ich habe sie beide verloren, sie kamen nie mehr zurück auf das Land. Nun studieren sie in Addis-Abeba Kunst. Sie werden nicht mehr Bauern sein wollen und hier wohnen. Denkt Ihr, ich will meinen Jüngsten ebenfalls verlieren?" Bei diesen Worten schaute er traurig auf Testfay, der uns verlegen seine Klage übersetzte.
Wir stellten uns völlig darauf ein, dass wir nun für einige Tage nur das äthiopische Nationalessen, welches uns inzwischen sehr mundete, bekommen würden. Zu unserer Ueberraschung tischte uns Testfays Mutter jedoch ein vorzügliches

italienisches Mahl auf. Sie freute sich, uns zu zeigen, dass sie das, was sie einst konnte, noch nicht verlernt hatte. Zum Nachtessen gab es Bratkartoffeln und Rindsbraten, auf Blechtellern mit Messern und Gabel serviert. Das Letztere in diesem bäuerlichen Haushalt anzutreffen verwunderte uns sehr, denn die Einheimischen benützen nie Besteck, sondern essen alles mit den Händen. Unsere Freunde assen mit uns, während die anderen geladenen Gäste, alles Männer aus der Umgebung, sich an Inschera und Watt gütlich taten.
Die Rundhütte, in der wir uns aufhielten, war ungefähr im gleichen Stil gebaut wie die der armen Leute, die wir mit Salim besuchten, nur viel nobler als jene. An den Wänden hingen Felle und weisse, handgewobene Tücher; in dieser Hütte wohnten nur die Eltern und ihr kleiner Sohn. Die Küche befand sich in einem Nebengebäude. Wir sassen auf breiten mit Schaffellen ausgepolsterten Bänken, die der Familie gleichzeitig als Schlafstätte dienten. Alles wirkte sauber und ordentlich.
Die Männer tranken an diesem Abend viel Tätsch (Honigwein) und wurden immer lustiger und lauter. Sie nahmen ihre einfachen selbst gebastelten Instrumente hervor und begannen Balladen zu singen. Der Aethiopier singt meistens nicht vorgegebene Verse, sondern drückt das, was ihn gerade beschäftigt und ihm dazu einfällt, aus. Selbstverständlich kamen wir, der weisse Besuch, immer wieder darin vor. Bekele, dessen verwitwete Mutter weit oben auf dem Berg wohnte und die er erst am nächsten Tag aufsuchte, übersetzte uns einiges. Sie baten uns, auch etwas zum besten zu geben. Mit unseren Freunden zusammen sangen wir einige englische Kirchenlieder und zu guter Letzt, die Kinder und ich, noch unser „Buurebüebli".
Zu vorgerückter Stunde erst verabschiedete sich die angeheiterte Gesellschaft und wir begaben uns auf unser Lager im oberen Stock des Stalles, auf frisch gemähtes, feuchtes Gras. Es lagen wohl einige Wolldecken da, in die wir uns wickeln konnten, aber die Nässe drückte doch allmählich durch und wir begannen zu frieren. Aber noch viel schlimmer fand ich

die in dem Grasbett lauernden versteckten kleinen Insekten. Sie krochen langsam hervor, zwickten und zwackten uns, wo immer sie ein Fleckchen Haut erwischten. David und ich wälzten uns unruhig, frierend und durch die Bisse der Quälgeister geplagt, von einer Seite zur andern. Die Kinder spürten zum guten Glück nichts, sie waren todmüde von all dem Erlebten, so dass sie tief schliefen. Erst gegen Morgen übernahm mich der Schlaf.

Der Medizinmann

Wir sassen an einem geradezu herrschaftlichen Morgenessen, das aus mit Zwiebeln und scharfen Peperonis gebratenem, fein geschnittenem Rindfleisch, frisch gebackenem Brot und heissem Tee bestand, als von draussen ein Tumult zu hören war. Ein Diener kam, sich tief vor seinem Herrn verneigend, herein und teilte ihm aufgeregt eine Neuigkeit mit. Der blickte erstaunt hoch, murmelte eine Entschuldigung und erhob sich, um eilig hinauszugehen. Testfay und Bekele sahen sich ebenfalls beeindruckt an. Ersterer wandte sich an uns: „Der Medizinmann ist vom Berg heruntergekommen, das bedeutet immer ein besonderes Ereignis; er verlässt sein Heim nur selten."
Nach wenigen Augenblicken trat unser Gastgeber in Begleitung eines stattlichen, in eine blütenweisse Nationaltracht gekleideten Mannes ein. Alle Aethiopier standen ehrerbietig auf und verneigten sich tief. Der Fremde begrüsste uns freundlich mit einem leichten Neigen des Kopfes und lachte uns an. Schnell wurde für ihn ein Platz frei gemacht und das Morgenessen angeboten. Er lehnte höflich ab und nahm nur dankend ein Glas Tee an.
Eine leichte Beklommenheit legte sich auf alle Anwesenden. Was wollte er hier? Der Mann brach endlich das Schweigen, wandte sich an Testfay und fing an, ihn über uns auszufragen. Dieser gab ihm bereitwillig Auskunft und übersetzte seine

Fragen und unsere Antworten. Alles wollte er ganz genau wissen. Unser Woher und Wohin. Was wir in Addis-Abeba täten und warum wir nach Aethiopien gekommen seien. Er schaute David prüfend an, als dieser sagte, wir hätten das Gefühl, Gott wolle uns aus einem bestimmten Grunde hier, aber wir besässen noch keine Ahnung warum. Er schwieg darauf eine Weile, dann nickte er und fragte weiter. Testfay erklärte uns, dass auch der Zauberer von unserem Besuch gehört hatte und nur, um uns kennenzulernen, von seinem Haus dahergeritten sei. Das schien für ihn, seine Eltern und für uns eine ungemeine Ehrung zu sein. „Dieser Mensch besitzt übernatürliche Kräfte. Wenn der Regen nicht kommt, dann geht man zu ihm und er hat die Macht, den Regen herbeizurufen. Wenn jemand krank ist, kann er ihn gesund machen. Hat man Unglück im Stall, dann fragt man den Zauberer und er wendet das Unglück durch seine Kraft ab. Für jede Kleinigkeit darf man ihn um Rat angehen, er weiss alles und hilft. Alle Menschen weit herum verehren und fürchten ihn. Nun hat er sich sogar anerboten, uns ins Hyänental zu begleiten. Ich bin sicher, wenn er mit dabei ist, können wir einige der sehr scheuen Tiere sehen."
Ich betrachtete den Besucher aufmerksam von der Seite. Er schien mir ein ganz gewöhnlicher Mann zu sein. Sein rundliches Gesicht zierte ein schwarzer Bart, das Haupthaar hielt er unter einem Turban verborgen. Ich fand nichts besonderes an ihm. Er spürte wohl, dass ich ihn ganz unbefangen ansah, denn plötzlich wandte er sich um und blickte mir forschend in die Augen, dann lächelte er belustigt. Nun erschrak ich doch, denn in seinen Augen schien ein glühendes Licht zu brennen und es strömte eine Kraft und Sicherheit daraus, wie ich es noch nie an einem Menschen erlebt hatte. Ich musste mich schleunigst abwenden. Wer und was war dieser Mann? Dass er wirklich über spezielle Kräfte verfügte, wurde mir durch seinen Blick klar. Glaubte er an Gott, oder bekam er seine Macht von jemand anderem? Ein unerklärliches, mir tiefe Angst einflössendes Gefühl beschlich mich. Ich stand auf und verliess den dämmerigen Raum. Ich wollte nichts wie weg aus

dem Banne dieser schwarzen, leuchtenden, alles durchdringenden Augen. Draussen im hellen Tageslicht atmete ich tief auf. War das eben ein unheimlicher Moment gewesen! Immer noch schlug mein Herz zum Zerspringen bang. Nur langsam verflüchtigte sich an der warmen, hellen Sonne die schwere Beklommenheit.
Der Weg zum Tal, wo die Hyänen in ihren Schlupfwinkeln den Tag verschliefen, führte uns querfeldein. Wir schätzten uns glücklich, dass wir unsere Gummistiefel angezogen hatten, denn viele Felder standen noch leicht unter Wasser und wir mussten manches Bächlein durchwaten. Die weidenden Kühe blieben bei unserem Näherkommen stocksteif stehen und glotzten uns mit ihren grossen Augen an. Ja, es schien sogar auszusehen, als hörten sie mit Wiederkäuen auf. Machte eines von uns eine Bewegung auf sie zu, muhten sie dumpf auf und sprangen erschrocken einen Schritt zurück. Das seltsame Gebaren der Tiere fiel allen auf.
„Testfay, weisst du, warum die Kühe solche Angst vor uns haben?“ „Nein, aber es ist augenscheinlich, dass sie sich vor euch fürchten. Schau nur wie dumm sie sich anstellen.“
„Könnte es sein, weil wir Weisse sind?“
„Ja, und die bunten Kleider die ihr trägt. Solche Farben sahen sie noch nie in ihrem Leben. Darum gucken sie so störrisch und weichen zurück, wenn ihr sie streicheln wollt“, antwortete der Vater lachend.
Der Medizinmann folgte uns auf seinem prächtigen Schimmel. Bolzengerade sass er auf seinem Pferd. Dieser stolze Mensch in der schneeweissen Tracht auf seinem selten schönen Schimmel in der grünen Wiese mit den vielen gelben Maskalblumen daherreitend, bot unseren Augen ein unvergessliches Bild. Zum Erstaunen unserer Freunde liess er sich sogar photographieren.
Unten im tiefen Tal angekommen, hiess er uns schweigen und uns hinzusetzen. Er stand aufrecht da, hielt seine Hände wie einen Trichter vor den Mund und stiess einige Male den triumphierenden Schrei einer Hyäne aus die Futter gefunden hat. Huuhu, Huuhu! Es ging uns durch Mark und Bein. Erst ge-

schah gar nichts. Doch nach wiederholtem Schreien zeigte er in die Ferne. Wirklich standen dort vor einem Felsblock in der Nähe des Wasserfalles eine, zwei, nein drei Hyänen in der Sonne und lauschten mit aufgestellten Ohren dem verklungenen letzten Schrei nach. Wir konnten sie von blossem Auge erkennen und sogar ihre Flecken sehen. Der Zauberer schwieg zu unserer Beruhigung, denn zu nahe Bekanntschaft wollten wir mit diesen wilden Tieren nicht knüpfen.
Im Talgrund herrschte leichte Dämmerung, dort wuchsen die seltensten, schönsten Blumen. Bunte Vögel flogen von Ast zu Ast, schimpften über die Störung oder zwitscherten in den höchsten Tönen ein Liebeslied. Eine eigenartige, traumhafte Stimmung kam über mich, die unberührte, wundersame Natur, die am hellichten Tag erschienenen Hyänen, die beklemmende Nähe des Medizinmannes, alles schien fast unwirklich zu sein. Ich fühlte mich erleichtert, als wir wieder aus der Schlucht hinauf ins ebene Land kletterten. Marlies und Ursula, dann Dave und Peter durften abwechslungsweise auf dem Schimmel nach Hause reiten.
Testfays Vater bewirtschaftete viel Land. Er beschäftigte etliche Arbeiter. Alle seine Diener waren schon seit Jahren bei ihm angestellt. Sie standen in einem seltsamen Lohnverhältnis. Jeder schaffte um ein Kleid, einen Sack Teff, das ist das Getreide zum Herstellen des Inscheras und zehn Quadratmeter guten Bodens im Jahr. Sie wohnten in den zwei Tukuls neben der Haupthütte und das tägliche Essen erhielten sie von der Herrschaft. Das derart verdiente Land, welches sie für sich bebauen durften, ermöglichte es ihnen, nach einigen Jahren selbständig zu werden und eine eigene Familie ernähren zu können. Uns schien es unbegreiflich, dass ein Mensch um so geringen Lohn arbeite, doch Bekele erklärte uns stolz, dass der Vater gerade wegen seiner Grosszügigkeit geschätzt und verehrt werde und sich jeder der bei ihm arbeiten dürfe, glücklich schätze.
Der Medizinmann schien sich in unserer Gegenwart wohl zu fühlen. Er nahm das Abendessen mit den Männern ein und als sich die Nachbarn wieder zum Feiern einfanden, blieb er ge-

mütlich sitzen und lauschte den Liedern die wir abwechslungsweise sangen. Oft ertönte sein dröhnendes Lachen. Er trank soviel Honigwein wie die anderen und war schliesslich ebenfalls leicht angeheitert. Beim Abschied machte er nicht mehr den Eindruck von etwas Besonderem, sondern den eines einfachen, lieben Freundes. Aber ihm in seine Augen zu blicken wagte ich doch nicht mehr!

Lauf doch Auto, lauf

Unser alter Volkswagen stand immer noch am selben Platz bei der Polizeistation an dem wir ihn verlassen hatten, als wir am Sonntagnachmittag wieder dort ankamen.
Wir verabschiedeten uns herzlich von den neu gewonnenen Freunden und blickten ihnen nach, bis sie in der Ferne als kleine Punkte verschwanden. Wir hofften, wenn alles planmässig verlief und warum sollte es auch nicht, gegen Abend Addis-Abeba zu erreichen. Zahai wartete bestimmt sehnsüchtig auf uns.
Frohgemut setzten wir uns ins Auto und fuhren los. Nach ein paar hundert Metern Fahrt über den holprigen Weg bemerkte David, dass wir am hinteren, linken Rad einen Plattfuss hatten. Alle kletterten flugs von ihren Sitzen und Vati begann den Schaden zu beheben, was ohne Probleme vonstatten ging. Schnell den Wagenheber und das defekte Rad wieder versorgt und weiter gings, Richtung heim.
Kaum auf der Hauptstrasse angelangt, sagte David leise: „Du, ich vermute, wir haben bereits wieder einen Platten."
Zu unserem grossen Schrecken bestätigte sich seine Ahnung. Was nun? Wir besassen keinen Ersatz mehr.
„Wie weit ist es bis zur nächsten Ortschaft?"
„Bestimmt zwanzig Kilometer", mutmasste Bekele.
„Irgend jemand muss dorthin und die Räder flicken lassen."
David fuhr näher zum Strassenrand und montierte das lädierte Rad ab. Bekele und Testfay beschlossen, zusammen

mit dem erstbesten Bus in den nächsten Marktplatz, wo sie einst die Schule besuchten, zu fahren. Dort kannten sie sich aus und wussten, wo sie jemanden finden konnten der die Reifen in Ordnung brachte.
Bereits nach einer Viertelstunde kam ein kleiner Bus angefahren der stoppte und die zwei Burschen auflud. Wir nahmen eine Wolldecke aus dem Wagen und setzten uns unter einen Baum in die Wiese. Wir machten uns auf eine längere Wartezeit gefasst. Die Kinder vergnügten sich am Bach.
Eine Stunde verging, zwei Stunden. Von unserer Begleitung keine Spur. Langsam verleidete uns die Warterei und wir wurden nervös. Aber was nützte es, dass wir immer häufiger auf unsere Uhren schauten, deswegen tauchten die Freunde um keinen Deut schneller auf. Endlich, endlich hielt ein Bus und die zwei stiegen aus.
„Es stellte sich als recht schwierig heraus, heute am Sonntag jemanden zu finden, der uns die Reifen flickt", entschuldigten sie sich.
Na, ja, Hauptsache sie waren da. Von nun an konnte kaum mehr etwas schief gehen, wir besassen ja noch ein Reserverad. Spätestens um acht Uhr würden wir zu Hause sein. Dachten wir, aber ....
So lange die Sonne vom wolkenlosen Himmel schien, ging alles gut. Das Auto lief ruhig, leise brummte der Motor seine Melodie. Die Kinder schliefen ermüdet vom Spielen und langen Warten nach wenigen Minuten bereits tief. Ich träumte vor mich hin und verarbeitete die vielen verschiedenen Eindrücke der letzten Tage und freute mich auf unser Heim. Die Sonne verschwand, alles in rotes Licht tauchend, hinter den Bergen, die Dämmerung ging schnell in Nacht über und Dunkelheit legte sich aufs Land. David schaltete die Scheinwerfer ein. Kurz leuchteten sie auf, dann wurden sie schwächer und schwächer, so dass nur ein armseliges Licht auf die Strasse fiel und das Auto fuhr immer langsamer, völlig ohne Kraft. Er schaltete schnell das Licht aus, der Wagen zog wieder an.
„Da stimmt etwas mit der Lichtmaschine nicht! Nimm die Taschenlampe und zünde mir. Ich will nachsehen."

Er konnte nicht feststellen, was unserem Wagen fehlte und versuchte erneut zu starten und das Licht einzuschalten. Doch sobald die Scheinwerfer aufleuchteten blieb das Auto nach wenigen Metern kraftlos stehen. Nun war guter Rat teuer. Wir konnten unmöglich hier draussen die Nacht verbringen, irgendwie mussten wir in die Stadt gelangen.
„Wenn du mit der Taschenlampe aus deinem Seitenfenster auf den Strassenrand zündest, kann ich vielleicht langsam weiterfahren. Wenn ich auf Mitte Strasse halte, sollte nichts passieren."
Wie gesagt, so getan. Ich streckte meinen Arm so weit nach vorne wie nur irgend möglich, hielt die Lampe in meiner Hand und liess den Lichtstrahl auf die Strasse fallen. David fuhr vorsichtig weiter. Er konnte die Fahrbahn nur gerade einen Meter weit erkennen. Ich stand Todesängste aus und ein Stossgebet um das andere stieg von meinem Herzen auf. Nach kürzester Zeit fiel mir beinahe der Arm ab und wir mussten anhalten.
„Nein, so geht das nicht! Ich binde die Lampe an der Stossstange fest. Wie weit ist es wohl noch bis zur Stadtgrenze? Es gibt nichts anderes, wir müssen bis dorthin kommen!"
Der blosse Gedanke an die Weiterfahrt drehte mir beinahe den Magen um. Unsere beiden Begleiter fürchteten sich bestimmt noch mehr. Die Kinder jedoch schliefen selig weiter.
Es wurde immer dunkler und der Lichtschein unserer Lampe immer schwächer. David fuhr verbissen weiter. Kein anderes Fahrzeug, das wir um Hilfe hätten angehen können, begegnete uns. Wir befanden uns mutterseelenallein auf der Landstrasse mit unserem lahmen Vehikel. Endlich gelangten wir in ein Dorf, wo ein kleiner Kiosk offen stand und sogar zwei Taschenlampen und Batterien feilbot. David kaufte die Lampen und befestigte die eine auf seiner Seite an der Stossstange, bei der anderen wechselte er die Batterie aus. Welch ein Luxus, nun besassen wir sogar zwei Lichtlein, die uns den Weg nach Hause wiesen! Noch 35 Kilometer sei es bis Addis-Abeba, teilte uns der Ladeninhaber mit. Was für eine riesige Distanz, wenn man nur im Schneckentempo vorankam und alle paar

Kilometer anhalten musste, um die Batterien zu ersetzen oder die Lampen neu festzubinden. Einmal übersah David einen grossen Stein auf der Strasse und fuhr darüber, durch die Erschütterung fiel eine der Lampen herunter und zerbrach. Zum guten Glück besassen wir noch Ersatz.
Die Zeiger an meiner Uhr rückten auf elf Uhr, als wir in der Ferne die ersten Lichter der Stadt erblickten. Es schien, wie wenn es nun ein wenig flotter vorwärts ginge, aber das bestand nur in unserer Einbildung, David vermochte um nichts schneller zu fahren als vorher. Seine Augen schmerzten ihn vor Anstrengung, die Angst über den Rand hinauszukommen sass ihm immer noch im Nacken. Aber wir sahen das Ziel vor unseren Augen, das half.
Wir erreichten die hohe Steigung die zur Stadtgrenze hinaufführte und sorgfältig nahm David die erste Kurve. Bei diesem steilen Aufstieg ging unserem Auto vollends der Schnauf aus und wir mussten alle aussteigen.
„Oben am Stadtrand befindet sich eine Tankstelle. Wenn ich nur so weit fahren könnte. Ich probiere es noch einmal." David setzte sich ans Steuer und versuchte zu starten. Hurra, es gelang, das Auto lief wieder. Doch sobald wir alle einstiegen, blieb es stehen.
„Also gut, wenn es so nicht geht, fahre ich allein nach Hause. Ich wecke Emil und komme euch holen. Bleibt aber nicht hier im Wald stehen, lauft uns entgegen." Langsam tuckerte er davon.
Wir anderen nahmen mutig den Weg unter die Füsse. Wie lange würde es wohl dauern bis David wieder kam? Eine halbe Stunde, oder vielleicht eine ganze? Die Kinder fühlten sich ausgeruht und empfanden das Gehen in der Dunkelheit als lustiges Abenteuer. Sie fürchteten sich nicht. Warum auch? Erstens kannten sie keine Gefahr und zweitens befanden sich ja Mutti und die beiden jungen Burschen mit dabei, da konnte doch nichts passieren! Von mir stieg wieder ein Bittgebet zum Himmel auf: ‚Herr beschütze Du uns und bring uns gut nach Hause.'
Als ich schon leise zu hoffen anfing, dass nun David bald mit

dem Nachbarn erscheinen würde, entdeckten wir den Volkswagen in einer Kurve vor uns. David hatte alles nur Erdenkliche versucht, ihn weiter zu bringen, aber er blieb endgültig stehen. Wir konnten ihn unmöglich hier mitten auf der Strasse lassen. Mit vereinten Kräften schoben wir ihn einen Kilometer weit den Berg hinauf bis zur Tankstelle. Ich fiel beinahe um vor Müdigkeit.

Wie erwartet, war weit und breit kein Mensch zu sehen und nirgends gab es eine Telephonkabine in der wir hätten Emil anrufen können. David schloss den Wagen ab und wir machten uns auf Schusters Rappen weiter auf den Heimweg. Unser Haus befand sich mindestens noch zwölf Kilometer von hier entfernt. Würden wir diese Strecke schaffen?

Marlies und Dave hielten sich an den Händen und wurden von Testfay und Bekele geführt. Zwischen David und mir liefen Ursula und Peter. Wir marschierten alle schön im Gleichschritt und sangen dazu. Alles, was mir nur gerade in den Sinn kam, stimmte ich an. Wenn ich nicht mehr weiter wusste, fing ich wieder vorne an. So lief es sich viel besser. Manchmal bellten Hunde mit unserem Gesang um die Wette. In dieser Gegend wohnten keine weissen Leute und wir hätten uns auch nicht getraut, jetzt mitten in der Nacht irgend jemanden wach zu klopfen. Unsere Augen gewöhnten sich langsam an die Dunkelheit und wir konnten wenigstens die ärgsten Unebenheiten und Löcher in der Strasse entdecken.

Ich hörte auf zu singen, ich konnte nicht mehr. Mir war elend vor Müdigkeit und Durst. Die Kinder stolperten über einen Stein. Ich bückte mich zu ihnen nieder und sah, dass sie mit fest geschlossenen Augen automatisch weiterliefen. Wir würden es niemals bis nach Hause schaffen!

Aus einer Nebenstrasse tönte Gelächter, dann Autotüren zuschlagen und Motorengeräusch. An uns fuhren drei Autos vorbei, sie beachteten unsere Zeichen nicht. Sehnsüchtig sah ich ihnen nach. Nur eine kurze Weile verging, da kamen uns die drei Autos wieder langsam entgegen. Der erste Fahrer stoppte, liess das Fenster herunter und fragte, ob er uns helfen könne.

„Ja, noch so gerne! Wir möchten nach Hause. Unser Auto stand still."
In den einen Wagen stieg ich mit den beiden Mädchen, in den anderen David mit den Jungen und im dritten fanden die Freunde Platz. Die Leute befanden sich auf dem Heimweg von einer Party! Nachdem sie an uns vorbeigefahren waren sagte die Frau unseres Chauffeurs: „Du, da liefen Weisse mit kleinen Kindern auf der Strasse. Denen ist bestimmt etwas zugestossen! Jetzt um halb zwei in der Früh spaziert man nicht." Sie stoppten auch ihre Bekannten und kehrten um. Ich hätte sie dafür umarmen können!
Todmüde und völlig erledigt öffnete ich die Wohnzimmertür und torkelte hinein. In der Küche brannte Licht. Auf dem Kochherd in der Bratpfanne lagen halbwarme gebratene Kartoffeln. Die kleine Zahai hatte für uns Rösti gekocht und so lange auf uns gewartet bis sie beinahe auf ihrem Stuhl einschlief. Emils Freundin holte sie um Mitternacht zu ihnen herüber, erzählte sie uns am Morgen. Wir tranken nur jedes durstig ein Glas Wasser, dann sanken wir erschöpft ins Bett. Nicht einmal für ein Dankgebet reichte die Kraft.

Zwei gelbe Zitronen

„Mutti, mich schmerzt der Bauch und mir ist so schlecht", jammerte Marlies.
Ich strich ihr tröstend über die Stirn. Sie glühte heiss. O weh, da schien eine Krankheit im Anzug zu sein. Auf alle Fälle musste sie zu Hause bleiben und das Bett hüten. Die anderen drei konnten allein in die Schule gehen. Peter besuchte nun ebenfalls den Kindergarten und soweit ging es ganz ordentlich. Die deutsche Regierung schenkte der Schule einen modernen Autobus und die Kinder stiegen oben an der Strasse in den Bus ein und wurden am Mittag wieder nach Hause gebracht. Das war viel einfacher, als sie immer abzuholen.
Marlies wollte überhaupt nicht essen, nur trinken. Doch auch

das erbrach sie sogleich wieder. Sie schien wirklich ernstlich krank zu werden. Das Fieber stieg weiter an und ich beschloss, mich bei einer Bekannten nach einem guten Arzt zu erkundigen.
„Im Mercato besitzt ein Oesterreicher eine Praxis. Es suchen ihn viele Leute auf. Gehen Sie ruhig zu ihm“, riet sie mir.
Gegen Abend ging es unserer Aeltesten bedeutend besser, der schlimme Brechreiz hatte aufgehört, das Fieber sank und sie trank durstig ein ganzes Glas Milch. Vielleicht geht es doch ohne Arzt freute ich mich bereits. Doch um Mitternacht fing sie erneut zu jammern an. Ich nahm sie in mein Bett, damit die anderen nicht gestört wurden. Sie lag still in meinen Armen, plötzlich flüsterte sie: „Mir ist so schlecht.“ Sie beugte sich über den Bettrand und übergab sich in ein bereitgestelltes Becken. Immer und immer wieder, bis nur noch bittere Galle kam. Dann lag sie völlig erschöpft da. Ich war heilfroh, als endlich der Morgen dämmerte.
David brachte uns zum Arzt. Die Praxis befand sich mitten im Mercato in einem alten, mehrstöckigen Haus. Eine enge, dunkle Treppe führte zum ersten Stock hinauf. Alles machte einen denkbar schlechten Eindruck auf uns. Aber wenigstens schien das Wartezimmer sauber und die Arztgehilfin nett zu sein. Sie fragte sogleich freundlich nach unserem Begehr.
„Was ist mit dem kleinen Mädchen los?“ fragte der Arzt, als wir eintraten. Marlies sah erbärmlich aus.
„Ich weiss es nicht. Sie musste die ganze Nacht erbrechen.“ Er setzte sie behutsam auf den Untersuchungstisch und blickte ihr aufmerksam in die Augen. „Wenn mich nicht alles täuscht, hat ihre Kleine eine schwere Gelbsucht. Schauen Sie, wie gelb die Augäpfel sind. Das ist meistens ein untrügliches Zeichen für diese schwere Krankheit. Aber wir machen zur Sicherheit doch noch einen Test.“
Apathisch liess Marlies die Blutentnahme über sich ergehen.
Der Arzt kam zurück. „Es gibt keinen Zweifel, Ihr Töchterchen leidet unter Gelbsucht. Es ist eine langweilige, schwierige Krankheit und besonders bei Kindern gar nicht damit zu spassen. Sie muss mindestens drei Wochen im Bett verbringen

und sollte vor allem viel Ruhe haben. Ich gebe Ihnen einen genauen Menüplan mit was sie essen darf. Passen Sie gut auf Ihr Kind auf, sonst trägt es einen dauernden Schaden davon. Auch wenn sie sich wieder besser fühlt, muss sie unbedingt noch das Bett hüten. Ich verabreiche ihr jetzt eine Spritze gegen den Brechreiz. Wenn Sie ihr heute nur Tee zu trinken geben, dann können Sie sicher morgen mit der Diät anfangen. Aber noch einmal: tragen Sie Sorge zu Ihrem Töchterchen. Halten Sie alle Vorschriften genau ein und achten Sie darauf, dass sie nicht aufsteht."

Der Arzt schärfte mir das immer wieder ein und machte mich auf alle möglichen Komplikationen aufmerksam. Wenn der Brechreiz nicht aufhöre, sollten wir wieder vorbeikommen, sonst möchte er Marlies in vierzehn Tagen wieder sehen.

Ziemlich niedergeschlagen verliessen wir den Arzt. Das waren keine guten Aussichten. Marlies würde lange Zeit zu Hause bleiben müssen und viele Schulstunden missen. Sie hatte in den Ferien gut nachgeholt und war nun ebensoweit wie ihre Klassenkameraden.

Nun hiess es dazu sehen, dass sie trotz der Krankheit mitkam. Wir richteten ihr Lager auf dem Sofa im Wohnzimmer ein. Die ersten zwei Tage fühlte sie sich so schwach, dass sie nur allzugern im Bett blieb. Gott sei Dank liess bereits am Nachmittag das Erbrechen nach und sie konnte Tee und Zwieback zu sich nehmen. Die Geschwister und vor allem Zahai bemühten sich rührend um sie, sassen beim Bett und erzählten Neuigkeiten von der Schule, überbrachten ihr Grüsse von den Freunden und Lehrern und wenn immer sie sich etwas wünschte, holten sie es alsbald herbei.

Unsere Grosse war schon seit jeher ein vernünftiges Kind und auch als es ihr wieder besser ging, blieb sie gehorsam im Bett. Ich verbrachte natürlich beinahe den ganzen Tag neben ihr, strickte, las ihr vor oder half ihr bei den Schulaufgaben. Sie genoss es sichtlich, mich fast ausschliesslich für sich allein zu beanspruchen. Als die Schmerzen nachliessen, bereitete ihr das Kranksein und Verwöhntwerden langsam Spass.

Es wurde erst problematisch, als ich eines Morgens mit starken

Halsschmerzen und Fieber erwachte. Ich legte mich bald wieder hin und Marlies langweilte sich. Sie stand alle paar Minuten auf, holte dies und jenes aus ihrem Zimmer, kam wieder zu mir und erkundigte sich, wie es mir gehe. Alles Zureden, doch in ihrem Bett zu bleiben half nicht, ich musste mich aufraffen, zu ihr hinübergehen und ihr die Zeit vertreiben.
Zum guten Glück stand das Wochenende vor der Tür und David gab sich mit den Kindern ab, während ich im Bett blieb. Am Montag war der Besuch beim Arzt fällig und ich nahm mir vor, den Doktor zu bitten, mir etwas gegen die Halsentzündung zu verschreiben.
„Die Leber Ihres Kindes ist immer noch stark geschwollen, ich kann es fühlen und der Bluttest zeigt auch keine Besserung, Sie haben nicht gut genug auf sie acht gegeben“, rügte er nach dem Untersuch.
„Ich tat wirklich mein Bestes, aber seit einigen Tagen fühle ich mich selber krank“, verteidigte ich mich.
„Was immer Ihnen fehlen mag, ist bestimmt nicht so schlimm wie die Krankheit Ihres Mädchens. Sie kann für ihr ganzes Leben Nachteile davontragen. Zeigen Sie einmal her!“ Er schaute mir in den Hals und meinte leichthin: „Ihre Mandeln sind ein wenig geschwollen. Ich verschreibe Ihnen Tabletten. Aber noch einmal, es ist gar nicht der Rede wert, deswegen können Sie trotzdem auf Ihr Kind aufpassen!“
Ich schämte mich schrecklich. War ich wirklich so wehleidig? Ich legte mich doch sonst auch nicht wegen jeder Kleinigkeit ins Bett. Die Rüge des Arztes, meine Pflicht vernachlässigt zu haben, betrübte mich tief. Ich nahm mir fest vor, aufzubleiben und mich um Marlies zu kümmern. Doch das war einfacher gesagt als getan. Ich nahm eine der mir verschriebenen Tabletten ein, setzte mich auf einen Stuhl neben ihr Bett und begann vorzulesen. Nach einer Weile verschwammen die Buchstaben vor meinen Augen und mir wurde schlecht. Ich rannte ins Badezimmer und erbrach mich.
„Nein, so geht das nicht. Komm in mein Zimmer und leg dich in Vatis Bett“, befahl ich meiner Grossen. So konnte ich wenigstens ausruhen und sie trotzdem unter Aufsicht behalten.

Mein Zustand verschlechterte sich rapide. Wann immer ich eine Tablette schluckte, musste ich erbrechen. Den einen Moment schlotterte ich, dann quälten mich wieder Schweissausbrüche. Am nächsten Morgen suchte ich wiederum den Arzt auf und beschrieb ihm, wie elend ich mich fühlte.
„Hm. Hielten Sie sich vor einigen Wochen kurze Zeit im Tiefland auf?“
„Ja, wir zelteten am Awasasee.“
„Ach, dann ist alles klar, Sie haben Malaria. Ich gebe Ihnen eine Spritze und Chinintabletten.“
Ohne mich zu untersuchen, einfach nur weil ich ihm von meinem Schüttelfrost berichtete, stellte er diese Diagnose.
„Passen Sie trotzdem gut auf Ihr Töchterchen auf“, rief er mir nach.
Nur fünf Stufen führten zu unserer Veranda hinauf, aber mir kamen sie wie ein unüberwindbares Hindernis vor. Ich vermochte kaum mehr die Beine hochzuheben.
Mit Todesverachtung schluckte ich die verabreichten Tabletten, aber nach kürzester Zeit erbrach ich sie wieder. Nichts Essbares, nur ganz wenig dünnen Tee vermochte ich zu mir zu nehmen. Marlieses Plaudermäulchen lief und sie heischte Antwort. Ich raffte mich auf und versuchte, mit ihr Eile mit Weile zu spielen. Es ging beim besten Willen nicht, die Felder verschwammen mir vor den Augen.
Am Abend besuchten uns die Freunde von der Church of Christ. Sie sassen um das Bett herum, sangen und beteten. Ich lebte ein wenig auf, es stimmte ja, was sie sagten. Gott war doch da und hielt mich fest. Er wusste, wie elend ich mich fühlte. Das tröstete mich.
Zwei Tage lang versuchte ich, genau nach der Vorschrift des Arztes, die Medizin einzunehmen, dann gab ich es auf, es war einfach zwecklos.
„Zieh dich an. Ich bring dich zum Doktor und wenn er dich jetzt nicht genau untersucht, erzähle ich ihm was“, befahl David.
Mit grosser Mühe setzte ich mich auf den Bettrand und wollte in mein Kleid schlüpfen, es gelang mir nicht. David musste mich wie ein kleines Kind anziehen.

Die lange Treppe in die Arztpraxis hinauf, brachten wir in vielen Anläufen hinter uns. Wir traten ein.... und mehr weiss ich nicht mehr. Ich erwachte erst wieder aus meiner Bewusstlosigkeit als ich im Untersuchungszimmer lag und hörte gerade den Doktor sagen: „Ich kann nicht feststellen was Ihrer Frau fehlt. Sie bringen sie am besten ins Spital der ‚Sieben Tage Adventisten'."
David fuhr im Eiltempo durch die Stadt. Die Angst um mich schnürte ihm beinahe die Luft ab. Was würde er anfangen, wenn mir etwas zustossen würde? Diesen beunruhigenden Gedanken schob er aber gleich wieder weg. Sicher war es nicht so schlimm. Im Spital wussten sie bestimmt bald was mir fehlte, tröstete er sich.
Mein Mann half mir aussteigen und führte mich behutsam in den Wartesaal. Jeder Schritt bedeutete eine ungeheure Kraftanstrengung.
„Sind Sie angemeldet?" fragte eine Schwester.
„Nein, aber.....", stammelte ich, dann schwanden mir wieder die Sinne. David konnte mich gerade noch auffangen und in einen tiefen Polstersessel setzen.
Die Pflegerin holte eilig den Arzt. Der warf nur einen Blick auf mich, dann wandte er sich an David: „Wir behalten Ihre Frau hier. Sie scheint ernstlich krank zu sein."
Ich erwachte wieder aus meiner Ohnmacht und der junge Doktor fing an mich zu untersuchen und stellte David viele Fragen. Als er berichtete, dass wir ein an Gelbsucht erkranktes Kind zu Hause hätten, schaute er mir prüfend in die Augen, sagte aber kein Wort.
Ich fühlte mich so kraftlos, dass ich nicht einmal den Abschied von David schwer nahm. Ich sehnte mich nur danach, mich auszustrecken und zu schlafen. Sie brachten mich in einem Sechserzimmer unter, doch ich nahm alles nur wie in einem Dämmerzustand wahr. Die ganze Nacht schien ich in einem schwankenden Boot auf dem Wasser zu verbringen. Ich schwitzte und fror abwechslungsweise und wurde derart seekrank, dass ich mich ein über das andere Mal übergeben musste.

Der Morgen brach an. Ich erwachte. Um mein Bett standen der junge Arzt und zwei Schwestern. Sie lächelten mich an und die eine erklärte: „Es ist ein Einzelzimmer frei geworden. Wir bringen Sie jetzt dorthin!" Ich nahm verschwommen wahr, dass sie sorgfältig mit meinem Bett durch die Tür fuhren und hörte eine Frau ‚Gute Besserung' rufen, dann schlief ich bereits wieder..... „Frau Röschli, wachen Sie doch auf."
Ich vernahm den eindringlichen Ruf und öffnete mühsam meine Augen. Am Bett stand eine hübsche Krankenschwester in ihrer weissen Tracht und strich mir sanft über die Stirn.
„Guten Abend."
Ich blinzelte sie verständnislos an. „Guten Abend?"
Ein Lächeln huscht über ihr freundliches Gesicht. „Ja, guten Abend. Wissen Sie eigentlich, welchen Tag wir heute haben?"
„Ja sicher, es ist Donnerstag."
„Nein, Frau Röschli, es ist Montagabend, ein Viertel vor zehn Uhr."
Ich schaute sie völlig entgeistert an. „Montagabend?" Erst jetzt bemerkte ich, dass im Zimmer eine helle Lampe brannte.
„Ja, Montagabend. Sie lagen viereinhalb Tage ohne jedes Bewusstsein da. Heute ging es ihnen leicht besser und wir hofften, dass Sie in dieser Nacht zu sich kommen würden. Darum sass ich die letzten Stunden hier bei Ihnen und hielt Wache. Nun haben Sie das Schlimmste überstanden."
Montagabend! Ich konnte es immer noch nicht fassen. Wie ging es wohl David und den Kindern? War nicht Marlies auch krank? Wer passte auf sie auf?
„Machen Sie sich keine Sorgen um Ihre Familie, um die kümmerten sich Ihre Freunde. Ihr Mann und die Kinder lassen Sie herzlich grüssen. Ich hole Ihnen ein Glas Tee. Nachher schlafen Sie ruhig wieder ein, der Genesung entgegen."
Ich versuchte, mich an die letzten wachen Stunden zu erinnern und sah mich wieder im schaukelnden Boot. Gott sei Dank war dieser Alptraum vorbei dachte ich noch, dann schlief ich wieder ein.
In der Frühe kam der Arzt zur Visite. Er setzte sich auf den

Bettrand, nahm meine Hand in die seine und sagte: „Sie bereiteten uns schwere Sorgen mit Ihrer starken Gelbsucht. Durch die Einnahme der falschen Medikamente, vor allem der Chinintabletten, verschlimmerte sich Ihr Zustand derart. Es ist ein Wunder, dass Sie wieder erwachten. Ihre körperliche Verfassung war hoffnungslos. Gott selber griff ein und half Ihnen auf. Wir führten die letzten zwei Tage und Nächte eine Gebetskette für Sie durch. Immer eines aus unserer Gruppe betete eine Stunde lang. Der Herr erhörte uns, Sie dürfen weiter leben. Wollen wir Ihm die Ehre geben?"
Ich nickte nur und blickte ihn mit tränenvollen Augen an. Sprechen konnte ich nicht, so tief berührten mich seine Worte. Gläubige Menschen, die mich nicht einmal kannten, traten für mich im Gebet ein und Gott erhörte ihre Bitten. Das schien mir unfassbar. Doktor Johnson betete. Er lobte, dankte und pries Gott für meine Errettung. Ich vermochte nur einen Dank zu stammeln. Ich war zu ergriffen.
Ein überglücklicher David schloss mich am Nachmittag fest in seine Arme. Gott hatte mich ihm noch einmal geschenkt. Wir durften erneut ein unbeschreibliches Wunder erleben.
Während meines Spitalaufenthaltes hatten Carl und Dean Marlies bei sich aufgenommen und pflegten sie. Sobald ich nach Hause entlassen wurde, kam sie auch zurück und wir vertrieben uns gegenseitig, beide gelb wie reife Zitronen, die lange Ruhezeit, die wir noch einhalten mussten. Weder Marlies noch ich trugen den kleinsten Schaden von dieser schweren Krankheit davon. Wir genasen schnell und konnten bald wieder alles essen. Für uns, für Doktor Johnson und seine Freunde war es keine Frage, wem wir dieses abermalige Wunder zu danken hatten.

Rumi

„Wir eröffnen bei uns draussen eine kleine Schule für die Dorfkinder. Ein junger Bursche, der bei Carl im Büro arbei-

tet, wird sie im Lesen und Schreiben unterrichten. Den Mädchen möchte ich gerne einige Grundbegriffe im Nähen beibringen. Hättest du Lust, mir dabei zu helfen?" fragte Dean eines Sonntags nach dem Gottesdienst.
„Wir dachten an dreimal in der Woche, morgens für je zwei Stunden. Wir könnten mit ganz einfachen Sachen beginnen. Vielleicht vorgelochte Kartonbilder sticken, die sie danach ausmalen und zu Hause aufhängen können, später Nastüchlein umhäkeln und dann mit Nähen und Stricken weiterfahren."
Mich lockte es, dieses Angebot anzunehmen. Ich sah endlich einmal eine Möglichkeit, etwas Nützliches zu leisten. David fand es ebenfalls eine ausgezeichnete Idee und ich sagte Dean freudig zu.
Acht Mädchen und ebenso viele Jungen im Alter von sechs bis neun Jahren erschienen erwartungsvoll am ersten Morgen bei uns in der Schule. Tamrat, Dean und ich begrüssten sie gemeinsam draussen vor der Taubstummenschule. Die Mission stellte uns dort einen schönen Raum zur Verfügung.
Alle sechzehn Kinder hatten vorher noch nie eine Schule besucht und Tamrat begann damit, allen zusammen das Alphabet einzutrichtern. Die amharische Schrift besteht aus 267 Schriftzeichen. Jeder Konsonant ist durch Kombination mit sieben Vokalen in sieben Silbenzeichen vorhanden. Ha, Hu, Hi, tönte es schon bald im Chor aus unserer Klasse.
„Die Schüler müssen fähig sein, alle Silben auswendig aufzusagen, erst dann lernen sie lesen und schreiben", erklärte uns Tamrat. Es klang wie ein rhythmischer Singsang: Ha Hu Hi ...., La Lu Li ..., Ma Mu Mi .... .
Mir tat es gut, mit dabei zu sein. Ich lernte mit den Kindern das Alphabet und viele neue Ausdrücke, denn ich verstand die einheimische Sprache noch nicht allzu gut. Als Tamrat mich sogar hie und da eine Unterrichtsstunde halten liess, musste ich mich sehr anstrengen und Wörter büffeln.
Deans und meine Aufgabe bestand jedoch meistens darin, nur mit den Mädchen zu arbeiten, obschon die Jungen auch brennend gern Kartonbilder ausgenäht hätten. Wir pausten

aus Malbüchern hübsche Bilder auf Kartons und David half uns, feine Löchlein hineinzustanzen. Mit viel Begeisterung machten sich die Mädchen an die Arbeit. Den einen ging es bald flott von den Fingern, den anderen mussten wir andauernd helfen, Knöpfe zu entwirren und Fehler zu verbessern. Uns zwei Lehrerinnen bereitete es riesigen Spass und die Zeit verflog uns allen wie im Fluge.

Mein besonderer Liebling war schon bald die zierliche Rumi. Sie spürte das und wenn es ihr gelang, einen Platz ganz in meiner Nähe zu ergattern, leuchteten ihre Augen wie zwei Sternlein vor lauter Glück. Sie gab sich die allergrösste Mühe, alles zu meiner Zufriedenheit auszuführen, aber ihr Faden schien sich unentwegt zu verwirren und niemand nahm meine Hilfe so oft in Anspruch wie sie.

Darum fiel es mir auch sogleich auf, als sie eines Morgens fehlte. „Wo ist Rumi? Ist sie krank?"

„Wir wissen es nicht", ertönte es einstimmig.

Am nächsten Tag erschien sie wieder nicht. „Weiss jetzt jemand von euch, was mit Rumi los ist?"

Erst herrschte Schweigen, dann rief eines der älteren Mädchen: „Rumi hat nichts mehr anzuziehen!"

„Warum nicht?"

„Ihre Mutter wusch ihr Kleid am Bach, da traf sie eine Bekannte und sie begannen zu plaudern. Nachdem diese sich verabschiedet hatte, wollte sie weitermachen, aber den Rock konnte sie nicht mehr finden. Sehr wahrscheinlich schwemmte ihn das Wasser fort.

Rumi besass nur dieses eine Kleid. Nun sitzt sie zu Hause und weint, weil sie die Schule nicht besuchen kann. Rumi lebt allein mit ihrer Mutter zusammen und die vermag ihr keinen neuen Rock zu kaufen."

Welch tiefe Armut begegnete mir da wieder! Gab es das wirklich? Dieses Kind hatte nur ein einziges Kleid und die Mutter sah, nachdem sie es verlor, keine Möglichkeit es irgendwie zu ersetzen. Mich beschäftigte das den ganzen Morgen und ich war eine unaufmerksame Lehrerin.

Nach dem Mittagessen unternahm ich mit unseren Kindern

zusammen einen Ausflug in den Mercato. Wir kauften zwei hübsche Kleidchen für Rumi. Am Abend fuhr uns Vati hinüber zur Schule. Ich fragte Workenesch, die dort am Wegrand ihre Schafe hütete, nach dem Weg zu Rumis Tukul. Das Hirtenmädchen erblickte das Paket in meiner Hand und begleitete uns nur zu gerne dorthin.
Als wir Rumi riefen, kam sie scheu und verlegen aus der Hütte, auf dem Fuss gefolgt von ihrer Mutter. Um ihr mageres Körperchen hatte sie ein dünnes Tuch gewunden. Die Kleine machte einen traurigen, verschüchterten Eindruck. Ich drückte ihr eilig mein Paket in die Hand und bedeutete ihr, es zu öffnen. Verwundert blickte sie auf mich, dann wieder auf das Geschenk. Ein leiser Schrei entfloh Rumis Lippen, als sie die zwei bunten Röcke sah. Sie warf sich vor mir auf den Boden und begann meine Füsse zu küssen. Ich hob sie hoch und streichelte ihr Kraushaar. In den Augen der Mutter standen Tränen, ein um das andere Mal bedankte sie sich.
Von diesem Tag an fehlte Rumi keine einzige Stunde mehr in der Schule. Sie lernte fleissig nähen und bald gehörte sie zu den Flinksten und fertigte reizende Sachen an.
Nach zwei Jahren eröffnete die Regierung in der Nähe eine Schule und die Mission stellte, zu meinem Leidwesen, ihren Unterricht ein. Unsere Kinder besuchten von da an die Regierungsschule.

Im Wildpark

„Vati, schläfst du noch? Gehen wir nicht?“ Dave stand völlig angezogen unter der Tür und zündete im Elternschlafzimmer das Licht an.
Schlaftrunken blickte David auf den Wecker. „He, geht es noch mit dir? Es ist erst vier Uhr!“
„Du versprachst uns doch, dass wir uns früh auf den Weg machen würden. Wir sind alle wach.“

„Ja, wenn das so ist rufe Emil an und frage, ob er auch schon kommt."
Lange musste Dave läuten lassen, bis endlich die verschlafene Stimme unseres Freundes sich meldete: „Was ist?"
„Wir brechen in einer halben Stunde auf."
„Ihr seid total verrückt! Jetzt um diese Zeit!" Nach einer Weile tönte es brummig: „Also gut, ich fahre auch bald los. Wir treffen uns in Nazareth."
Wir planten, zusammen drei Tage an einer heissen Quelle in der Danakilwüste zu verbringen. Wir hatten schon viele Weisse begeistert von diesem besonderen Flecken Erde erzählen hören. Ein Schweizer zeichnete Emil einen genauen Plan, damit wir uns in der Wüste orientieren konnten, um die Oase zu finden.
Frohgemut begaben wir uns mit unserem alten Volkswagen, der natürlich mit zwei Erwachsenen, fünf Kindern, Boby dem Hund sowie allen Esswaren, Zelten und Kleidern wieder total überladen war, auf den Weg.
Flott ging die Fahrt in der frühen, menschenleeren Morgenstunde vorwärts. Tausende von Sternen funkelten vom dunklen Himmelszelt. Sie schienen uns fröhlich zuzuwinken. Hinter den hohen Bergen, die Addis-Abeba umgeben, begann es bereits zu dämmern und der Himmel fing an, sich leicht rosa zu verfärben.
Wir befanden uns gar nicht so allein auf der Strasse wie wir gemeint hatten, viele Lastwagen kamen uns entgegen und blendeten uns mit ihren starken Scheinwerfern.
„Wenigstens gibt es noch keine Kühe auf dem Weg zu dieser Zeit", meinte David.
„Pass auf, da gehen drei Esel", schrie ich in diesem Moment.
Er trat heftig auf die Bremse, wich auf die andere Strassenseite aus und fuhr weiter. Mein Herz klopfte wie rasend. Warum sind Esel aber auch so grau, dass man sie in der Dämmerung kaum erkennen kann? Die Kinder schliefen ruhig hinten im Auto und merkten von unserem Beinahe-Zusammenstoss mit den Vierbeinern nichts.
In Nazareth, dem letzten Ort vor der Wüste, füllten wir noch

den Tank und zwanzig Liter Benzin in einen Kanister. David kontrollierte das Motoröl nach. Um in der Wüste nicht stekkenzubleiben, muss alles am Auto stimmen.
Tank augefüllt Eth. Dollar 8.35
20 Liter Benzin Eth. Dollar 8.40
1 Liter Oel Eth. Dollar 0.95
Diese einfache Rechnung erweist sich als überaus schwierig für den Tankwart, dreimal kommt er mit dem Rückgeld, schüttelt den Kopf, fängt erneut zu rechnen an und geht wieder zur Kasse zurück. Endlich beim vierten Versuch scheint es zu stimmen. Stolz zählt er David das Geld heraus.
Wir liessen die fruchtbare Gegend hinter uns, vor uns lag die Danakilwüste in der nichts mehr wuchs als Steppengras, dürre Sträucher und halbverdorrte Akazienbäume. Ein trostloses, unbelebtes Gelände dachten wir, bis wir plötzlich viele Wildtiere entdeckten. Tick Ticks, die wendigen Zwergantilopen, huschten flink ins Gebüsch, wenn wir anhielten, um sie zu photographieren. Vor uns sprangen dunkelbraune Bodenhörnchen, die mit unseren Eichhörnchen zu vergleichen sind, über die Strasse und verschwanden in einem Steinwall. Nicht weit vom Wegrand scharrte ein trächtiges Kuduweibchen, das ist die grösste Antilopenart der Welt, mit den kräftigen Hufen unter einem Strauch. Immer wieder rannten langgehörnte Orexe in ganzen Rudeln durch die Ebene davon, so dass der Boden erzitterte und eine dichte Staubwolke aufwirbelte. Boby blickte wie gebannt den davonstiebenden Tieren nach. Er winselte vor Begierde, ihnen nachzujagen.
„Vati, Vati, stopp“, schrien sechs Stimmen auf. David trat erschrocken auf das Bremspedal. Unser Gefährt schlitterte noch einige Meter durch den tiefen Staub, bis es zum Stehen kam. Aus dem nahen Unterholz kam ein grosses Warzenschwein heraus geschossen, seine beiden kräftigen Hauer kampflustig in die Höhe gereckt und rannte quietschend vor uns her.
„Seht, dort vorne bewegt sich etwas. Vielleicht sind es Löwen.“ Ich zeigte mit meiner Hand in den Busch. Angespannt

blickten alle in die gewiesene Richtung. David begann laut zu lachen:
„Aber Marie, seit wann haben Löwen einen Buckel?"
Mit Recht foppte er mich, denn beim Näherkommen entpuppten sich die erwarteten Könige der Wüste als ganz gewöhnliche Zebruküche, die von einem Danakili gehütet wurden. Die Männer dieses Volksstammes sind hochgewachsen, gehen stolz aufgerichtet und sind von grausamer Gesinnungsart. Es ist eine erwiesene Tatsache, dass die heiratsfähigen Jünglinge bevor sie eine Frau freien dürfen, erst als Trophäe das Glied eines ermordeten Mannes oder die Mähne eines eigenhändig erlegten Löwen vorweisen müssen. Viele europäische Naturforscher, Beamte und Ingenieure, die an der Dschibutibahn, welche durch die Danakilwüste führt, arbeiteten, verloren deswegen ihr Leben. Seit einigen Jahren werden solche Vorkommnisse von der Regierung auf das härteste bestraft, daraufhin vernahm man von keinem Mord an Weissen mehr. Unter den Afars wird dieser Brauch aber immer noch ausgeübt. Auf diese Weise könne sich nur der Stärkste fortpflanzen, wurde erklärt. Mich schauderte es und Angst kroch in mir hoch, wenn ich daran dachte, in welches Gebiet wir uns wagten.

Wer sucht, der ....

Wir erreichten einen Wegweiser auf dem in amharischen und lateinischen Buchstaben geschrieben stand: „Wulga Farm 30 km". Nun würden wir die Hauptstrasse verlassen, um den Lastwagenspuren zur Farm zu folgen. Diese zu finden, sollte nicht allzu schwierig sein, denn die schweren Transporter gruben, wenn es einmal regnete, tiefe Furchen in das Land. David und Emil mussten aufpassen, dass sie nicht plötzlich in einem Loch aufschlugen oder in einen grossen, vom Sand überdeckten

Steinbrocken fuhren. Es war gar nicht so einfach, immer eines der Geleise unter dem Wagenchassis zu behalten, mit einem Rad auf der Erhöhung zwischen den beiden Spuren und dem anderen Rad im Steppengras zu balancieren.
Die Gegend wurde immer trostloser, nur noch vereinzelte Büsche und hie und da ein Akazienbaum, sonst nur Sand soweit das Auge reichte. Selbst Tiere erblickten wir keine mehr. Die Sonne brannte unbarmherzig von einem tiefblauen, wolkenlosen Himmel. Der Schweiss rann uns in Strömen am Körper herunter und die Kleider klebten uns am Leibe. Der feine Staub kroch uns in Mund, Nase, Augen und Ohren und fing an zu brennen, Zahais schwarze Haare sahen aus wie gepudert.
Langsam krochen wir durch die Ebene. Schnaufend und röchelnd arbeiteten sich unsere Autos einen steilen Hügel hinauf. Emil stoppte dort oben und verlangte einen längeren Halt. Nur zu gerne folgten wir dieser Aufforderung und aufatmend entstiegen wir der engen, heissen Konservendose. Tat das gut, sich zu strecken und zu recken und sich am kühlen Mineralwasser zu laben. „Nicht wahr Emil, das war lustig, als das Wildschwein davonrannte“, sagte Ursula.
„Ich sah keines. Ueberhaupt nicht einen einzigen Schwanz von einer Gazelle oder sonst etwas erblickten wir.“
„Das kann doch nicht möglich sein! Wo hast du denn nur hingeschaut?“
Ich glaube es gibt Menschen, die könnten durch das Paradies fahren, ohne einen Engel zu sehen, weil sie kein Auge dafür besitzen, dachte ich.
Von hier oben führte der ausgefahrene Weg einer tiefen Schlucht entlang, dann durch eine endlose, sandige Ebene zu der fünfzehn Kilometer weit weg auf einer Anhöhe gelegenen Farm. Die Luft flimmerte in der Mittagshitze, die Augen fingen an zu tränen und die Kinder, die wirklich nicht viel Platz in Anspruch nehmen konnten, wurden quengelig und stritten zusammen.
„Soll ich euch hier ausladen und allein weiterfahren?“ drohte der Vater; das nützte eine Weile, dann ging es wieder los.

Bei der Farm angelangt, sagte David zu Emil: „So, nun nimm deinen Plan hervor und weise uns den Weg."
Der kratzte sich am Kopf und erwiderte verlegen: „Die Zeichnung liegt zu Hause auf dem Tisch."
„Du bist gut! Da nützt sie uns viel", antwortete David ärgerlich.
Wir fuhren hinauf zum Farmhaus und erkundigten uns nach dem Weg zur Oase. „Fahren Sie Richtung Awasch-Station. Dann geht es eine kleine Steintreppe hinunter. Nachher fünf Kilometer links und wenn Sie einen grossen Palmenwald sehen, sind Sie dort", erklärte ein Arbeiter.
Aber ganz so leicht wie der meinte, war das Auffinden der heissen Quelle nicht. Nun zeigten uns keine Lastwagenspuren mehr den Weg. Einen Kompass besassen wir nicht und die Richtung, in welcher sich das genannte Dorf befand, wussten wir nur so ungefähr. Doch wagemutig machten wir, dass wir weiterkamen. Wir wollten baldmöglichst bei der Oase ankommen, um baden und ausruhen zu können. Doch erst einmal hiess es sie finden!
In einigem Abstand folgten wir Emil. Ein leichter Wind wehte den aufgewirbelten Staub auf die Seite, wir konnten unseren Führer gut sehen. Erst fuhr er flott voraus, dann immer langsamer, bis er zuletzt gar stoppte und uns herankommen liess.
„David, ich weiss beim besten Willen nicht mehr weiter. Probier du dein Glück. Vielleicht bist du der bessere Fährtensucher als ich."
So übernahmen wir wieder die Führung. Querfeldein durch den Sand, zwischen Büschen hindurch, wie es gerade kam. Wenn immer wir in der Ferne ein paar hohe Palmen erspähten, hielten wir hoffnungsvoll darauf zu. Jedesmal erwartete uns eine herbe Enttäuschung, denn statt der heissen Quelle fanden wir nur einige halbverdorrte Bäume und einen ausgetrockneten Sumpf.
Ich wurde immer übellauniger. Ach, wären wir doch zu Hause geblieben und hätten diese verrückte Fahrt unterlassen! Ich getraute mich jedoch nicht, meine rebellischen Gedanken auszusprechen, denn ein Blick in Davids mürrisches Gesicht

zeigte mir, dass seine Laune auch nicht die beste war.
Unser Wagen rumpelte über Vulkansteine in ein kleines Tal. Plötzlich befanden wir uns auf einem anscheinend oft befahrenen stufenartigen Weg.
„Könnte das nicht die beschriebene Steintreppe gewesen sein? Dann sollten wir links dieser Felswand entlang fahren“, wandte ich mich an meinen Mann.
„Das glaube ich nicht! Mir sah das gar nicht nach Stufen aus. Ich folge lieber dieser gut ersichtlichen Spur.“
Die Hoffnung, bald ans sehnlichst erwartete Ziel zu gelangen, stieg angesichts dieser deutlichen Geleise. Emil blieb dicht hinter uns. Der Weg führte an einen völlig ausgetrockneten, breiten Fluss, schräg das Ufer hinunter, zwischen Steinbrokken hindurch auf die andere Seite. Mitten im Flussbett ging unserem Auto der Schnauf aus. Der Motor war überhitzt und alles dick mit Staub bedeckt, kein Wunder streikte er. Wir mussten wohl oder übel eine längere Rast einschalten. Weit und breit befand sich kein Baum oder Strauch unter den wir uns hätten setzen können. Die Sonne stand genau über uns und der VW spendete ebenfalls keinen Schatten.
David hängte den prallgefüllten Wassersack an den Dachrost und öffnete das Hähnchen. Durstig labten wir uns und liessen das Wasser über die verschwitzten Gesichter fliessen. Auch Boby leckte begierig jeden danebenfliessenden Tropfen auf, da füllte ich meine zu einem Gefäss geformten Hände und liess ihn daraus trinken. Der Staub und die Hitze plagten ihn mindestens ebenso sehr wie uns.
David nahm den Luftfilter aus dem Motor; klar, dass das Auto stillstand, wenn keine frische Luft mehr durch das Sieb zu dringen vermochte. Sorgfältig reinigte er den Filter von allem Schmutz und baute ihn wieder ein. Zu unserer Freude sprang das Auto nach dieser Prozedur beim zweiten Versuch an. David liess uns jedoch erst, als er das andere Ufer erreicht hatte, einsteigen. Nach einem Kilometer kamen wir an eine Felswand, in der der Weg treppenartig ausgehauen war.
„Das ist jetzt die angegebene Treppe! Da oben muss sich die Oase befinden“, frohlockte David und nahm die Steigung in

Angriff. Doch für unser vollgeladenes Vehikel war diese Anstrengung zu viel, wiederum blieb es stehen. Die Kinder und ich halfen stossen. Aufatmend langten wir oben an und liessen hoffnungsvoll unsere Augen umherschweifen. Weit und breit erblickten wir keine Palmen. In der Ferne schienen blechbedeckte Häuser zu stehen, was überhaupt nicht in das Bild passte, das wir zu sehen erwarteten.
Emil fuhr allein darauf zu und kehrte bald missmutig zurück. „Da vorne befindet sich Awasch-Station. Wir müssen umkehren."
Die Felsentreppe hinunter gings einfach, aber kaum im Flussbett angelangt, bockte der Wagen wieder. Alles Probieren half nichts, unser Auto wollte nicht mehr! Der Motor verlor Oel. Was nun?
„Ich denke, wir begeben uns am besten zur Farm zurück und zelten dort am Fluss. Abschleppen kann ich dich nicht mit der ganzen Bagage. Ich lade die Hälfte auf, fahre an die Wulga, kehre um und hole dich mit dem Rest", schlug Emil vor.
Zahai, Marlies, Ursula, Boby und ich quetschten uns hinten in seinen Volkswagen. Damit ich inzwischen das Zelt aufstellen konnte, wurde es auch noch auf dem Dachrost festgeschnürt. Die Jungen warteten mit Vati.
Wir erreichten bald das kleine Tal, wo ich vorher David gefragt hatte, ob nicht von hier der Weg zur heissen Quelle abzweige. Nun machte ich Emil darauf aufmerksam, denn ich sah, dass der Felswand entlang einige Spuren führten.
„Ach wo", war seine abwehrende Antwort.
Ich zuckte mit den Achseln. Dann halt nicht! Aber mit ein wenig Phantasie könnte man die leichte Steigung, die wir nun mit dem Auto hochkletterten, auch als Treppe bezeichnen fand ich.
Vor uns im Sand zeichnete sich eine deutliche Spur ab. Wir nahmen sie als Wegweiser und zu unserer Ueberraschung langten wir nach zwanzig Minuten bei der Farm an. Ueber zwei Stunden waren wir nun kreuz und quer durch die Wüste gefahren und dabei befanden wir uns immer noch in der Nähe der Plantage. Ein Farmarbeiter, den Emil nach dem Weg zur

Wulga fragte, rannte bereitwillig vor unserem Auto her und führte uns. Mir fiel ein Stein vom Herzen, als ich den Fluss erblickte. Wenigstens dieses Ziel erreichten wir ohne Probleme. Ich meinte, dass Emil nun sogleich losbrausen und David holen würde. Doch weit gefehlt! Gemütlich stellte er einen Campingtisch und Stühle auf und trank genüsslich mit seiner Freundin zusammen ein Bier. Später legte er sich aufs Ohr und schlief. Mich verjagte es beinahe! Ich sah meine drei draussen an der prallen Sonne schmoren und warten. David hätte in der gleichen Situation völlig anders gehandelt. Für ihn wäre es sonnenklar gewesen, sich schnellstens wieder auf den Weg zu begeben. Ich biss meine Zähne zusammen, damit mir kein böses Wort entschlüpfte und lief zu den Kindern, die sich im kühlen Wasser tummelten.
Endlich sah ich Emil wegfahren! Zahai und ich gingen nach oben und versuchten, unser grosses Zelt aufzustellen. Mit viel Kraftanstrengung gelang es uns, alle Stangen zu entwirren, das Gestell zusammenzusetzen und die Blachen darüberzubreiten. Als wir anfingen, die Pflöcke in den harten Boden einzuschlagen, kam plötzlich ein heftiger Windstoss und alles lag wieder kreuz und quer auf dem Boden. Aergerlich liess ich das ganze Durcheinander liegen. Es hatte keinen Sinn, ich schaffte es doch nicht. Völlig erschöpft streckte ich mich auf einer Decke aus und versuchte, auszuruhen. Meine Gedanken begleiteten Emil auf seiner Fahrt und weilten bei David und den Jungen. Immer wieder schaute ich sehnsüchtig auf meine Armbanduhr. Die Zeiger rückten bereits gegen fünf Uhr und noch war keine Spur von den Männern zu sehen. Fand sie unser Freund wohl nicht mehr? Wenn ich an all das dachte, was ich Schreckliches über die Menschen dieser Gegend hörte, stieg grosse Angst in mir hoch und peinigte mich. Ich wies mich selber zurecht. Warum sich immer das Schlimmste ausmalen? Bete lieber. Ich versuchte krampfhaft, meine Gedanken zusammenzuhalten und mich an Gott zu wenden. Es gelang mir nur, mit bang klopfendem Herzen zu stammeln: „Bitte, lass David und den Jungen nichts passiert sein.“
Emil kam allein zurück! Mein Gott, was war geschehen? Eisi-

ger Schreck durchfuhr mich. Emil jedoch lachte über das ganze Gesicht und rief uns von weitem zu: „Packt alles ein. Wir fanden die Oase, es ist wunderschön dort, wie im Paradies."

„Mein Gott, ich danke Dir", murmelte ich leise vor mich hin.

Es fing bereits zu dämmern an, als wir von der Wulga aufbrachen. Die Wildtiere, die während der Hitze des Tages ruhten und sich versteckten, erwachten zu neuem Leben. Ueberall huschten Tick Ticks über den Weg und die weissen Hinterteile der anmutigen Thomson Gazellen leuchteten von weitem. Hasen hoppelten hintereinander her. Bei einem Palmenwäldchen standen Hunderte von Kamelen. Stämmige Wächter, die lange, krumme Messer um den Bauch gegürtet trugen, bewachten die Herde. Denen möchte ich nicht allein begegnen, mich schauderte. Jetzt, sicher drinnen im Auto sitzend, winkten wir ihnen freundlich zu. Sie hoben nur leicht die Hände zum Gruss.

„Der Weg zur heissen Quelle führte wirklich dort bei der Felswand entlang, wie du richtig vermutet hast", gab Emil Bescheid, als wir über die Vulkansteine hinunterrumpelten. Ich fühlte mich zu erschöpft, um zu triumphieren.

Hoffentlich stellte David bereits das Kinderzelt auf und kochte inzwischen das Nachtessen, wünschte ich mir sehnlichst. Doch diesen Traum begrub ich, als ich ihn mit den Jungen beim havarierten Fahrzeug stehen sah.

Emil nahm nun unseren Wagen ins Schlepptau und ohne weitere Probleme erreichten wir die drei Kilometer entfernte Oase. Die Nacht war hereingebrochen, wir konnten nicht mehr viel erkennen. Zum guten Glück lagen viele trockene Palmenzweige herum, so dass im Nu ein mächtiges Feuer brannte, in dessen hellem Schein wir die Zelte aufstellten und ich eine heisse Suppe zubereitete.

Ich besass kaum mehr die Kraft, etwas zu helfen. Als David barsch fragte, wo ich denn um Himmelswillen den Hammer hingelegt hätte, kämpfte ich mit den Tränen, nur die Kinder freuten sich, dass wir nun schliesslich doch noch am Ziel anlangten und griffen tatkräftig zu. Marlies rührte die Suppe im

Topf über dem Feuer, Zahai deckte den Tisch, Ursula blies die Gummimatratzen auf, Dave suchte Palmenblätter fürs Lagerfeuer und Peter hielt dem Vater die Zeltpflöcke hin. Gemeinsam schafften wir es, fertig zu werden. Wir setzten uns zusammen mit Emil und Anhang um den Campingtisch und liessen uns die wohlverdiente Suppe schmecken. Wir fühlten uns alle zu Tode erschöpft, waren wir doch fünfzehn Stunden unterwegs gewesen.

Im Paradies

„Komm Faulpelz, wach auf, das Morgenessen ist bereit." David steckte den Kopf ins Zelt herein und lachte. Schlaftrunken rieb ich mir die Augen. Draussen schien die helle Sonne durch die Palmenblätter.

„Mutti, wir badeten schon und wuschen das Geschirr vom Abend ab. Schau nur wie schön es hier ist", rief mir Marlies zu.

Bei unserer Ankunft gestern erkannten wir ja kaum noch die Umrisse des Platzes. Jetzt bemerkte ich, dass unser Platz von hohen Dumpalmen und kleinerem Gebüsch aus fächerartigen Palmenblättern umgeben und dadurch abgeschirmt war. Heisses Quellwasser floss sprudelnd über aufgetürmte Steinbrocken in ein natürliches Becken und verliess dieses als kleines Bächlein, welches rauschend, beinahe verdeckt unter umgestürzten, halbvermoderten Bäumen dahinfloss. Ueber den Bach führte eine primitive Holzbrücke, dahinter befand sich ein weiteres Becken, dessen Wasser so glasklar war, dass man bis auf den tiefen Grund sehen konnte. Das kochendheisse Wasser stieg aus dem Boden an die Oberfläche. Die Bäume und der Himmel spiegelten sich darin. In diesem Wasser würde man sogleich zu einem roten Krebs, wenn man es wagen sollte, hineinzuspringen.

Wir vergnügten uns im kühleren Wasser des vorderen Bekkens, schwammen hinüber zum kleinen Wasserfall, setzten

uns auf die ausgewaschenen Steine und liessen das warme Wasser über uns fliessen. Eine mächtige Dumpalme wuchs schräg über das natürliche Becken geneigt. Die Kinder kletterten wie flinke Aeffchen daran hoch und sprangen herunter. David nahm den Motor unseres Autos auseinander. Er sah bald, was die Panne verursachte. Der Oelkühler hatte einen langen Riss und das Oel war ausgelaufen. Keine besonders guten Aussichten, so weit von der nächsten Garage entfernt! Doch wollten wir jetzt die Köpfe nicht hangen lassen, sondern erst einmal den schönen Morgen in der freien, unverdorbenen Natur geniessen. Sorgen konnten wir uns nachher noch genug. Und wirklich gelang es uns beiden, abzuschalten und mit den Kindern zusammen unbeschwert zu baden und zu spielen. Nach dem Mittagessen machten sich David und Emil auf zur Farm. Vielleicht würden sie dort in der Werkstatt etwas finden, um den Oelfilter zu löten. Die Kinder blieben alle bei

mir, vom Autofahren hatten sie vorläufig genug. Ich zog mich ins Zelt zurück, um zu beten und in der Bibel zu lesen, aber die Müdigkeit überfiel mich mit aller Macht und ich schlief ein.
Bereits nach einer Stunde kehrten die Männer zurück. Ausser einem Stück Kupferrohr hatten sie nichts Rechtes gefunden. David brachte das Rohr im Feuer zum Glühen und lötete damit sorgfältig den Riss im Kühler. Langsam, Millimeter um Millimeter, mit viel Geduld und Geschicklichkeit schaffte er es. Befriedigt schaute er auf sein Werk. Ein Problem schien gelöst zu sein, nun kam das nächste: Woher das Oel nehmen, um den Motor damit zu füllen?
Am späten Nachmittag erschien der Missionsarzt von Awasch-Station mit seiner Familie an der heissen Quelle. Erstaunt blickte er auf den ausgebauten Automotor und fragte spontan: „Kann ich Ihnen irgendwie behilflich sein?“
„Ja, ich brauchte unbedingt Oel.“
„Ich führe eine Gallone (3,7 l) im Landrover mit. Sie können es gerne haben, ich wäre nur dankbar, wenn Sie den leeren Kanister auf der Farm für mich abgeben würden.“
Von Bezahlung wollte er nichts wissen. Erleichtert baute David den Motor wieder ein, füllte das Oel nach und versuchte zu starten. Atemlos lauschten wir. Siehe da, nach etlichem Mühen sprang der Motor an und David begab sich auf eine Probefahrt. Glücklich stieg er wieder aus, es machte den Anschein, als wäre alles in bester Ordnung. Nun konnten wir erst recht den herrlichen Tag aus frohem Herzen geniessen.
Als es kühler wurde, unternahmen wir einen kurzen Spaziergang. Wir erreichten eine dritte Wasserstelle; an deren seichtem gegenüberliegenden Ufer sonnten sich drei faule Krokodile. Zum guten Glück befanden sich die heimtückischen Reptilien dort drüben und nicht hier.
Die Sonne ging langsam hinter der schroffen Felswand unter. Krächzend flogen mächtige Vögel an und liessen sich auf den hohen Palmen, die sich jetzt im eigenartigen Dämmerlicht klar gegen den Himmel abhoben, zum Schlafen nieder. Langsam begann das Firmament grau zu werden und dann dunkel.

Erschreckte Gazellen rannten vor uns davon und aufgescheuchte Hasen sprangen über den Weg. Boby mussten wir fest an der Leine führen, das Jagdfieber packte ihn mit Gewalt, aber er hätte verloren gehen können in der Weite dieser öden Steppe.

Auf der Farm

Am nächsten Morgen herrschte um acht Uhr bereits Aufbruchstimmung. Wir wollten nicht zu spät von der Oase wegfahren, denn wie weit wir mit unserem geflickten Motor kommen würden, wer wusste das? Es sah momentan zwar alles bestens aus, aber .....!

Die kurze Strecke bis zur Steintreppe lief unser Auto ausgezeichnet. Aber schon die nächste Steigung schaffte es nicht ohne weiteres.

„David, wenn ich bloss daran denke. wie weit wir von Addis-Abeba entfernt sind, wird mir beinahe schlecht."

„Mach dir keine Sorgen; irgendwie kommen wir schon nach Hause."

Plötzlich leuchtete das Warnlicht, welches den Oeldruck anzeigte, grell auf und löschte nicht mehr aus. Der Automotor war ausgebrannt. Fertig! Aus!

Emil holte uns ein und wie es so seine Art war, begann er erst einmal kräftig zu fluchen: „So ist eurem verdammten Chlapf schon wieder der Schnauf ausgegangen. So eine Scheisse!"

David antwortete nichts, liess ihn schimpfen.

„Was machen wir jetzt? Ich kann euch unmöglich alle zu mir ins Auto laden."

„Schlepp uns bis zur Farm, dann sehen wir weiter."

Ich musste mich wieder einmal über meinen Gatten wundern, wie gelassen er immer in solch schwierigen Situationen blieb. Seine Ruhe gab auch mir und den Kindern Sicherheit und wir liessen ebenfalls alles gefasst auf uns zukommen.

Die Männer banden ein starkes Seil an den beiden Wagen fest

und Emil zog uns langsam durch den Sand. Wir konnten kaum etwas erkennen. Staubwolken nahmen uns jegliche Sicht. Oft zerriss das Seil, weil David brüsk bremste. Emil merkte es immer erst wenn er ein Stück weiter vorn war und kehrte dann fluchend zurück.

Das Gutshaus des Italieners, die Lagerhallen, Ställe und die Werkstatt standen oben auf einem Hügel. Rund um die vielen Gebäude war eine solide Steinmauer erbaut worden. Hinten fielen schroffe Felsen zum Fluss ab. Alles machte den Eindruck einer alten Festung aus einem Indianerfilm. Die Eingeborenenhütten der 1200 Arbeiter lagen dicht aneinandergereiht unten am Abhang.

Die beiden Männer suchten den Manager auf, um ihn um Rat zu fragen. Er hörte sich ruhig Davids Geschichte an und anerbot uns sogleich zuvorkommend, dass wir hier übernachten und warten könnten, bis uns jemand abholte, oder einer seiner Lastwagen uns nach der Hauptstadt schleppe. Das bedeutete genau die richtige Hilfe in unserer Notlage. Emil verabschiedete sich und versprach, unseren Freunden und auch an Davids Arbeitsplatz Bescheid zu geben, wo wir steckten.

Der Farmer wies uns einen angenehmen, luftigen Aufenthaltsort zu. An drei Seiten des Wohnhauses befand sich eine breite, wegen der lästigen Moskitos mit feinem Draht bespannte, überdeckte Veranda. Hier durften wir uns häuslich niederlassen. Die Nächte in dieser heissen Gegend kühlen nicht besonders ab. Wir würden beim Schlafen einen leichten Durchzug bestimmt als wohltuend empfinden. Wir legten unsere Gummimatratzen auf den Boden, stellten den Campingtisch und die Stühle auf und richteten uns gemütlich ein. Trotzdem hofften wir, die Gastfreundschaft des Farmers nicht allzu lange in Anspruch nehmen zu müssen.

Die Kinder freundeten sich im Handumdrehen mit den zwei Köchen an und halfen ihnen beim Gemüserüsten. Boby und die Hündin des Italieners beschnupperten sich, fanden Gefallen aneinander und suchten gemeinsam einen kühlen Schattenplatz auf.

Von hier oben besassen wir einen wunderbaren Ausblick. Ki-

lometerweit erstreckte sich die Baumwollplantage vor unseren Augen. Aufgesprungene, reife Knospen schimmerten weiss an den Sträuchern. An prächtigen Bananenstauden und hohen Papayabäumen prangten die herrlichsten Früchte in den künstlich bewässerten Feldern. Dem breiten, das ganze Jahr hindurch nie versiegenden, Wulgafluss entnahm der Farmer das Wasser für die Kulturen. Wir befanden uns mitten in der Danakilwüste in einem Garten Eden. Hier liess es sich bestimmt ein oder zwei Tage aushalten!
In der Abenddämmerung stiegen Rauchwölklein auf. Die Arbeiterfrauen kochten in ihren Tukuls das Essen über dem Holzfeuer. Bald lag es wie leichter Dunst über dem ganzen Dorf.
Ich fragte in der Küche an, ob ich auf ihrem Kochherd etwas zubereiten dürfe, Koch Asafa lachte: „Nein, das geht nicht. Ihr seid die Gäste meines Herrn und das Mahl ist für euch bereits gekocht.“ So selbstverständlich wie der Farmer uns aufgenommen hatte, liess er uns nun auch am Essen teilnehmen, einem richtigen italienischen Schmaus mit verschiedenen Gängen: Salat, Spaghetti mit Sauce, gebratenem Fleisch, Kartoffeln und Gemüse, zum Dessert Papayas und Kaffee.
Rundherum satt und zufrieden legten wir uns zur Ruhe nieder. Ich lauschte auf die Geräusche der Nacht. Die Grillen zirpten im Hof, die Tauben gurrten leise im Schlag. Aus der Ferne hörte ich das Heulen der hungrigen Hyänen und einmal vermeinte ich, das Gebrüll eines Löwen zu vernehmen. Leises Schnarchen neben mir verkündigte, dass nur ich noch wach lag. Das Wissen um die Geborgenheit hier in diesem Haus und den Schutz den die Liebe Gottes um uns legte, half auch mir, bald in einen traumlosen Schlaf zu versinken.

An der Wulga

Der Morgen graute. Die Hühner im Eingeborenendorf fingen an, in den verschiedensten Lautstärken und Tonlagen zu krä-

hen. Schafe und Ziegen meckerten und drängten ungestüm hinaus. Einige wohlhabendere Vorarbeiter besassen eine Kuh, die der Hüterjunge abholte und zum Fluss brachte.
Früh begann der Arbeitstag auf der Farm. Die Männer nützten die kühlen Morgenstunden, um von den Bäumen und Sträuchern die reifen Früchte zu pflücken und im Garten die Wassermelonen zu ernten. Am Nachmittag, wenn die unbarmherzige Sonne heiss auf das Land brannte, blieb man lieber in den Hütten sitzen, um erst gegen Abend die mühsamen Hackarbeiten und das Auflockern der steinharten Erde in den Feldern an die Hand zu nehmen.
Nach einem reichhaltigen Morgenessen begaben wir uns hinunter zum Wasser, dabei durchquerten wir das Dorf. Beinahe aus jeder Hütte schauten uns neugierige Frauen und Kleinkinder entgegen.
Für die zahlreichen Dorfkinder stellte die Regierung dem Farmer einen Lehrer zur Verfügung. Diese blieben aber nur gezwungenermassen hier in der Wüste. Wenn immer sie eine Möglichkeit fanden, heimlich abzuwandern, taten sie es. Sie fürchteten sich, wie auch die Farmarbeiter, schrecklich vor den grausamen Danakils und wagten keinen Schritt allein vom eingehegten Gelände weg. Die Lehrer wollten viel lieber irgendwo arbeitslos leben, als hier bleiben.
Unter einer mächtigen Schirmakazie hing an einem dicken Ast eine Wandtafel. Der Lehrer schrieb die Buchstaben dort gut sichtbar hin. Die Schüler sassen in einem mehrreihigen Halbkreis am Boden und bemühten sich redlich, die Schriftzeichen auswendig zu lernen. Aber immer wurden sie in ihrem luftigen Schulzimmer durch herumkriechende Käfer, gakkernde Hühner, spielende Hunde oder sie zwickende Ameisen in ihrer Aufmerksamkeit gestört. Erwischte sie der übellaunige Lehrer dabei, dass sie nicht aufpassten, hieb er ihnen mit einem langen Stock flugs eines hinter die Ohren und heftiges Schreien ertönte. Wir blieben stehen, schauten und hörten den Lernenden zu.
„Was meinst du, Dave, wenn du in eine solche Schule gehen könntest?“

„Das würde mir Spass machen!"
„Nein, ich möchte das nicht! Der Lehrer schlägt die Kinder mit der Rute." Marlies rümpfte ihr Näschen.
Mir tat der Junge leid, der, weil er zu uns herübersah, gerade einen Schlag einheimste und in Wehklagen ausbrach. Wir machten, dass wir weiterkamen um sie nicht noch mehr abzulenken.
Unsere fünf stürzten sich fröhlich lachend ins kühle Nass. Boby sprang laut bellend hintennach.
„Vati, schau hier oben wo das Wasser gestaut ist, tummeln sich grosse Fische. Meinst du, der Farmer besitzt eine Fischerrute?" fragte Dave aufgeregt.
„Du kannst ihn ja am Abend fragen."
Wir zwei sassen im Schatten, liessen es uns wohl sein und beobachteten die Kinder. Unsere Gedanken schweiften natürlich nach Hause. Was sagten sie an der Universität, als David nicht zur Arbeit erschienen war? Emil hatte bestimmt am Morgen gleich Bescheid gegeben. Kam uns wohl jemand mit einem Landrover abholen? Vielleicht Karl und Lilian, die dänischen Arbeitskollegen, oder Carl unser Pfarrer. Irgend jemand würde sich sicher heute noch auf den Weg machen.
Jedoch ein Tag verging, der zweite, der dritte. Von unseren Freunden keine Spur! David wurde langsam unruhig. Was, wenn Emil vergessen hatte, es den andern mitzuteilen? Möglicherweise auch dem Sabenja und der Mamita nicht, diese würden sich bestimmt ebenfalls um uns ängstigen.
Am Dienstagnachmittag erschien ein Lastwagen, um Früchte nach Addis-Abeba zu holen. Der Chauffeur weigerte sich aber strikte, uns abzuschleppen. Das sei viel zu gefährlich, meinte er. Wenn das Seil reissen, oder uns sonst irgend etwas zustossen würde, könnte er es wegen des Staubes nicht sehen. Nein, das Risiko sei viel zu gross, das nehme er nicht auf sich. Wir begriffen es, doch hatten wir auf ein Wegkommen gehofft. Auch wenn es uns hier herrlich ging und wir wie im Schlaraffenland lebten, wir mussten irgendwann nach Hause zurück. So gaben wir dem Mitfahrer einen Brief an Karl Jensen mit, er solle uns um Himmelswillen jemanden schicken.

Am Donnerstagmorgen sassen wir wieder am Ufer des breiten Flusses, badeten unsere Füsse und sprachen von zu Hause, als eine dicke Staubwolke rasch auf uns zukam und sich als Carls Opel Caravan entpuppte.
Carl sprang aus dem Auto und rief: „Gott sei Lob und Dank, endlich haben wir euch gefunden! Ihr könnt euch gar nicht vorstellen, welche Angst wir um euch ausstanden." Er eilte auf uns zu, umarmte erst David, dann mich.
Er und Tamrat, seine Begleiter, setzten sich zu uns ans Wasser und begannen zu erzählen: „Als ihr gestern Abend nicht in die Bibelstunde gekommen seid, fuhren wir bei euch zu Hause vor. Ein verängstigter Sabenja öffnete und berichtete, dass er gar nichts von euch vernommen hätte. Am Sonntag wolltet ihr zurück sein. Vom Arbeitsplatz hätten sie auch schon zweimal angeläutet. Nun erschraken wir gehörig, denn wir wussten ja, in welchem Gebiet ihr das Wochenende verbringen wolltet und malten uns bereits die schlimmsten Bilder aus. Wir fuhren schnell nach Hause, luden den Wasserkanister und einigen Proviant auf und brausten los. Die andern baten wir, für uns und für euch zu beten. In Nazareth fragten wir im Spital nach, ob irgendwo ein Unfall passiert sei. Es sei ihnen nichts bekannt, antworteten sie und rieten uns dann, wir sollten in Awasch-Station bei Doktor Ronson nachfragen. Um ein Uhr in der Nacht erreichten wir die Krankenstation. Der Arzt versorgte gerade einen Verunfallten, so konnten wir ihm, ohne ihn aufwekken zu müssen, unser plötzliches Auftauchen mitten in der Nacht erklären. Er lachte und berichtete uns, dass euch sicher nichts weiteres passiert sei, als dass euer Auto nicht mehr laufe. Er hätte euch an der heissen Quelle getroffen. Er lud uns freundlich ein, bei ihm zu übernachten und am Morgen die Suche fortzusetzen, sonst müssten sie uns dann eventuell noch irgendwo verletzt bergen, wenn wir so übermüdet weiter durch die Wüste rasten. Wir nahmen das Angebot gerne an. Heute in der Frühe fuhren wir zuerst bei der heissen Quelle vorbei, nachher fragten wir oben im Farmhaus nach euch. Die wiesen uns den Weg an die Wulga. Lasst uns ge-

meinsam Gott danken, dass er euch hier und uns auf der Fahrt behütet hat.
Da sassen wir nun alle neun glücklich beisammen an der Sonne und lobten und priesen unseren Herrn.

Wie verhext

Unser Gastgeber lud Carl und Tamrat ebenfalls zum Mittagessen ein. Wir fingen an, unsere Sachen zu sortieren und einzupacken, denn die ganze Campingausrüstung durften wir auf der Farm deponieren, bis wir unseren Volkswagen abholen würden. Nur das Nötigste luden wir in den Opel.
Carl wollte noch eine Fahrt durch die Plantage unternehmen, bevor wir uns auf den Heimweg begaben. Der Manager bewilligte dies gerne und gab uns sogar noch einen Führer mit, der uns alles erklären konnte.
Dieser führte uns zuerst zu den Bananenstauden und Papayabäumen und pflückte einige Früchte, die er uns als Wegzehrung mit auf die Heimfahrt gab. Emsige Arbeiter und ihre Frauen lasen die reifen, weissen Baumwollblüten von den Stauden. Bei dieser Ernte half alles mit, was nur irgendwie abkömmlich war. Auch in der prallen Mittagshitze wurde gearbeitet. Stolz zeigte der Angestellte das in voller Pracht sich kilometerweit hinziehende Feld. Er schenkte mir einen schönen Zweig mit flauschigen, offenen Blüten. Ich schaute immer wieder verstohlen auf meine Uhr. Mich zog es nun unwiderstehlich nach Hause in ein geordnetes Leben.
Carl kehrte endlich um. Wir mussten nur noch den Begleiter zurückbringen, dann würde es losgehen Richtung Addis-Abeba. Viele kleine Wasserrinnen durch die das fruchtbringende Nass von einem Feld ins andere gleitet wurde, mussten wir überqueren und der Wagen schlug mehrmals unsanft auf. Unser Chauffeur wollte auf einen neuen Gang wechseln, es gab ein scharfes, kratzendes Geräusch.

„David, ich kann nicht mehr schalten, es scheint etwas gebrochen zu sein“, sagte Carl erschrocken.
„Ach nein, das darf nicht wahr sein!“
Doch unser aller Augen überzeugten sich. Es stimmte wirklich. Der Schalthebel liess sich auf alle Seiten drehen, hakte nirgends mehr ein.
„Lass uns den Wagen hinauf zur Werkstatt stossen, dort können wir besser nachsehen, was fehlt“, riet David.
Also verliessen wir wieder einmal, wie schon oft in letzter Zeit, ein defektes Auto und begannen zu schieben. Mit vereinten Kräften gelang es uns, den Opel den Berg hinauf bis zum Farmhaus zu bringen.
Mit zwei Wagenhebern hoben die Männer das Auto auf einer Seite hoch. David kroch darunter. Ich setzte mich auf eine Steinmauer, hielt den Kopf in beiden Händen, bedauerte mich selbst und hätte am liebsten losgeheult. Dabei wäre es viel gescheiter gewesen, Gott zu danken, dass es noch hier in der Plantage passierte und nicht irgendwo draussen in der Wüste. Mir schien alles wie verhext! Sollte es nun wieder nicht möglich sein, heute nach Hause zu kommen? Ich fühlte mich zutiefst deprimiert.
David arbeitete mit grosser Gelassenheit. Er liess sich durch dieses Malheur nicht aus der Ruhe bringen. Er löste die Schrauben des Deckels, der das Getriebe schützte und nahm alles sorgfältig heraus. Schon bald entdeckte er den Schaden.
„Es ist ein Bolzen am Schaltgestänge gebrochen“, erklärte er Carl, „ich glaube, es sollte mir möglich sein, das zu reparieren.“
Er begab sich in die Werkstatt und kehrte bald mit verschiedenen Drähten und Nägeln zurück. Nun begann eine langwierige Arbeit, bis das Getriebe wieder eingesetzt und der Schalthebel in der richtigen Position lag. Mit einem krummgeschlagenen Nagel machte er die Schaltgabel fest. Sorgfältig probierte er zu schalten und siehe da, es funktionierte. Nach mehr als zwei Stunden Arbeit konnten wir die Farm endlich verlassen. Jedesmal, wenn Carl schaltete, horchten wir mit mulmigem Gefühl im Magen, ob der Nagel hielt. Es geschah

in den letzten Tagen so viel Unvorhergesehenes mit unseren Autos, dass wir uns verunsichert fühlten. Doch nichts geschah, ruhig und gleichmässig summte der Motor.

Eine Wildschweinfamilie, die Mutter voraus, dahinter fünf Ferkel schön der Grösse nach geordnet, liefen gemächlich, ihre dünnen Schwänze mit der dicken, zottigen Spitze senkrecht in die Luft erhoben, durch das Steppengras. Boby schaute ihnen leise knurrend nach. Carl stoppte eilig, so dass der Wagen durch den Staub schlitterte, kehrte sich um und sagte: „Reich mir bitte mein Gewehr, jenes das hinter euch liegt."

„Was hast du im Sinn?" schrie ich auf.

„Das Mutterschwein gibt feinen Braten."

„Nein, das darfst du nicht tun! Eine Mutter von den Jungen wegschiessen."

Carl hörte nicht auf meinen Aufschrei, er nahm seine Flinte zur Hand, zielte ruhig und schoss. Ich schloss zitternd vor Erregung meine Augen und hielt mir die Ohren zu. Es beruhigte mich nicht einmal, als David tröstend sagte: „Er hat nicht getroffen, die ganze Gesellschaft rannte davon."

Alle Männer und natürlich Boby voraus folgten der Spur. Wir Frauen blieben sitzen. Missmutig kehrte Carl zurück. Er konnte nicht begreifen, warum er einen Fehlschuss tat.

Ich freute mich darüber und war doch zutiefst aufgewühlt, denn für mich war eine Welt zusammengebrochen. Carl, der uns in unserem jungen Glauben weiter führte, so gut zu predigen verstand und immer von der grenzenlosen Liebe Gottes zu uns Menschen und aller Kreatur sprach, er nahm einfach ein Gewehr und schoss kaltblütig auf ein Muttertier. Wie passte das zusammen? Konnte ein wiedergeborenes Gotteskind derart handeln? Diese Gedanken peinigten mich noch lange und trieben mich um. In meinen Gefühlen Carl gegenüber aber blieb etwas zerbrochen. Ich sah immer wieder das Bild vor Augen, wie er auf das Tier zielte und schoss. Ich musste erst lernen, dass auch ein guter Prediger immer ein ganz gewöhnlicher Mensch mit Schwächen und Fehlern bleibt.

Müde und völlig zerschlagen von der anstrengenden Fahrt

und all dem Erlebten, erreichten wir am späten Abend unser Heim.
David ging am nächsten Morgen früh zur Arbeit. Ich brachte die Kinder zur Schule, denn ich wollte ihr langes Fernbleiben persönlich entschuldigen. Mein Mann kam am Mittag kopfschüttelnd und erbost über unseren Freund nach Hause: dieser hatte an Davids Arbeitsplatz keine Mitteilung über den Grund seines Fernbleibens gemacht. Auf unsere Frage nach dem Warum, gab er nur ausweichend Antwort. Er hätte am Montagmorgen so viel Arbeit in der Werkstatt vorgefunden und darüber alles vergessen. Als es ihm in den Sinn kam, habe ihn der Gwunder gestochen, wie lange es dauern würde, bis man uns suchen und nach uns forschen würde. Er hätte uns am Samstag dann schon abgeholt. Wir konnten zwar seine fadenscheinigen Ausreden nicht verstehen, zuckten die Achseln und trugen es ihm nicht weiter nach.
Nach drei Monaten suchte ein junger Bursche Karl Jensen auf und verlangte von ihm fünf Dollar für die Ueberbringung eines Briefes. Karl schaute erst neugierig von wem das Schreiben stammte. Als er entdeckte, dass wir es damals auf der Farm am Wulgafluss schrieben, lachte er laut auf und jagte den Mann ohne ein Trinkgeld davon.

Ein Anruf

Das Telephon klingelte. Eine freundliche Stimme teilte mir mit: „Es wurde ein Gespräch für morgen Mittag um 12 Uhr aus der Schweiz angemeldet. Ich bitte Sie, dann erreichbar zu sein."
David und ich schauten uns mit gemischten Gefühlen an. Ein Anruf von zu Hause. Was sollte das bedeuten?
„Ist wohl jemandem etwas passiert?"
„Bestimmt! Sonst würden sie doch nicht telephonieren."
In mir stieg Angst auf. Ich fragte bang: „Der Mutter, dem Vater, oder einem unserer Geschwister?"

„Könnte es nicht auch etwas ganz anderes sein?“
„Was denn? Niemandem würde es einfallen, von Europa nach Afrika zu telephonieren, wenn nicht ein triftiger Grund vorliegt.“
Wir sassen beim Nachtessen, aber uns beiden war der Appetit vergangen. Unsere Gedanken kreisten nur noch um unsere Lieben zu Hause. Von wem bekamen wir morgen eine schlechte Nachricht?
Den Kindern fiel unser seltsames Gebaren auf und sie folgten aufmerksam unserem Gespräch.
„Mutti, was ist los, du bist ganz bleich?“ fragte Marlies.
„Ach, eigentlich nichts. Es ruft uns nur morgen jemand aus der Schweiz an und wir sind darüber leicht erschrocken. Aber vielleicht ist auch gar nichts los“, beschwichtigte ich sie. Es gelang mir nicht ganz, die Kinder zu beruhigen, sie spürten genau, dass es uns beschäftigte. Ich hörte sie noch darüber diskutieren, als sie bereits im Bett lagen.
Wir besuchten die Bibelstunde und erzählten von diesem Anruf. Nur schon, dass wir mit den Freunden darüber sprechen konnten, half uns etwas. Selbstverständlich wurde das Problem gemeinsam dem Herrn hingelegt und wir fühlten uns danach ein wenig getröstet. Carl versprach, am nächsten Mittag mit uns auf das Telephon zu warten.
Unruhig wälzten wir uns die ganze Nacht im Bett herum. Wir schliefen ein, träumten schwer und lagen wieder lange wach da. Immer stand der Gedanke: Wem ist wohl etwas zugestossen, zuvorderst. Wir versuchten die schlimmen Befürchtungen wegzuweisen, auf Gott zu schauen und uns zu sagen, dass nichts geschehen konnte, was er nicht wollte. Aber die Sorge überfiel uns doch immer wieder aufs neue.
Die Morgenstunden schlichen träge dahin. Immer wieder schaute ich mit bang klopfendem Herzen auf die Uhr. Das allerschlimmste ist doch das Warten auf eine Nachricht. Ich fühlte mich wie gelähmt, kaum fähig meine Arbeit zu erledigen.
Um 12 Uhr sassen wir alle verkrampft und von widerstreitenden Gefühlen hin und her gerissen im Wohnzimmer und war-

teten auf den Anruf. Endlich erklang der schrille Ton der Telephonklingel. Ich spürte mein Herz oben im Hals schlagen als David abnahm.
„Röschli."
„Hei David, da spricht Hans", hörten wir laut eine Männerstimme sagen.
„Was ist geschehen?"
„Nichts! Ich wollte nur herausfinden, ob es wirklich klappt, nach Afrika zu telephonieren", lachte der Freund. „Wie geht es dir und der Familie?"
„Gut."
David fühlte sich unbeschreiblich erleichtert, dass niemandem zu Hause etwas passiert war. Aber die ausgestandene Angst sass ihm noch so tief in den Knochen, dass er kaum zu antworten vermochte und erleichtert den Hörer aufhängte, als sich Hans verabschiedete.
Erst als David zu schimpfen begann: „So ein Blödsinn. Wollte der nur sehen, ob das Telephonieren funktioniert und jagt uns damit einen solchen Schrecken ein", löste sich der Bann, der auf uns allen lag.
„Lasst uns doch Gott danken, dass es nichts Schlimmes war", mahnte Carl.
Am selben Nachmittag noch schrieb ich unseren Verwandten, sie sollten unter keinen Umständen je telephonieren, denn was hätte es genützt? Wir besassen ja sowieso nicht genügend Geld, um bei einem Todesfall nach Hause zu reisen und das wäre ja auch wegen der Beantragung des Ausreisevisums, das immer etliche Tage in Anspruch nahm, zeitlich gar nicht möglich gewesen. Die Qual der Ungewissheit, das Warten auf eine Nachricht wollten wir uns ersparen.

Irrlichter

Drei Wochen später machten wir uns eines Samstagnachmittags mit unserem aus dritter Hand erworbenen Landrover auf

den Weg, um das defekte Auto auf der Wulgafarm abzuholen. Das Verdeck hatten wir, des herrlichen Wetters wegen, zusammengerollt. Wir sassen gut gelaunt im offenen Wagen und liessen uns vom Fahrtwind die Haare zerzausen. Wir genossen diesen Ausflug im luftigen Landrover trotz des bis zu uns hochwirbelnden Staubes welcher Zahai und Geremeskel, ein junger Bursche der mit David arbeitete und uns begleitete, weiss und uns andere bald braun erscheinen liess. Die sich über uns ausbreitende Schmutzschicht peinigte uns dieses Mal nicht so sehr, denn wir träumten bereits davon, sie an der heissen Quelle abwaschen zu können. Wenn man ein solch begehrenswertes Ziel vor Augen hat, lässt sich alles besser ertragen.
Der Farmmanager, der sich herzlich über den mitgebrachten Wein und die Schweizer Schokolade freute, lud uns zum Nachtessen ein und bat uns eindringlich, bei ihm zu übernachten, da inzwischen die Dunkelheit hereingebrochen war. Er liess uns nur ungern ziehen, es sei nicht einfach, die Oase in der Nacht zu finden, meinte er.
„Auf alle Fälle lasse ich die grosse Hoflampe über dem Eingangstor brennen, daran könnt ihr euch orientieren und auch den Weg zurückfinden, wenn etwas nicht klappt."
Fröhlich lachend verabschiedeten wir uns und fuhren los. Wir kannten ja nun die Richtung zum kleinen Paradies. Was sollte da schon schief gehen? Hie und da schauten wir zurück. Die grelle Hoflampe strahlte direkt hinter uns in der Finsternis und gab uns Sicherheit. Uns kam es überhaupt nicht in den Sinn, dass das Licht, so lange wir es sehen konnten, immer genau hinter uns scheinen würde, wo immer wir uns in der weiten Ebene auch befanden und dass das nicht im geringsten eine Garantie dafür war, dass wir uns auf dem richtigen Pfad befanden. Nur wenn wir auf ein Licht zufahren ist dasselbe eine Hilfe.
Wir freuten uns alle, bald würden wir die heisse Quelle erreichen. Einige Hasen hoppelten ängstlich im Scheinwerfer vor dem Auto her. Es sah ulkig aus, wir lachten hell auf. Wolfi und Boby mussten wir am Halsband festhalten, sonst wären

sie aus dem Fahrzeug gesprungen. Ich stimmte „Lustig ist das Zigeunerleben“ an und alle sangen mit.
Plötzlich stoppte David abrupt, murmelte etwas Unverständliches, fuhr einige Meter zurück und stieg aus. Im Scheinwerferlicht nahm er eine Autospur genau unter die Lupe.
„Ich glaube, ich habe mich verfahren. Wir kreuzten hier unsere eigenen Geleise. Ich bin im Kreise herumgefahren. Komisch, die Hoflampe auf der Farm befand sich doch immer direkt hinter uns.“
Ich kehrte mich im Sitz um, schaute zurück und erblickte auch jetzt einen schwachen Lichtschimmer in der Ferne. Aber was bedeutete das, dass unvermutet drei, vier, fünf Lichter aufflammten? Eines rechts, eines links, ein anderes vor, wieder eines hinter uns, überall in der Wüste erschienen helle Lichter. Wir sahen uns erschrocken an. Narrte uns eine Fata Morgana? Woher kamen plötzlich diese vielen Lichter?
Langsam und vorsichtig fuhr David weiter. An was sollte er sich nun orientieren? Wir erreichten eines der Lichter und entdeckten, dass ein Baumstamm brannte. Was sollte das bedeuten? Befanden wir uns in einer verzauberten oder verhexten Welt? Da mussten sich in der Dunkelheit irgendwo Menschen befinden, die diese Bäume anzündeten. Ein unheimliches Gefühl stieg in uns auf.
„Sind wir bald in der Oase?“ fragte Ursula leise.
„Ich weiss es nicht.“
„Findest du den Weg nicht mehr, Vati?“
„Ja, ich habe ein wenig Schwierigkeiten. Aber wir kommen bestimmt bald ans Ziel“, beschwichtigte David rasch die aufkommende Furcht der Kinder.
Auch Gebremeskel fuhr die Angst in alle Knochen. „Fahrt bitte zur Farm zurück, ich will nicht hier draussen verloren gehen.“
„Wenn ich wüsste, wo die liegt, würde ich es tun“, sagte David leise.
Unerwartet tauchte vor uns ein langer Steinwall auf. Dahinter erblickten wir im Scheinwerferlicht einige windschiefe Strohhütten. Wir hielten sogleich an. Was nun kam, passierte blitz-

schnell und ist kaum zu beschreiben. Wir hörten einen mehrstimmigen Aufschrei. Frauen, Babies in Tüchern auf dem Rücken tragend und kleinere Kinder an den Händen haltend, rannten in wilder Eile davon und suchten Schutz in der Finsternis. Eine Rotte erregter, nur mit einem Lendenschurz bekleideter Männer sprangen mit blanken Messern und Speeren bewaffnet über die Mauer. Im Nu waren wir von ihnen umzingelt. All das geschah in unheimlicher Geschwindigkeit. Wir blieben alle wie gelähmt im Auto sitzen und erinnerten uns aller Schreckensbräuche dieses Stammes.
Die Danakils schienen sich etwas zu beruhigen, als sie sahen, dass sich weisse Leute mit kleineren Kindern im Auto befanden. Ein jüngerer Bursche trat näher heran. Seine Kameraden hielten indessen die Speere gegen uns gerichtet. Er fragte uns auf Amharisch: „Was wollt ihr bei uns?“
„Wir suchen die heisse Quelle.“
„Die liegt weit von hier entfernt.“
„Wie weit?“
„Einige Stunden mit dem Kamel.“
„Und mit dem Auto?“
„Das weiss ich nicht.“
„Könnte uns jemand führen?“
Jetzt begann ein langes Palaver. Ich fühlte mich buchstäblich wie auf einem Pulverfass sitzend und getraute mich kaum, zu atmen. Mir klopfte mein Herz zum Zerspringen. Wenn wir hier nur wieder gut herauskamen. Die Kinder und Gebremeskel sassen mucksmäuschenstill und zusammengekauert da. Selbst die Hunde schienen die Spannung, die in der Luft lag, zu spüren, ihre Haare sträubten sich und sie knurrten leise. Endlich trat ein alter, grauhaariger Mann mit dem jungen Burschen zu uns und nickte: „Für fünf Dollar sind wir bereit, Sie zum heissen Wasser zu bringen.“
David sagte ohne zu feilschen zu. Ich wollte dem Alten meinen Sitz zur Verfügung stellen. Er weigerte sich kategorisch, ins Auto zu steigen. Was nun? Er bedeutete uns nach längerem Hin und Her, dass er vorne auf der Kühlerhaube in dem

dort festgeschraubten Reserverad mit seinem Begleiter Platz nehmen würde.
Inzwischen stieg der volle Mond am Himmel auf und erhellte die ganze mich immer noch unwirkliche anmutende Szene. Langsam tauchten die in die Dunkelheit geflüchteten Weiber mit ihren Kindern wieder auf und guckten neugierig über die Steinmauer. In mir zitterte alles vor Anspannung. Erst als David, mit den lebendigen Kühlerfiguren vor ihm, wegfuhr, löste sich der Krampf in mir. Ich holte einige Male tief Luft.
Der Alte schaute hinauf zum Firmament und zeigte dann mit unserer kleinen Taschenlampe in seiner Hand geradeaus. David folgte so gut es ging, der Richtung die er wies. Doch als er ihm einen schmalen Weg zwischen zwei Büschen hindurch zeigte, musste er wohl oder über ausweichen und darum herum fahren. Der Danakil klopfte energisch an die Frontscheibe und befahl uns anzuhalten. Der junge Bursche kletterte herunter und übersetzte den Wortschwall des Alten.
„Der Weisse will zum heissen Wasser?"
„Ja."
„Dann soll er dort fahren wo ich hinzeige, sonst kommt er nie hin."
Er nahm Davids Erklärung, dass er mit dem Landrover nicht durchfahren könne nicht an, sondern sagte stoisch: „Willst du zum Wasser, dann musst du so fahren wie ich es dir zeige."
Immer wieder blickte er hoch zu den Sternen und liess sich von ihnen den Weg weisen. Wir sahen noch viele brennende Bäume und der Begleiter erklärte uns, dass heute Nacht, weil Vollmond sei, sie ihrem Gott Feueropfer darbrachten. Daher die vielen Irrlichter, die uns verwirrten.
Lange Zeit ging alles gut. Unser Führer wies geduldig den Weg. Nur wenn David wieder gezwungenermassen um einen Busch oder Baum herumfuhr, klopfte er mit seinem Speer an die Scheibe und schimpfte.
Wir horchten angstvoll auf, als die Geräusche des Motors dumpf zu tönen anfingen. Die Räder schienen sich mühsamer zu drehen und auch leicht einzusinken. David hielt an.
„Warum stoppst du?"

„Ich komme nicht durch diesen Sumpf.“
„Willst du ans Wasser, musst du diesen Weg fahren.“
„Aber ich sinke ein.“
„Wenn das Kamel stillsteht, versinkt es auch. Fahr weiter.“
Wir befanden uns sowieso schon mitten im Moor. Zurück ging es auch nicht besser als vorwärts. Mit zusammengebissenen Zähnen schaltete David den Vierradantrieb ein. Mit tiefem Brummen antwortete der Motor. Mühsam griffen die Räder in den morastigen Grund, fassten Boden und langsam setzte sich unser Gefährt in Bewegung.
Ich faltete die Hände zusammen, konnte jedoch wieder einmal nur innerlich um Hilfe flehen und hoffen, dass uns Gott da heil herausführte. Ein Seufzer der Erleichterung entfloh unseren Lippen, als wir uns wieder auf fester Erde befanden. Ich putzte mir verstohlen den Angstschweiss von der Stirn.
Nach einer endlos scheinenden Zeit rumpelte unser Wagen endlich die gut bekannte Steintreppe hinunter. Schnell gings nun dem vertrauten Weg der Felswand entlang zur Oase.
Ein dankbares Gefühl stieg in uns allen auf, als wir an der heissen Quelle anhielten und das muntere Plätschern des kleinen Wasserfalles vernahmen. Es klang wie die schönste Musik in unseren Ohren. David entlohnte unsere zwei Führer und gab jedem noch einen Dollar Trinkgeld. So viel hatten sie bestimmt noch nie in ihrem Leben verdient. Stolz hoben sie ihre rechte Hand zum Abschiedsgruss. Wir blickten ihnen nach bis sie in der Ferne verschwanden.
In mir zitterte es immer noch vor Erregung über der ausgestandenen Angst. Doch dann fing es zu loben und danken an in meinem Herzen. Wie sehr uns Gott auf dieser Fahrt vor Unfall und Gefahr behütete, wurde uns beiden erst klar, als wir uns müde auf unseren Gummimatratzen ausstreckten und anfingen darüber zu sprechen. In unserem Leben war ein neues Wunder passiert. Wir hatten uns wirklich in einer schwierigen Lage befunden und kamen mit des Herrn Hilfe ohne Schaden zu erleiden heraus. Aus tiefstem Herzen dankten wir jedes für sich allein Gott für die Bewahrung.
Ohne weiteres Abenteuer brachten wir – auf einem vorberei-

teten Rohrgestell den Volkswagen am nächsten Tag nach Addis-Abeba zurück.

Danke Herr, danke!

Ich erwachte durch ein ungewohntes Geräusch. Aus dem Mädchenzimmer kam ein tiefes, langgezogenes Husten. Ich stand auf und lief hinüber. Ursula sass aufrecht im Bett, hielt sich den roten Kopf und keuchte.
Ich setzte mich zu ihr auf den Bettrand und nahm sie in die Arme. Die Kleine glühte vor Fieber. Hatte sie sich wohl im offenen Landrover erkältet? Zum guten Glück fand ich im Arzneischrank noch Hustensirup und Kinderaspirin. Heisser Tee mit einem Löffel Bienenhonig half gleichfalls den Husten einzudämmen. Ursula konnte wieder einschlafen. Aber immer wieder ertönte lautes, anhaltendes Husten.
Am Morgen mass ich ihr das Fieber, 39,5 Grad. Ich suchte mit ihr den Arzt im Spital auf. Er untersuchte sie genau, horchte lange auf die Töne in der Lunge, gab ihr eine Spritze und entliess uns wieder nach Hause.
Ursulas Zustand verschlechterte sich zusehends. Der Husten hörte nicht mehr auf, tönte immer tiefer und sie bekam beinahe keine Luft. Die ganze Nacht sass ich an ihrem Bett, tröstete, trocknete Schweiss von ihrer Stirne, gab ihr zu trinken und hielt sie während der Anfälle fest. Erst gegen Morgen schlief sie ermattet ein und auch ich fand für eine Stunde Ruhe.
Gegen Mittag stieg das Thermometer über 40 Grad und der Husten wurde immer schlimmer. David brachte uns ins Krankenhaus. Dieses Mal behielt sie der Arzt sogleich da. Doppelseitige Lungenentzündung lautete die Diagnose.
Ursula schaute mich flehentlich mit fieberglänzenden Augen an und schluchzte: „Mutti, bleibst du da?"
Ich blickte fragend auf den Arzt. Der nickte: „Wir sind froh, wenn Sie die Wache bei Ihrem Kind übernehmen. Wir haben nicht genügend geschultes Personal."

Ursula wurde in einem Einzelzimmer einquartiert. Ich richtete mich häuslich ein. David brachte mir eine Luftmatratze, meine Stricksachen und ein Buch zum Vorlesen. Ich meinte, viel Zeit zur Verfügung zu haben. Aber ich war vollauf mit meinem Töchterchen beschäftig. Das Fieber stieg und stieg. Bald fiel sie in eine tiefe Bewusstlosigkeit aus der auch der schlimmste Hustenanfall sie nicht aufweckte. Der Arzt liess von den Schwestern ein Plastikzelt um das ganze Bett herum aufstellen und Sauerstoff hinein blasen. Das half, Ursula atmete nun etwas leichter.
Ich erlebte vier bange Tage und Nächte am Krankenbett bei unserer Kleinen. Hie und da legte ich mich auf die Matratze am Boden um auszuruhen. Zu schlafen getraute ich mich nicht, denn die Gefahr, dass Ursula bei einem Hustenanfall ersticken würde, war zu gross. Bei der kleinsten Regung im Zelt schoss ich hoch. Manchmal öffnete sie kurz ihre blicklos ins Leere gerichteten Augen.
Dean löste mich jeden Nachmittag für zwei Stunden ab, damit ich mich zu Hause umziehen und waschen konnte. Sonst verliess ich das Krankenzimmer keinen Moment. Heisse Gebete stiegen zum Himmel auf. Nicht nur von mir und David, sondern auch von allen Freunden, dem Arzt und den Krankenschwestern. Wieder einmal wurde mir bewusst, was es hiess, sich geborgen und beschützt zu fühlen in der Liebe Gottes. Wollte auch immer wieder eine mich schier erdrückende Angst um mein Kind aufsteigen, war ich dennoch getrost im Wissen darum, dass nichts geschehen konnte ohne den Willen Gottes. Die Bibel lag geöffnet neben mir auf dem Tisch. Bei jeder Gelegenheit vertiefte ich mich darin und fand Hilfe durch die in der Heiligen Schrift so oft erwähnten Worte: Fürchte dich nicht.
Langsam sank das Fieber und die bösen Anfälle folgten sich nicht mehr so dicht und schienen nicht mehr so quälend zu sein. Wir getrauten uns öfters, den Apparat abzustellen und das Zelt leicht zu öffnen. Aber jeden Augenblick war ich bereit, bei der kleinsten Atemnot dasselbe wieder zu schliessen und Sauerstoff hineinzublasen.

In der vierten Nacht schlief Ursula ruhiger als die Nächte vorher. Ich löschte das Licht, liess nur die kleine Nachttischlampe brennen und legte mich auf die Matratze. Ich wollte nur einige Minuten still liegen, mich ausstrecken und dabei auf die pfeifenden Atemzüge von Ursula lauschen.
Plötzlich schrak ich auf und schaute auf das Zifferblatt meiner Armbanduhr: Fünf Uhr! Mein Gott, ich war eingeschlafen! Keinen Laut konnte ich vernehmen. Nun war Ursula bestimmt erstickt! Mit einem Aufschrei sprang ich hoch und blickte bange in das Zelt hinein, das Schlimmste erwartend. Ursula lag still da. Mir wollte vor Schreck das Herz zu schlagen aufhören. Da öffneten sich ihre Augen, ein Lächeln zuckte über ihre Lippen und huschte über ihr bleiches Gesicht und sie sagte leise aber ganz klar: „Bist du da, Mutti?“
Ich stürzte ans Bett, hob das Plastik hoch, neigte mich über mein Kind und küsste es innig. Ursula schlang ihre Arme um meinen Hals und hielt mich fest. Mir rannen Tränen der Freude und Dankbarkeit über die Wangen und tropften auf ihr Gesicht.
„Warum weinst du, Mutti?“
„Vor Freude, weil du wieder gesund wirst.“
Die Kleine schlief bald wieder ein, ihrer Genesung entgegen. Ich kniete nieder und dankte Gott.

Gib doch Antwort, Herr!

Wir trugen uns wieder einmal mit Auswanderungsgedanken. David hatte seit sieben Monaten Schwierigkeiten mit dem Lohn. Einmal bekam er sechs, dann wieder acht Wochen lang seinen Zahltag nicht. Ständig musste er auf dem Büro betteln gehen und das passte ihm gar nicht. Die Regierung war äusserst knapp an Geld und zahlte einfach ihre Lehrer nicht. Ich musste sparsam haushalten, damit es immer reichte. Eine solche Situation konnte einem schon ärgern und in Probleme bringen.

David gefiel sonst die Arbeit an der Universität gut. Es bereitete ihm viel Spass, nach des Professors Ideen etwas Neues auszutüfteln und den Studenten Handwerkliches beizubringen. Die meisten stellten sich zwar am Anfang schrecklich schwerfällig an, denn selten hatte vorher einer je ein Werkzeug in der Hand gehalten. Umso stolzer zeigten sie dann ein gelungenes Werk ihren Freunden. Die Studenten verehrten ihren Werkstattleiter und gaben sich die grösste Mühe, ihn zufriedenzustellen. Obschon mein Mann ja noch nicht einmal dreissig Jahre alt war, achteten die Studenten ihn sehr hoch und nannten ihn oft „Vater Roschli". Die weissen Lehrer, die sie gut behandelten, wurden von ihnen mit dem Namen „Abba" betitelt, was grosse Verehrung ausdrückt. Die jungen Männer und die Schulleitung baten David dringlich, noch ein wenig Geduld zu üben und nicht zu kündigen.
Für uns gab es dieses Mal kein grosses Kopfzerbrechen über das Wohin. Das einzige Land, welches uns in Afrika offen stand, hiess Süd-Afrika. Wir wussten, dass es dort Schulen für die Kinder und vorteilhafte Arbeitsbedingungen für David gab. Es lockte uns wirklich, von Äthiopien wegzugehen. Was taten wir schon gross hier? Wir erwarteten so bestimmt bei unserem Kommen, dass Gott uns bald eine wichtige Aufgabe zuweisen würde. Aber, ausser dass wir Zahai bei uns aufnahmen und ich einige Stunden Nähunterricht gab, passierte überhaupt nichts. Es sah gerade so aus, als hätten wir den Auftrag nach Aethiopien zu gehen, falsch verstanden. Wir führten wohl ein oftmals recht aufregendes Leben, aber das füllte uns nicht genügend aus. Und dann das ewige Lohnproblem und jedes Jahr die ungewisse Warterei, ob David die Arbeitsbewilligung noch einmal erhielt. Nein, dies alles hing uns zum Hals heraus.
Wir planten, mit unserem Landrover auf die Reise zu gehen. Von hier bis Kenya und dann weiter bis hinunter zur Südspitze. Stundenlang sassen wir über Landkarten und selbstentworfenen Plänen zum Bau eines Autoanhängers. Wir feuerten uns gegenseitig mit unserer Begeisterung an und dabei war weder David noch mir im Innersten ganz wohl zumute.

doch keines wollte es vor dem anderen zugeben.
Was würde mit Zahai geschehen? Wir hatten sie doch als unser fünftes Kind in die Familie aufgenommen und liebten sie und auch sie hing an uns. Adoptieren konnten wir sie nach Schweizergesetz nicht, so gab es keine Möglichkeit sie mitzunehmen. Unsere vier wollten ebenfalls lieber hier bleiben. Ihnen ging es in der Schule, abgesehen von Peter, recht gut. Unser Kleinster vermischte oft alle fünf Sprachen die er konnte und gebrauchte sie meistens alle in einem einzigen Satz. Uns fiel es leider lange gar nicht auf, weil wir ihn ja immer verstanden.
Am allermeisten beschäftigte mich, dass wir keine Antwort von Gott erhielten. Er schwieg auf all unsere Fragen wegen unseres Weggehens und antwortete auch nicht durch eine Bibelstelle, so sehr ich auch suchte und betete. Alle Freunde bedauerten es, wenn wir von unserer Abreise sprachen. Ich fühlte mich immer unsicherer werden und wünschte mir sehnlichst Magda herbei, um mit ihr zusammen alles Gott hinlegen zu können. Ich vermisste wie noch nie einen treuen Gebetspartner. Allein verstand ich es einfach nicht recht und fand, es wäre in einer Zweierschaft viel besser.
Als ich mein altes Tagebuch hervornahm und darin las, wie sicher David und ich vor drei Jahren spürten, dass Gott uns nach Aethiopien führen wollte, weil er da einen Platz für uns hatte, schämte ich mich unseres Kleinglaubens wegen. Vielleicht war die Zeit für das, was der Herr von uns wollte, noch nicht reif. Ich sprach am Abend mit David über meine Zweifel. Er verstand mich sogleich, weil er sich mit denselben Gedanken herumschlug. Wir einigten uns, noch einen Monat zuzuwarten, ob sich an der Schule etwas ändere.
Eines Tages nach drei Wochen, kam David freudestrahlend nach Hause. „Ich bekam mein ganzes ausstehendes Guthaben heute Morgen ausbezahlt. Der Professor versprach mir, ohne dass ich ihn darum bat, hundert Dollar mehr Lohn und denke dir, die Arbeitsbewilligung ist auch wieder für ein Jahr eingetroffen. Ich glaube, du bist zufrieden, dass ich gleich ohne langes Zögern zusagte, noch einmal zu unterschreiben.“

Ich vermochte nur stumm zu nicken. War das Gottes Antwort? Hatte er doch etwas mit uns im Sinn in diesem Land? Mussten wir erst das Warten lernen?
Die Kinder jubelten, als wir ihnen unseren Entschluss mitteilten. Sie führten mit Zahai zusammen im Garten einen Freudentanz auf. Die Hunde rannten wild bellend um sie herum, als wüssten sie ebenfalls, um was es hier ging. Die Landkarten und Pläne versorgte ich zuunterst in einer Schublade. Wir nahmen sie nie mehr heraus.

Unsere Tiere

In unserem Garten tummelten sich einige Hühner, eine Ente, eine Ziege, drei Hasen, zwei Hunde und eine Katze. Am meisten Spass erlebten wir mit den Glucken und ihren Küken. Wann immer eines unserer Hühner durch ein dumpfes Glugg glugg bekannt gab, dass sie willens sei, Nachwuchs auszubrüten, kauften wir einige Eier, machten ein schönes Nest in einer Kiste bereit und setzten sie darauf. Die ganze Familie wartete dann nach drei Wochen gespannt auf das Ausschlüpfen der kleinen Piepsmatzen. Die äthiopischen Hühner sind sehr klein und schillern in allen Farben. Die Küken kamen weiss, schwarz oder bräunlich aus dem Ei. Nach zwei Wochen fingen sie an, sich zu verfärben und die ulkigsten Farbzusammensetzungen gab es zu sehen. Zu diesem Zeitpunkt gaben wir jedem Hühnchen seinen eigenen Namen. Eines hiess Spriggeli, eines Federchen, ein anderes Schneeflöcklein, Schneewissli oder Teufelchen. Ich kannte bald jeden Ton der Henne und der Hühnchen und wusste ganz genau, was sie bedeuteten. Der dumpfe Warnruf der Henne, wenn ein Raubvogel in den Lüften kreiste, oder das lockende Gluck, gluck, wenn sie Futter fand. Die Küken schrien mit hohem Stimmchen, wenn sie sich verliefen oder machten ihre Mutter mit feinem Piepsen darauf aufmerksam, wenn sie froren.
Während der Regenzeit sassen wir bei jedem Sonnenstrahl

draussen bei unseren Küken, strickten und spielten. Sie wurden sehr zutraulich, setzten sich auf unsere Schuhe, weil es da warm war und liessen sich von den Kindern in den Händen halten. Unsere Katze Mieze lag in der Nähe und kümmerte sich nicht im geringsten um die kleine, scharrende und herumflatternde Schar.

Die Tiere schienen die Liebe zu spüren, die wir für jedes von ihnen hatten und hielten auch untereinander Freundschaft. Wir konnten oft die lustigsten Szenen beobachten. Auf der Veranda stand ein grosser, tönerner Wasserkrug. Er fiel einmal um und seither befand sich in der oberen Hälfte ein Loch. Unsere Katze suchte sich diesen Krug als Wochenbett aus. Als ich sah, was sie beabsichtigte, legte ich ein warmes Tuch hinein. Sie brachte wirklich ihre vier Jungen da drin zur Welt. Am nächsten Tag bemerkten wir, wie sie immer um Wolfi und Boby herumstrich, miaute, einige Schritte die Treppe hinauflief, wartete und wieder zu den Hunden zurückkehrte. Sie wiederholte dasselbe Spiel solange, bis es den beiden auffiel und sie endlich der Mieze folgten. Auf der Veranda hielt sie kurz an, schaute stolz auf ihre zwei Freunde und sprang in den Wasserkrug. Nach einer Weile kam ihr Kopf aus dem Loch zum Vorschein. Sie miaute und verschwand wieder. Auch diese Szene wiederholte sie so lange, bis zuerst Boby neugie-

rig seine Schnauze ins Loch steckte, dann zurückwich und Wolfi dasselbe tat. Auf diese Weise stellte unsere Katze den beiden Hunden ihre Kinder vor.
Die Ente ärgerte sich offensichtlich, wenn die Hühner sich am Abend in ihr Haus zur Ruhe begaben. Wenn wir nicht aufpassten und schnell genug das Türchen schlossen, ging sie das Leiterchen hinauf, schlüpfte hinein und zwackte das Federvieh in die Füsse. Dies sprang erschrocken von der Stange und lief schreiend hinaus. Die Ente flog auf eine der Sitzstangen und wartete ruhig bis die Hühner wieder ängstlich auftauchten. Ich musste die Ente beinahe jeden Abend aus dem Stall hinausscheuchen. Draussen schnatterte sie erbost und schlug wild mit ihren Flügeln.

Faule Eier

Hinter dem Haus, an unseren Garten angrenzend, befand sich eine kleine Schule, die von einem koptischen, schwarzgekleideten Priester geleitet wurde. Nur eine dünne Bastmatte, auf vier Holzlatten und am Zaun befestigt, schützten den Lehrer und die Schüler vor der grellen Sonne. Fing es zu regnen an, mussten sie in einer nahegelegenen Hütte Unterschlupf suchen oder nach Hause gehen. Diese Schule besuchten zehn Kinder, von denen jedes einen Dollar pro Monat bezahlte, wovon der Lehrer lebte. Der Priester lehrte sie das Alphabet. Den ganzen Morgen tönte es zu uns herüber: „Ha, Hu, Hi."
Peter und Dave stritten oft mit den Kleinen. Sie schimpften sich gegenseitig aus. Mir gefiel dieses Streiten ganz und gar nicht. Ich ermahnte sie immer wieder, sie sollten es unterlassen und den Kindern aus dem Weg gehen. Doch meine zwei Knaben hörten nicht auf mich.
Als ich eines Nachmittags mit den drei Aelteren vom Einkaufen zurückkehrte, wartete ein wütender Lehrer auf mich. Was hatte Peter wohl wieder angestellt? Ich sollte es gleich erfahren.

Der ärgerliche Mann zeigte auf seine beschmutzte Jacke und Hose und lamentierte. Ein ekliger Geruch stieg mir in die Nase. Wei o wei! Peter was hast du getan?
Ich rief ihn. Natürlich tauchte er nicht auf. Dave suchte ihn in seinem Zimmer. Unter der Bettdecke hielt sich der Schlingel versteckt. Mit zündrotem, verlegenem Gesicht erschien er endlich und beichtete stotternd: „Ein Junge rief mir sehr freche Worte nach. Da wurde ich wütend und nahm die alten, nicht ausgeschlüpften Eier aus dem Nest der Glucke und warf sie über den Gartenhag. Ich traf nur leider nicht den Knaben, sondern den Lehrer, der gerade um die Ecke bog."
Nun lief auch ich rot an vor Aerger, schalt mit ihm und zog ihn an seinen Ohren. Dann entnahm ich meinem Geldbeutel eine Fünfdollarnote und überreichte sie dem Priester. Glücklich mit dem Geld und zufrieden darüber, dass ich den Peter ausschimpfte, verabschiedete er sich.

Bettlergeschichten

Wo immer man in der Stadt stand oder ging, traf man auf Bettler, sie gehörten ganz einfach zum Stadtbild. Am Anfang unseres Hierseins fühlte ich mit allen tiefes Erbarmen, doch mit der Zeit wurden wir alle ein wenig abgehärtet. Besonders natürlich, als sich auch einige Vorkommnisse ereigneten, die uns zeigten, dass das Betteln für die meisten eine gern ausgeübte Beschäftigung darstellte.
Unser Sabenja zog aufs Land hinaus zu seinen betagten Eltern auf den Hof und wir suchten nach einem guten Ersatz. Bei der Post hielt sich ständig ein jüngerer Mann auf, der bettelte. Er besass ein lahmes Bein und jammerte uns immer vor, wie gerne er einer geregelten Arbeit nachgehen würde, aber niemand stelle ihn wegen seiner Behinderung ein. Wir beschlossen, ihn zu fragen, ob er die leichte Stellung als Wächter bei uns antreten möchte. Freudestrahlend und begeistert sagte er zu. David kam mit ihm überein, dass er ihn am nächsten Mit-

tag um 12 Uhr mit seinen Klamotten bei der Post abholen würde. Wer jedoch nicht erschien, war der Bettler. Für einige Wochen blieb er seinem alten Stammplatz fern, dann entdeckten wir ihn eines Abends im Mercato, als er sein lahmes Bein mit schmerzerfülltem Gesicht einem Touristen zeigte. Als er unseren Landrover erkannte, humpelte er eilig davon und verschwand hinter einer Hausecke. Als er wieder bei der Post auftauchte, fragte ihn David, warum er nicht zu uns gekommen sei.

„Weisst du, Herr, ausgerechnet an jenem Abend erreichte mich die Nachricht, dass mein Vater erkrankt sei und ich fuhr zu ihm. Ich kam erst heute morgen in die Stadt zurück. Nun hast du bestimmt schon einen anderen Sabenja eingestellt", teilte er ihm scheinheilig mit klagender Stimme mit.

David lachte laut auf. Der Schlaumeier wollte nur nicht arbeiten, das Betteln ging einfacher und bereitete ihm ganz sicher viel mehr Spass.

Auf der Piazza stand ein knapp zehnjähriger Junge. Carl Thomson fand es schade, dass der aufgeweckte Knabe keine Schule besuchte. Er sprach oft mit ihm und wurde gewahr, dass der Kleine eine besondere Sprachbegabung besass. Carl und Dean kamen überein, dass sie ihn einkleiden und in eine einheimische Privatschule, die monatlich 15 Dollar kostete, schicken wollten.

Stolz ging der Junge zwei Wochen lang zur Schule, dann suchte er in Begleitung seiner Grossmutter Carl in seinem Büro auf.

„Herr, das geht nicht, dass du den Knaben zur Schule schickst." „Warum nicht?"

„Wenn du willst, dass er etwas lernt, dann musst du uns zwanzig Dollar pro Monat bezahlen."

„Zwanzig Dollar? Für was?"

„Soviel verdiente er vorher auf der Strasse. Die ganze Familie lebte davon. Jetzt haben wir nichts mehr von ihm."

Damit konnte sich Carl nicht einverstanden erklären. Deshalb stand der Kleine am nächsten Tag wieder vergnügt an seiner gewohnten Ecke und sprach vor allem die Weissen an:

„No Mutter, no Vater, viel Hunger!“
Ein anderer Bursche bettelte bei der Bäckerei. Meistens, wenn ich ihn sah, schenkte ich ihm 25 Cents. Doch eines Tages besass ich kein Kleingeld, ich versuchte es ihm zu erklären. Er reagierte darauf sehr wütend und schimpfte mich aus, wahrscheinlich hatte ihn jemand anderer bereits verärgert. Er streckte mir seinen vernarbten Armstummel direkt ins Gesicht. Ich erschrak über seine freche Antworten und sein unanständiges Gebaren und lief eilig davon. Sein Fluchen tönte noch lange hinter mir her. Als ich ihn nach einiger Zeit wieder sah, schämte er sich vor mir und wollte mir sogar die Tasche tragen. Ich wehrte heftig ab und gab ihm von da an nie mehr Geld.
Alle diese Begebenheiten brachten es mit sich, dass wir nicht mehr ganz so freigebig wie im Anfang waren. Selbstverständlich, wenn wir wirklich bittere Not antrafen, dann reute es uns nicht, Geld zu geben.

Zahais Vater

„Mutti, mein Vater liegt krank im Bett“, klagte Zahai, als sie von einem Besuch bei ihren Eltern zurückkam.
„Was fehlt ihm denn?“
„Ich weiss es nicht. Er klagt über Bauchschmerzen.“
„Ging er zum Arzt?“
„Nein, er sagt, er habe kein Geld dafür.“
„Geh jetzt noch einmal nach Hause und sag ihm, er solle unbedingt einen Doktor aufsuchen. Wir würden es bezahlen.“
Schnell lief sie über den Bach nach Hause, um ihren Eltern glücklich mein Angebot mitzuteilen. Bald kehrte sie niedergedrückt wieder heim: „Mein Vater weigert sich, Geld von euch anzunehmen. Ihr tätet schon genug für uns, weil ihr mich bei euch aufgenommen und zur Schule schickt, sagt er.“
„Nun, Zahai, ich glaube in diesem Fall steht es noch nicht so schlimm um ihn“, tröstete ich sie.

Nach vier Tagen lag er immer noch krank im Bett. Ich bemerkte bei meinem Besuch, dass er sehr bleich und eingefallen aussah. Der Vater war zwar erst um die vierzig Jahre herum, machte nun aber den Eindruck eines Greises. Auf meine dringliche Bitte hin suchte er wenigstens einen einheimischen Arzt auf. Der untersuchte ihn flüchtig, gab ihm eine Spritze und verschrieb verschiedene Medikamente. Der Vater nahm sie willig ein, jedoch sie halfen ihm nicht. Im Gegenteil, die Schmerzen wurden immer ärger. Endlich nahm der Kranke unser Angebot an und liess sich von David ins Spital bringen. Doktor Johnson warf nur einen Blick auf den Patienten und meinte: „Diesen Mann behalten wir am besten gleich hier."
Zahais Vater wehrte sich mit allen Kräften gegen den Entscheid und jammerte wieder des leidigen Geldes wegen, welches wir für ihn auslegen müssten. Er arbeitete als staatsangestellter Sabenja am Bahnhof. Die dreissig Dollars, die er im Monat verdiente, genügten gerade, um seine Familie mit knapper Not durchzubringen. Für ihn wäre dieser Spitalaufenthalt unerschwinglich gewesen. David blieb fest dabei, dass wir gerne für diese Kosten aufkämen, wenn er nur bald wieder gesund würde, das sei das Wichtigste. Da willigte er ein und schickte sich darein, dass sie ihn in ein Bett steckten und ihm sogleich eine Infusion verabreichten.
Am Abend besuchten wir ihn zusammen mit seiner Frau. Wir hatten noch eine Unterredung mit Doktor Johnson. „Der Mann ist sehr krank. Die Wahrscheinlichkeit, dass er diese schlimme Unterleibsinfektion überlebt ist gering", teilte er uns mit.
Wir erschraken tief über diese unerwartete Nachricht. Was würde aus der Familie? Seiner Frau und den sieben Kindern? Der Kleinste war erst einen Monat alt, das zweite nicht ganz ein Jahr, das dritte drei, die beiden Jungen sechs und acht, die eine Halbschwester von Zahai fünfzehn. Welch eine Tragödie, wenn der Vater starb!
David hatte Emil versprochen, dass er in der Ferienzeit für ihn in Dira-Dawa, 300 km von Addis-Abeba entfernt, die Errich-

tung eines Neubaues übernehme, was mindestens vier Wochen dauern würde. Ich und die Kinder durften ihn begleiten. Wir freuten uns schon darüber, dass wir diese Regenzeit nicht wie sonst immer in der Stadt verbringen mussten, sondern wie die meisten Weissen verreisen konnten, wenn auch nur innerhalb Aethiopiens, aber immerhin! Das Vorkommnis mit Zahais Vater trübte unsere Vorfreude gewaltig und wir dachten deswegen mit Unbehagen an unsere Abreise. Würden wir ihn wohl noch einmal sehen?
Wir beteten mit den Freunden zusammen in der Bibelstunde und im Sonntagsgottesdienst für ihn und flehten Gott um Gnade an. Aber alle Anzeichen deuteten daraufhin, dass der Herr unsere Gebete nicht erhören wollte.
Schweren Herzens liessen wir Zahais Vater in der Obhut von Doktor Johnson und baten Carl, ihn so oft wie möglich zu besuchen und der Familie mit allen Kräften beizustehen, wenn das Schlimmste eintreffen sollte. Mehr konnten wir nicht für ihn tun.

Schneewissli

Am Nachmittag bevor wir uns auf die Fahrt nach Dira-Dawa begaben, wollte ich meine kleinen Küken versorgen. Das zutrauliche Schneewissli hörte mich kommen und sprang, ohne dass ich es bemerkte, mir entgegen. Als ich die schwere Tür aufstiess, klemmte ich sein Füsschen ein. Das Küken gab einen lauten Schmerzensschrei von sich und flatterte aufgeregt umher. Ich bückte mich rasch und nahm es sorgfältig in meine Hand, um seine Verletzung zu begutachten. Sein linkes Füsschen war völlig zerquetscht. Mir wurde beinahe schlecht, als ich es betrachtete. Ausgerechnet bei Schneewissli musste mir das passieren! Das kleine erst drei Wochen alte Hühnchen sass die ganze Zeit in meiner Nähe, oder auf meinem Schuh. Wenn ich es in die eine Hand nahm und die andere behutsam darüber hielt, kuschelte es sich, leise, zufriedene Piepser von

sich gebend, hinein. Auch wenn die Glucke rief, blieb es meistens ruhig sitzen. Es schien mich als seine Vertraute anzusehen und lief mir immer hintennach.
Ich verband ihm die kleinen, blutenden Zehen, legte es in ein rundes Bastkörblein, deckte es mit einem warmen Tuch zu und stellte das Körbchen auf meine Knie, während ich mich draussen auf die Steinstufen an die Sonne setzte. Was sollte ich nun mit dem verletzten Küken tun? Mit auf die Reise konnte ich es bestimmt nicht nehmen und wenn ich es zu Hause liess, starb es ohne spezielle Pflege. Aber warum sollte es eigentlich nicht möglich sein, das Tierchen so im Körbchen mitzunehmen? Es war ja so friedlich und an mich gewöhnt. Ach nein, das ist doch eine Spinneridee! Was wird David dazu sagen?
„Ein Küken mitnehmen auf diese Reise! Geht es noch mit dir!"
„Ich weiss schon, dass es verrückt ist, aber schau, wenn ..."
Und siehe da, mein Mann liess sich, wenn auch brummig, erweichen. Ich konnte es kaum fassen!
Auf der ganzen, langen Fahrt lag Schneewissli, sein verletztes, eingebundenes Beinchen über den Rand hinausgestreckt, in seinem Körbchen auf meinen Knien. Leise, feine Trrtrr-Tönchen verkündigten mir seine Zufriedenheit. Bei jedem Zwischenhalt stellte ich es auf den Boden, legte einige Körnlein Futter auf meine Hand und goss Wasser in ein Büchslein. Wackelig stand es auf einem Füsschen da, das eingebundene Beinchen angezogen, frass und trank. Es sah wirklich so aus, als würde ich Schneewissli davonbringen.
Unsere Reise ging erst durch die Wüste nach Awasch-Station, dann über hohe Berge. Wir mussten einige hochgehende Flüsse durchqueren, da die Strasse der Einfachheit halber hier direkt in die Flussbette hineingebaut worden war. In der Trockenzeit stellte dies absolut kein Problem dar, da die Bäche meistens kein Wasser führten. Jetzt aber in der Regenzeit, schwollen sie nach einem Gewitter zu reissenden Flüssen an. Wir mussten einige Male bis zu einer halben Stunde warten, bevor wir es wagen durften, durch das Wasser zu fahren. Ohne Landrover hätten wir die Strecke nie geschafft. Ich

fürchtete mich schrecklich, wenn David die Geduld verlor und die noch hochgehenden Fluten durchfuhr, so dass das Wasser trotz der hohen Räder beinahe in den Wagen lief. Doch alles ging glimpflich und ohne Probleme vonstatten und wir erreichten gegen Abend unser Ziel.
In Dira-Dawa suchten wir ein billiges Absteigequartier. Wir fanden im einheimischen Hotel Bekele, für vier Dollar die Nacht, einen grossen Raum mit zwei Betten für David und mich. Die fünf Kinder durften auf den Gummimatratzen am Boden schlafen und für Boby hatte es ebenfalls noch eine freie Fläche. Sogar den Campingtisch mit dem kleinen Gaskocher stellten wir in einer Ecke auf. Wir planten, selber das Morgenessen im Zimmer zuzubereiten, zum Mittagessen Sandwiches auf den Bauplatz mitzunehmen und am Abend im Restaurant äthiopisch zu speisen. So würden wir äusserst günstig und trotzdem gut leben können. Für europäische Begriffe wohl fast nicht denkbar, dass zwei Erwachsene, fünf Kinder, ein Hund und ein Hühnchen vier Wochen lang in einem Raum beisammen leben könnten und daran erst noch richtig den Plausch hatten.
David fuhr in der Frühe weg zur Arbeit, kam um neun Uhr zum Morgenessen und nahm uns dann mit. Wir verbrachten den ganzen Tag am breiten, in der Nähe des Bauplatzes vorbeifliessenden Flusse, spielten, strickten und sonnten uns. Schneewisslis Verletzung heilte gut. Bald rannte es wieder herum und scharrte vergnügt im Sand nach Würmern. Sobald ich mich einen Moment aus seinem Blickfeld entfernte, rief es gleich laut, mit einem schrillen Piep Piep, nach mir. Wenn ich mich dann zu ihm hinsetzte, flatterte es schnell auf meine Knie, spreizte seine Flügel und legte sich hin.
Wir erlebten viel Spass mit unserem Hühnchen, aber keines von uns hätte es sich damals träumen lassen, dass Schneewissli einmal der Hofhahn der grössten Hühnerfarm in ganz Aethiopien werden würde. Doch diese Erlebnisse und die genauen Beobachtungen der Verhaltungsweise der Hühner, gerade durch Schneewissli und der Hennen zu Hause, war eine gute Vorbereitung für den späteren Aufbau der „Swiss Farm".

Eines Tages sassen wir wieder gemütlich an unserem schönen Picknickplatz, als Marlies und Ursula schreckensbleich von einem Gebüsch hergerannt kamen. „Mutti, es verfolgt uns ein gefährliches Tier!“
Ich blickte gespannt hoch und lauschte aufmerksam. Wirklich, da knackte es laut von brechenden Aesten hinter dem nächsten Busch und die unteren Zweige bewegten sich. Wir wichen alle ängstlich einige Schritte zurück und beobachteten kritisch die Stelle, entschlossen, bei einer auftauchenden Gefahr alles liegen zu lassen und zu fliehen. Boby duckte sich sprungbereit und knurrte böse. Plötzlich lachte ich hell auf. Das, was da stoisch dahergestapft kam und uns beinahe ins Bockshorn gejagt hatte, war nichts anderes als eine harmlose Riesenschildkröte. Ich holte meinen Photoapparat, die Kinder setzten sich auf das gepanzerte Tier und ich knipste ein lustiges Erinnerungsbild.

Fürchtet Euch nicht!

Nach zwei Wochen erhielten wir ein Telegramm von Carl Thomson: „Zahais Vater heute Nacht gestorben."
Schweren Herzens nahm ich Zahai beiseite, hielt sie in meinen Armen fest und teilte ihr die traurige Nachricht mit. Ich hatte ihr bereits zu Hause gesagt, dass ihr Vater sehr wahrscheinlich sterben würde. Sie drückte ihren Kopf an meine Brust und weinte leise vor sich hin. Zu meiner Verwunderung schienen die Trostworte, die ich fand, ihre Wirkung nicht zu verfehlen, denn bald richtete sie sich auf, trocknete die Tränen und fing an, mir viele Fragen über den Tod, Gott und den Himmel zu stellen. Ich versuchte so gut ich es vermochte, zu antworten und erzählte ihr von Jesus und dass er alle seine Kinder liebe und ganz bestimmt auch ihren Vater, die Mutter, sie und ihre Geschwister, auch wenn er jetzt das Schwere zugelassen hätte. Sie sass den ganzen Tag in sich gekehrt in meiner Nähe. Wenn ich sie anblickte, erschien ein kleines Lächeln auf ihrem traurigen Gesichtchen. Sie war für einige Tage ruhiger als gewöhnlich und noch liebevoller um uns alle besorgt, dann aber spielte sie wieder fröhlich mit den anderen. Dadurch, dass sie hier bei uns weilte, das Begräbnis und die damit verbundenen Riten nicht miterlebte, verschmerzte sie den Verlust leichter.
Ich fühlte mich an diesem Tag tief mit der Witwe verbunden. Ich sah und erlebte in meiner Vorstellung alles mit. In Aethiopien wird der Witwe unter lautem Klagen, sogleich nach Bekanntwerden des Todes ihres Mannes der Kopf kahlgeschoren, und sie wird ganz in schwarze Kleider gehüllt. Freunde holen den Sarg vom Spital und tragen ihn nach Hause und bereits einige Stunden später wird der Leichnam begraben. Die Familienangehörigen, alle Nachbarn und Bekannten folgen bitterlich weinend dem Trauerzug. Zwei Klageweiber gehen, laut schreiend, sich mit beiden Fäusten fortwährend auf die Brust klopfend, dann wieder mit schnellen Bewegungen die flache Hand auf den Mund schlagend und dabei schrille Töne ausstossend, neben dem Toten her. Ich hörte in Gedanken

den Lärm und mich schauderte. Ich fühlte mich erleichtert, dass wir nicht an der Trauerfeier teilnehmen konnten.
Als die Kinder schliefen, unternahmen David und ich einen Spaziergang. Wir setzten uns am Ufer des Flusses auf einen von der Tageshitze noch angenehm warmen Stein und schwiegen lange, unseren Gedanken nachhängend. Das Geschehnis um Zahais Vater machte uns zu schaffen. Was würde die noch junge Witwe mit ihrer grossen Kinderschar anfangen? Sie konnte bestimmt nicht alle allein ernähren. Wohl erhielt sie eine kleine Rente, da ihr Mann Staatsangestellter gewesen war, aber das würde bei weitem nicht genügen, sie durchzubringen.
„Weisst du noch, wie wir in Israel das Gefühl hatten, Gott wolle uns aus irgend einem Grund nach Aethiopien führen?“ fragte David in die Stille hinein.
„Ja, ich erinnere mich gut daran.“
„Könnte es nicht sein, dass wir gerade wegen dieser Familie herkommen mussten?“
„Dann glaubst auch du, dass das Sorgen für die Witwe und ihre Kinder die Aufgabe ist, die der Herr für uns zwei bereit hat?“ „Vielleicht! Wenn es das ist, dann wird er es uns bestimmt genau zeigen, damit wir ihm gehorchen können.“
Wieder schwiegen wir lange. David nahm meine kalte Hand in seine warme und drückte sie fest. Wir schauten beide miteinander zum Himmel auf. Es schien, als blinkten uns die glänzenden Sterne aufmunternd und tröstend Gottes Zuspruch zu: Fürchtet Euch nicht. Siehe, ich bin bei Euch alle Tage bis ans Ende der Welt. Amen.

Inhaltsverzeichnis

Ein Brief aus Afrika	5
An Bord des Fischkutters	7
Schalom Eilat	9
Erster Tag auf der Negus Schalom	12
Das gewisse Oertchen	14
Kapitän Levi	15
In einer Nussschale	18
Zweiter Tag auf der Negus Schalom	20
Dritter Tag auf See	22
Vierter Tag an Bord	23
Letzter Morgen an Bord	27
Ein Wundermittel	28
Ueber den Korallen	29
In Massawa	33
Fahrt in luftige Höhen	36
Ein Angebot	38
Eine Heimkehr	40
Wenn einer eine Reise tut	42
Eine Panne	46
Ein Nachtruhestörer	48
In der neuen Heimat	49
Ima, Ima!	53
Fünf Dollar	56
Allerlei Begebenheiten	59
Zweifel	62
Auf den Leim gekrochen	63
Zwischen Hoffen und Bangen	67
Bei der Arbeit	69
In biblische Zeiten zurückversetzt	71
Mosches Dankgebet	72
Der Kampf mit der Angst	76
Die Eilaterfreunde	77
Schmerz und Freude	79
Lebensrettungsübung	84
Die Mausefalle	86

Peter in Gefahr 90
Sturm 92
Ankunft im schwarzen Kontinent 95
Des Guten fast zuviel 98
Der vermisste Junge 104
Es kratzt und beisst 109
Ein Dieb im Haus 111
Eine Entscheidung 116
Der Mond schien zu lächeln 118
Der Nachbar 119
Wer sorgt für uns? 123
Zahai 127
Regen, Regen, Regen 132
Ueberraschender Besuch 135
Arabischer Kaffee 140
Maskalfest 142
Der erste Ausflug über Land 144
Der Medizinmann 149
Lauf doch Auto, lauf 153
Zwei gelbe Zitronen 158
Rumi 165
Im Wildpark 168
Wer sucht, der 171
Im Paradies 178
Auf der Farm 181
An der Wulga 183
Wie verhext 187
Ein Anruf 190
Irrlichter 192
Danke Herr, danke 198
Gib doch Antwort, Herr! 200
Unsere Tiere 203
Faule Eier 205
Bettlergeschichten 206
Zahais Vater 208
Schneewissli 210
Fürchtet euch nicht 214